ERIKA UITZ

Die Frau im Mittelalter

E R I K A   U I T Z

Die Frau im Mittelalter

tosa

Vorsatz vorn:
Stadtansicht Florenz.
Holzschnitt aus Schedels Liber Chronicarum,
gedruckt bei Anton Koberger,
Nürnberg 1493.
Aus Albert Schramm,
Der Bilderschmuck der Frühdrucke,
Bd. XVII, Leipzig 1934, Abb. 470

Originaltitel: Die Frau in der mittelalterlichen Stadt

Die Edition Leipzig ist ein Unternehmen der Verlagsgruppe Dornier
Covergestaltung Joseph Koó
Printed in Slovenia

Inhalt

Eine Frau zaust dem Mann die Haare, eine zweite mustert die Kleidung des ihrigen.
Holzschnitt, gedruckt bei Günther Zainer, Augsburg 1477.
Aus Albert Schramm, Der Bilderschmuck der Frühdrucke, Bd. II, Leipzig 1920, Abb. 711

Einleitung

Städterinnen im Mittelalter – das sind Einwohnerinnen unterschiedlicher Stadttypen, Frauen, die in mittelalterlichen Großstädten, Handels-, Bank- und Exportgewerbezentren wie Gent, Brügge, Köln, Lübeck, Straßburg, Frankfurt am Main, Nürnberg, Regensburg, Zürich und Basel oder königlichen Residenzstädten wie London, Paris, Prag und Wien mit mehr als zehntausend Einwohnern leben. Das sind aber auch Bewohnerinnen von mittleren Handels- und Gewerbestädten und – in ihrer Mehrzahl – von Kleinstädten und kleinen Ackerbürgerstädten mit weniger als 2000 Einwohnern.

Die Vielfalt der Lebensbedingungen dieser Frauen resultiert aber nicht nur aus wirtschaftlichen und größenmäßigen Unterschieden der Städte. Eine wichtige Rolle spielten auch die Einbindung in unterschiedliche feudale Machtbereiche und das Weiterwirken regionaler kultureller und rechtlicher Traditionen. Ist es angesichts der stadttypologischen, landschaftlichen und historisch-genetischen Unterschiede legitim, in einem vom Umfang her sehr begrenzten Band, wie dem vorliegenden, generellere Aussagen treffen zu wollen, selbst wenn man diese, wie beabsichtigt, auf west- und mitteleuropäische Städte begrenzt? Gibt es so viel Gemeinsames, Übergreifendes, Verbindendes, das trotz der Vielfalt und Buntheit städtischen Lebens im Mittelalter berechtigt, nach den Lebensverhältnissen der Städterin zu forschen?

Die Antwort auf diese Fragen hängt letztlich davon ab, ob die Bürger einer bunt schillernden Vielfalt von Städten unter dem Begriff des europäischen Städtebürgertums, das in seinen entscheidenden Wesenszügen übereinstimmt, zusammengefaßt werden können. Ein solcher gemeinsamer sozialer und auch rechtlicher Habitus, der die Bürger der Groß-, Mittel- und Kleinstädte miteinander verbindet und von Adel und Bauern als eigene soziale Kraft abgrenzt, ist gegeben. Vielfältige Initiativen der Stadtbürger der fortgeschrittensten europäischen Länder, Italiens, Frankreichs, Deutschlands und Englands, hatten durch den Einsatz finanzieller Mittel, durch politische und militärische Bündnisse oder Gewalt dazu geführt, die Herrschaft der feudalen Stadtherrn zu brechen oder wenigstens einzuschränken; auf diese Weise konnten die Stadtbürger vom 11. Jahrhundert bis zum Ende des 13. Jahrhunderts ihnen gemäße Formen des Eigentums an Arbeitsstätten und -mitteln sowie an städtischem Grundbesitz und das Prinzip der persönlichen Freiheit durchsetzen. An diesen Errungenschaften der kommunalen Bewegung waren nicht nur die Großstädte, sondern auch die mittleren Handels- und Gewerbestädte und selbst die Mehrzahl der Klein- und Ackerbürgerstädte beteiligt, wenn auch in unterschiedlichem Umfang und in verschiedenen Phasen.

Für den Historiker wie für den historisch Interessierten ergibt sich angesichts der Rolle, die das mittelalterliche Städtewesen für die Entfaltung der ganzen europäischen Feudalgesellschaft gespielt hat, sowie der nicht zu übersehenden Veränderung in den Beziehungen zwischen Feudaladel und Bewohnern der Städte wohl ganz von selbst die Neugier zu erfahren, in welchem Maße neben der männlichen auch die weibliche Stadtbevölkerung aktiv oder passiv an diesem gesellschaftlichen Fortschritt beteiligt war.

Diese Neugier zu befriedigen ist das eigentliche Anliegen des Buches. Zu diesem Zwecke wurden neben den herkömmlichen, am meisten benutzten Quellen, wie Urkunden, Steuerregistern, Dokumenten der städtischen Gesetzgebung und Chroniken, Quellenpublikationen und Archivbestände verschiedenen Charakters, z.B. autobiographische Mitteilungen, literarische Werke, Stadt-, Gerichts- und Urfehdebücher, Schöffensprüche, Verträge, Bürgerannahmelisten, Testamente und Bildquellen, genutzt. Sie ermöglichen, Einwohnerinnen unterschiedlicher Stadttypen in ihrem Alltag zu beobachten. Zahlreiche Anregungen sind insbesondere den Werken von Eileen Power, Régine Pernoud, Margret Wensky, Shulamith Shahar, Edith Ennen, der Quellensammlung von Peter Ketsch und dem forschungsmethodisch wertvollen, von der Österreichischen Akademie der Wissenschaften veröffentlichten Band »Frau und spätmittelalterlicher Alltag« zu verdanken.

Im Vorgriff auf das Ergebnis der Recherchen darf festgestellt werden: Die gesellschaftliche Stellung der Frau erfährt in der mittelalterlichen Stadt, im ganzen gesehen, eine beachtliche Aufwertung. Abhängig von den allgemeinen Existenzbedingungen der einzelnen Stadt sowie von den Rechts- und Kulturtraditionen des jeweiligen Landes, sind die Errungenschaften natürlich jeweils in sehr unterschiedlichem Grade ausgeprägt. Am sichtbarsten treten die Veränderungen des Wirkungsbereiches der Frau, ihr unentbehrlicher Anteil am wirtschaftlichen Aufstieg der Städte im Berufs- und Wirtschaftsleben zutage, ihnen ist daher breiter Raum gewidmet. Die Rolle der Frauen in diesen Bereichen schlägt sich in der alltäglichen Rechtspraxis nieder und findet in der Literatur und Kunst der Zeit den ihr entsprechenden Ausdruck. Die Beziehung der Frau zur Religion war vielschichtig. Sie reicht von Emanzipationsversuchen der Frauen im Rahmen mittelalterlicher religiöser Armutsbewegungen bis zur Sicherung der materiellen Existenz unverheirateter oder verwitweter Frauen in Klöstern und semireligiösen Konventen der Beginen. Ebenso umfaßt sie die Befriedigung von Bildungsbedürfnissen in Stadtklöstern sowie positive und negative Erfahrungen mit der kirchlichen Ehegerichtsbarkeit.

Die trotz aller Hemmnisse sichtbare Verbesserung der gesellschaftlichen Stellung der Frau im Mittelalter setzt sich in der frühen Neuzeit nicht ungebrochen fort. Die Ursachen dafür aufzudecken bleibt ein Desiderat weiterer Forschungen. Wesentliches Anliegen dieses Bandes ist es, nicht nur ein möglichst getreues Bild der Veränderungen im Leben der Frauen in der mittelalterlichen Stadt zu zeichnen, sondern auch den Ursachen und Bedingungen für diesen Wandel nachzuspüren.

»Stadtluft macht frei«? – Die Städterin und die Emanzipation des Stadtbürgertums von der feudalen Stadtherrschaft

* Die Bürger handelten in ihrem Ringen um möglichst weitgehende Freiheit gegenüber den geistlichen und weltlichen Stadtherren seit dem 12. Jahrhundert nach dem Grundsatz »Stadtluft macht frei«, der allerdings erst im 19. Jahrhundert formuliert wurde. Dieser Anspruch, daß jeder Einwohner, der nach Jahr und Tag nicht von einem Leibherrn zurückgefordert worden ist, die persönliche Freiheit besitzt, galt als ein Wahrzeichen der Stadtfreiheit und der besonderen rechtlichen und sozialen Stellung der Stadtbürger während des ganzen Mittelalters. Was liegt also näher, als der Bedeutung dieses Anspruchs auch für die Entwicklung der Lebensverhältnisse der Bewohnerinnen nachzugehen? Die Veränderung der Lebensumstände der Frau in der mittelalterlichen Stadt ist aber nur dann erkennbar, wenn man sich zuvor ihre Stellung im Arbeits- und Lebensprozeß, in Ehe und Familie während des frühen Mittelalters vergegenwärtigt. Dabei wird deutlich, daß die wirtschaftliche Tätigkeit, soziale Lage und rechtliche Stellung voll den Bedürfnissen einer frühfeudalen Gesellschaft entsprachen. Der abhängige Status der unmittelbaren Produzenten sowie die Herrschaftsausübung durch den Feudaladel hatten diese Gesellschaft geprägt. Aufgrund des vom 6. bis zum 9. Jahrhundert in den Stammes- und Volksrechten geltenden männlichen Vorzugserbrechtes an Grund und Boden bestanden patriarchalische Formen des Zusammenlebens der Geschlechter. Das galt in besonderem Maße auch für die Ehe.

Die Ehe als Ausgangspunkt gesellschaftlicher Bindungen war vorerst nur für den Adel und die persönlich Freien anerkannt. Sie existierte als Raub- oder mit Zustimmung der Braut vollzogene Entführungsehe, als Friedel- oder Muntehe. Im Interesse des Feudaladels, dem an der Sicherung seines Eigentums und seiner Rechte im Erbgang gelegen sein mußte, setzte sich die streng auf Vertragsbasis geregelte Einehe in Gestalt der Muntehe durch. Die gesetzlich anerkannte und von der Kirche geforderte Einehe gestattete auch während der langen kriegs- und amtsbedingten Abwesenheit der Ehemänner, die Frauen des Feudaladels mit Aufgaben der Herrschaftsausübung zu betrauen, wofür es genügend Beispiele gibt. Das führte jedoch nicht zu einer Durchbrechung des patriarchalischen Charakters der Ehe. Er wurde im Gegenteil durch die Verschmelzung germanischer und römisch-christlicher Rechtsvorstellungen weiter verfestigt.

Die Stammesrechte schlossen die freie Frau von allen öffentlichen Angelegenheiten aus. Sie durfte auch in der Gerichtsversammlung nicht selbständig erscheinen, sondern mußte sich durch einen Mann vertreten lassen, ihren Muntwalt. Das war bei unverheirateten Frauen in der Regel der Vater, bei verheirateten Frauen der Ehemann. Verstarben diese, so ging die Muntgewalt auf den nächsten männlichen Verwandten aus der männlichen Linie über. Der Muntwalt hatte außer der gerichtlichen Vertretung seines Mündels auch das Verfügungs- und Nutzungsrecht über dessen Vermögen, die Strafgewalt, die im Extremfall bis zur Tötung reichen konnte, das Recht zur Verehelichung nach seinem Gutdünken und selbst zum Verkauf.

Die in West- und Mitteleuropa weit verbreitete Muntehe kam ohne jede Mitwirkungsmöglichkeit der Frau durch einen Verlobungsvertrag zustande, der dem Bräutigam die Braut und die Munt über diese sicherte, dem bisherigen Muntwalt, dem Vater der Braut, aber den Muntschatz. Dieser war eine vom Bräutigam zu leistende Summe für die Übergabe der Muntgewalt aus der Familie des Mädchens in seine Macht. Bei der Trauung, die im Kreis der Verwandten mit einem ausgiebigen Gelage vollzogen wurde, folgte dann eine rechtssymbolische Handlung, die Handergreifung, die Kniesetzung oder der Fußtritt. Die Frau geriet auf diese Weise durch den Eheschluß aus der Vormundschaft der leiblichen Verwandtschaft in die des Ehemannes und, im Falle seines Todes, in die seiner Verwandten. Er erhielt damit gleichzeitig Verfügungsgewalt über ihr Vermögen, auch über die Morgengabe, die er der rechtmäßig angetrauten Ehefrau nach der Brautnacht zu reichen hatte. Im fränkischen Recht, das im nördlichen Mitteleuropa auf die weitere Entwicklung der Feudalverhältnisse starken Einfluß gewann, galt allerdings schon im 6. Jahrhundert eine Einschränkung für den Zugriff des Ehemannes auf das Vermögen der Frau. Sein Recht auf deren immobiles Vermögen beschränkte sich hier nur auf dessen Verwaltung, schloß daher auch die Veräußerung aus. Da die Brautausstattung, die Dos, nach fränkischem Recht nicht mehr den Eltern oder nächsten Verwandten, sondern der Braut selbst übergeben wurde, hatte diese Einschränkung der ehemännlichen Verfügungsgewalt über das Vermögen der Frau Bedeutung für die Witwenversorgung. Über Kleidung und Schmuck, die sogenannte Gerade, durfte die Frau frei verfügen.

Der Rechtsstatus der Witwe war von diesen Lockerungen nicht berührt. Für ihn wurde im nördlichen Mitteleuropa weitgehend das sächsische Stammesrecht bestimmend. Dieses Recht schränkte die persönliche Freiheit der Witwe stark ein und regelte die Vormundschaft in der Weise, daß sie an den ältesten Sohn des verstorbenen Mannes aus erster Ehe, den Schwager oder einen anderen nächsten Verwandten des Verstorbenen gelangte. Die witwenfreundlicheren Gesetze der Langobarden in Italien gestatteten dagegen einen erneuten Eheschluß mit einem freien Mann nach eigener Wahl. Sie verboten, Witwen zu nötigen, vor Ablauf eines Jahres den Schleier zu nehmen und in ein Kloster einzutreten. Kapitularien des Fürsten Aregis Ende des 8. Jahrhunderts vermitteln den Eindruck, daß die langobardischen Witwen ihre Freiheiten intensivst genutzt haben und von einer wahren Lebensgier erfaßt wurden, wenn sie den ersten Mann überlebten und so aus seiner Muntgewalt gelangten. Die Gesetze dieses langobardischen Fürsten enthalten folgende Aussage:

»So manche Weiberchen machen nach ihres Mannes Tod, der ehemännlichen Gewalt entledigt, ihrer Selbstbestimmung Freiheit sich desto hemmungsloser zunutze. In den vier Wänden ihres Hauses legen sie zwar Nonnentracht an, um nicht (erneut) sich ehemännlicher Gewalt fügen zu müssen. Denn alles – meinen sie – sei ihnen sicher, wenn sie (nur) nicht der Herrschaft eines Ehemannes unterworfen werden. Und so, unter dem Deckmantel der Religion, legen sie alle Scheu ab und gehen allem umso freier nach, was ihr Herz erfreut. Denn (nun) stürzen sie sich in Vergnügungen, ergehen sich in Festgelagen, jagen sich Wein durch die Kehle, besuchen häufig Bäder und treiben unter Mißbrauch ihres Standes Üppigkeit und Kleiderluxus. Sodann, wenn sie mal durch die Straßen wallen; verschönern sie (ja) ihr Gesicht, pudern ihre Hände (und) erwecken (so) Begierden, um denen, die sich dran ergetzen, Feuer (in ihr Blut) zu mischen.«[1]

Neben der Muntehe als vollgültiger Ehe war die Friedelehe öffentlich geduldet. In ihr bestand keine Muntgewalt des Mannes, sondern die freie Vereinbarung der Partner. Der Mann war daher auch nicht zur Brautausstattung (Dos-Legung) verpflichtet. Diese Eheform konnte zugunsten einer Muntehe jederzeit gelöst werden. Da die Friedelehe der Lebensweise besonders der Fernkaufleute entsprach, die während des Jahresablaufs regelmäßig zu längeren Aufenthalten an verschiedenen Orten genötigt waren, hielt sie sich, wie das Konkubinat der

Priester, in manchen Städten bis weit in den voll entfalteten Feudalismus hinein. Aus kirchlicher Sicht kritisiert Alpert von Metz in seinem Werk »De diversitate temporum« 1018 das Eheverhalten der Kaufleute von Tiel am Niederrhein folgendermaßen: »Ehebruch ist bei ihnen kein Vergehen. Solange das Weib schweigt, mag sich der Mann im Schmutze dieses Lasters wälzen, und niemand außer der betreffenden Frau darf ihn auf der Synode deshalb zur Rechenschaft ziehen.«[2]

Ein der Friedelehe ähnliches Verhältnis faßte in Spanien während der Reconquista Fuß, die Barragania. Geheimgehalten, wurde sie in den Siedlungen der Reconquista als gebräuchliche Form der Klerikerehe akzeptiert.

Unter den Möglichkeiten des Zusammenlebens der Geschlechter blieb beim Adel und den Freien, trotz der in den Volksrechten vorgesehenen Strafen (im alemannischen Recht um 725, im sächsischen und thüringischen 802/03), auch die Raub- oder Entführungsehe noch lange in Erinnerung.

Die Mehrheit der Bevölkerung, die feudalabhängigen Bauern, aber lebte in gewohnheitsrechtlich geregelten Bindungen. Das waren ökonomisch und juristisch vom Grundherrn abhängige Familien. In seiner Hand lag das Recht der Ehebegründung, der Ehekonsens. Ehen von abhängigen Leuten verschiedener Grundherren setzten gewöhnlich voraus, daß für den aus der Grundherrschaft heraus heiratenden Partner gleichgeschlechtlicher Ersatz geboten wurde, um das Niveau der Grundrente, der Arbeitsleistungen und der Geburten stabil zu halten. Die zwischen den Grundherren geschlossenen Vereinbarungen in derartigen Fällen beinhalteten auch Festlegungen über die Dienste der aus diesen Ehen zu erwartenden Kinder. Der Ehekonsens und das Recht auf einen Teil des bäuerlichen Erbes, den die in das Erbe eintretenden Nachkommen beim Tod des Besitzers dem Grundherrn zu entrichten hatten (mainmorte im Französischen, Sterbefall oder Besthaupt im Deutschen) erhielten sich gebietsweise während des ganzen Mittelalters.

Die Tätigkeit der Frau in den Gebieten ausgeprägter Fronhofswirtschaft umfaßte, je nach Arbeitskräftelage, Arbeiten in Feld, Wald, Stall und Haus. Da bei dem äußerst niedrigen Stand der landwirtschaftlichen Arbeitsgeräte und der Bodennutzung die Ertragssteigerung in erster Linie vom physischen Leistungsvermögen der bäuerlichen Bevölkerung abhing und andererseits die sich ständig wiederholenden Hungersnöte und Seuchen mit ihren großen Menschenverlusten einen gewissen Schutz von Frauen im gebärfähigen Alter erforderlich machten, bildete sich eine relativ stabile Verteilung der zu leistenden Arbeiten heraus, die dem Rechnung trug, obwohl noch viele Arbeiten gemeinsam blieben. Den Männern oblagen in der Regel das Roden der Bäume, das Pflügen, die Aussaat, der Drusch, Fuhrarbeiten und Zugtierwartung. Die Frauen halfen bei der Ernte, der Heumahd und in der Weinlese, bauten Faserpflanzen, Gemüse und Kräuter an, sammelten Beeren, besorgten die Milchwirtschaft, einen Teil der Viehhaltung, Brot-, Malz- und Getränkebereitung, die Herstellung von Kerzen, Seife und Tongefäßen. Sie widmeten sich der Verarbeitung von pflanzlichen und tierischen Fasern (Flachs, Hanf, Wolle).

Den Bedarf weltlicher und geistlicher Grundherren an Textilien deckten im Frühfeudalismus Tuchwerkstätten, bei deren Einrichtung spezielle Produktionserfahrungen der Antike genutzt wurden. Das waren Werkstätten, sogenannte Genitien (= Gynaeceum, lat. = Frauen-, Wohn- und Arbeitsraum), in denen Frauen unter weiblicher Leitung arbeiteten, Textilien fertigten und färbten. Sie erhielten dafür vom Grundherrn, der zur Bereitstellung von Rohstoffen und Arbeitsmitteln verpflichtet war, Unterkunft, Nahrung und Kleidung. Für die sieben Frauen eines Genitiums der Grundherrschaft Werden an der Ruhr wurden jährlich 104 Scheffel Roggen, 80 Scheffel Gerste, 148 Scheffel Hafer, 222 Scheffel sonstiges Getreide, 10 Scheffel Bohnen und wahrscheinlich ein geringer Geldbetrag verausgabt. Zum Fronhof Staffelsee im Bistum Augsburg gehörte um 800 eine Tuchmacherei, in der 24 Frauen arbeiteten.

Sie stellten u.a. wollene Gewänder mit Gürteln sowie Hemden her. Auf der ottonischen Pfalz Tilleda gab es zwei Genitien, die, nach den bei der Ausgrabung gesicherten Webgewichten zu schließen, Tuchmachereien waren. Die in den Boden eingetieften Häuser befanden sich mit den übrigen Wirtschaftsgebäuden in der Vorburg der Königspfalz. Aufgrund ihrer Ausmaße (29 Meter lang und 6 Meter breit das eine, 15,5 Meter lang und 4,5 Meter breit das andere) konnten diese Grubenhäuser jeweils 22 bis 24 Frauen aufnehmen.

Die Leistung der Werkstätten reichte jedoch bei weitem nicht aus, handelte es sich doch nicht nur um die Versorgung der Mönche, Nonnen, unfreien Knechte und Mägde. Mitunter enthielten auch Besitzübertragungen an Klöster deren Verpflichtung zu einer jährlichen Lieferung von bestimmten Textilien, wie Leinenhemden und wollenen Kleidungsstücken, während der Lebenszeit des früheren Besitzers. Aufschlußreich ist in dieser Hinsicht eine Besitzaufgabe an das Kloster Reichenau von 816, bei der sich das Kloster zu folgender Gegenleistung verpflichtet: zur jährlichen Lieferung eines wollenen und zweier Leinenkleider, zu sechs Fuß- und zwei Handbekleidungen, zu einer Kopfbedeckung, Bettzeug und einem Wolltuch aller zwei Jahre.

Um den beträchtlichen Bedarf an Textilien zu dekken, waren auch die Frauen der Hörigen verpflichtet, solche an den Grundherrn abzuliefern. Von 19 Hofstellen des bereits erwähnten Fronhofs Staffelsee wurden jährlich je ein Hemd und ein Wollrock gefertigt. Den Hörigen des Klosters Reichenau in Wickenhausen war es dagegen um 844 freigestellt, ihren Zins in Getreide oder weiblichen Textilarbeiten (»textura feminae«) zu leisten. Den Bedarf an besonders wertvollen Textilien für den Gottesdienst der katholischen Kirche deckten u.a. auch die adligen Frauenklöster.

* Als seit dem frühen 11. Jahrhundert in den entwickelten Gebieten West- und Mitteleuropas das Niveau der landwirtschaftlichen Produktivkräfte eine Stabilisierung und sichtbare Zunahme der Bevölkerung ermöglicht hatte und die Arbeitsteilung in agrarische und handwerkliche Produktion auf breiter Basis Fortschritte zeigte, entstanden in großer Zahl nichtagrarische, städtische Zentren. Das waren keineswegs durchweg topographische Neubildungen. Die »civitates« der Römerzeit existierten dem Namen nach im frühen Mittelalter fort und wiesen teilweise eine kontinuierliche Besiedelung auf, die nicht selten aus kultisch-religiösen oder staatlich-administrativen Aufgaben, mitunter aus der Kombination beider, resultierte. In diesen frühmittelalterlichen Städten bestand teilweise auch ein rudimentäres städtisches Handwerk fort, aber den bestimmenden Zug ihres wirtschaftlichen Daseins bildete der agrarische Bereich. Städte wie Wien, Grenoble, Arles, Köln, Mainz nutzten einen bedeutenden Teil ihrer ummauerten Grundfläche landwirtschaftlich und gärtnerisch. Daneben entstanden zahlreiche Städte »aus wilder Wurzel«. Das waren Siedlungen, die sich an verkehrsgünstigen Orten, wie Flußmündungen, Flußufern und Furten, Kreuzungen von Wasser- und Transitwegen oder wichtigen Landverbindungen, gebildet hatten. Der Adel unternahm meist in Anlehnung an Burgen und andere feudale Zentren, wie Klöster und Bischofssitze, planmäßige Stadterweiterungen, um die wirtschaftliche Entwicklung seiner Machtbereiche zu fördern oder politische Interessengebiete militärisch zu sichern. Alle diese, ihrer Entstehungsart nach unterschiedlichen, mittelalterlichen Siedlungen wuchsen im Verlauf des 11. und 12. Jahrhunderts zu mittelalterlichen Städten mit einer grundlegend neuen ökonomischen Struktur heran, die durch die selbständige kleine Warenproduktion und den überlokalen Warenaustausch geprägt war. Aus diesen verschiedenen Entstehungsursachen ergab sich bei beginnender Entfaltung des west- und mitteleuropäischen Städtewesens eine ziemlich bunt zusammengewürfelte Einwohnerschaft. Neben Zinsbauern und Hörigen sowie Ministerialen der feudalen Stadtherren, der in den Stadtmauern und Suburbien ansässigen begüterten Klöster, Stifte oder anderen geistlichen Institutionen fanden in den aufblü-

henden Städten unter Königsschutz stehende Berufskaufleute und zahlreiche landlose oder ihren Herren entlaufene Bauern Aufnahme. Der Warenaustausch zwischen städtischem Gewerbe und Landwirtschaft verdichtete sich. Immer neue Möglichkeiten, gewerbliche und kaufmännische Initiative zu entfalten, gab es.

Entscheidend dafür waren die neuen Eigentumsverhältnisse, unter denen der Warenproduzent und der Kaufmann in ihrer unmittelbaren Erwerbstätigkeit nicht mehr vom Feudaladel abhingen. Beide verfügten zunehmend frei über die Voraussetzungen und Ergebnisse ihrer Arbeit. Aufschlußreich sind dafür z.B. die Bestimmungen des Hofrechts der bischöflichen Grundherrschaft der aufblühenden Stadt Worms 1023/25. Sie sicherten der Witwe und im Falle ihres Todes den Söhnen oder nächsten Verwandten des Mannes das Heiratsgut »und was sie Jahr und Tag unangefochten besitzt«. Festlegungen über Heiratsgut oder andere Erbteile sollten darüber hinaus respektiert werden, wenn die Ehegatten sie vor glaubwürdigen Zeugen getroffen haben. Beim Tode beider Eltern, falls sie Sohn und Tochter hinterließen, erhielt der Sohn das dienstpflichtige Land und die Tochter die Kleider der Mutter und »alle von ihr hergestellte bewegliche Habe«. Alles dann noch Vorhandene sollten Sohn und Tochter teilen.

* Die wirtschaftlich und sozial bereits erstarkten Stadtbewohner unternahmen seit dem Beginn des 11. Jahrhunderts in der Kommunebewegung – so werden die langandauernden Auseinandersetzungen mit den Stadtherren genannt – eine gewaltige Kraftanstrengung. Sie gingen daran, die Behinderungen für die volle Ausschöpfung ihrer neu geschaffenen Existenzbedingungen durch die Rechte der feudalen Stadtherrschaft (Zölle, Marktaufsicht, Gerichtsrechte, Abgaben für Bau und Unterhaltung der Stadtmauer usw.) und die Privilegien geistlicher Institutionen aus dem Wege zu räumen. Diese Bewegung ist Ausdruck des wirtschaftlichen, politischen und zugleich auch geistigen Reifeprozesses der mittelalterlichen Stadtbürger. Entsprechend den unterschiedlichen Machtverhältnissen bedienten sie sich verschiedener Mittel und Methoden, um ihre Lösung aus den Beschränkungen durchzusetzen und sich einen festen Platz innerhalb der Feudalgesellschaft zu sichern. Für hohe Geldsummen wurden ihnen entscheidende Rechte in Form von Privilegien überlassen, wenn sie es verstanden, mit ihren ökonomischen Mitteln finanzielle Schwierigkeiten der feudalen Stadtherren geschickt auszunutzen. In Italien und Frankreich begann seit dem 12. Jahrhundert im Zusammenhang mit dem wirtschaftlichen Erstarken der Städte auch die geistige Auseinandersetzung mit überlieferten Denkschemata der katholischen Kirche, beeinflußt auch vom Anschluß nicht weniger Vertreter des städtischen Bürgertums an die sozial-religiösen Bewegungen. Ein hohes Maß erreichte das Emanzipationsstreben der Stadtbewohner nach selbständiger Wahrnehmung ihrer ökonomischen, sozialen und politischen Interessen in den Schwurgemeinschaften oder Eidgenossenschaften (coniurationes). Die Schwurverbände umfaßten alle Bürger, die innerhalb der Stadtgrenzen lebten. Sie verpflichteten sich, einander Beistand zu leisten; wenn erforderlich, sollte das auch gegenüber dem Stadtherrn gelten.

Die Erringung voller oder weitgehender Unabhängigkeit gegenüber dem Stadtherrn in den bedeutendsten west- und mitteleuropäischen städtischen Wirtschaftszentren (oder einzelner wichtiger Privilegien durch erst allmählich erstarkende Bürgergemeinden) im Verlaufe der kommunalen Bewegung sicherte innerhalb der Stadtmauern definitiv die Geltung des Anspruchs »Stadtluft macht frei«. Für die Rechtsangelegenheiten der Kaufleute und Handwerker, die sich seit dem 12. Jahrhundert durch eine gesonderte Rechtsstellung von den Eigenleuten der feudalen Stadtherrn bewußt abhoben und das auch durch die Bezeichnung als »burgenses« deutlich sichtbar machten, war in der Regel jetzt das Stadtgericht zuständig. Ein eigener Rechtsstatus der Bürger zeichnete sich zuerst in Italien und Flandern deutlich ab. Bereits um 1100 verfügten oberitalienische Städte über eigene Verwaltungsorgane, die »consules«. Sie verfestigten sich im Laufe des 12. Jahrhunderts. Von da an mehrten sich die Städte, die wie Laon 1128, Reims im letzten Drittel des 12. Jahrhunderts, Basel und Speyer 1190, Straßburg nach 1190, Utrecht 1196, Lübeck 1201 eigene bürgerliche Verwaltungsorgane ausbildeten. Der Rat mit seinen einzelnen von der Bürgerschaft gewählten Mitgliedern (consules) repräsentierte die Gemeinschaft der Bürger (Stadtgemeinde) und vertrat deren politische, soziale und wirtschaftliche Interessen. Die positive Wirkung auf die weitere Entfaltung des Handels und der einfachen Warenproduktion ließ nicht auf sich warten.

Könige, Fürsten und andere Feudalgewalten sahen in der wachsenden ökonomischen Macht der Städte und der Ausweitung der Ware-Geld-Beziehungen Möglichkeiten zur Steigerung ihrer finanziellen Einnahmen und entschlossen sich zur bewußten Nutzung dieser Potenzen. Etwa seit der Mitte des 12. Jahrhunderts setzte daher in Mitteleuropa auch eine Welle von Stadtgründungen ein, die bis gegen 1300 anhielt. Sie war mit zum Teil großzügigen Privilegierungen durch die feudalen Stadtherren verbunden. Lebensfähigkeit erhielten diese Stadtgründungen dort, wo sie auf die Unterstützung wirtschaftlich aktiver bürgerlicher Kräfte stießen. Auch die Abfassung der Stadtrechtsprivilegien erfolgte nicht ohne Mitwirkung der Bürger. Die Suche nach bewährten Beispielen ließ ganze Stadtrechtskreise und -familien entstehen, deren Mutterstädte z. B. Magdeburg, Lübeck, Frankfurt am Main, Nürnberg, Wien, Aachen, Freiburg im Breisgau, Braunschweig, Dortmund, Soest waren. Seit dem 13. Jahrhundert förderten Feudalgewalten in Mittel- und Westeuropa auch die ökonomische Position von Märkten und Marktorten durch die Gewährung von Privilegien. So entstand in Italien, Frankreich, Böhmen, Polen, Deutschland, England und Spanien bis zum 14. Jahrhundert ein Städtewesen, das durch seine Vielgestaltigkeit – umfaßte es doch vielfältige, sich ergänzende Stadttypen wie Exportgewerbe-, Fernhandels-, Bergbau-, mittlere Handels- und Gewerbestadt, Agrarsiedlung mit städtischen Zügen – die der europäischen Feudalgesellschaft eigene Wirtschaftsdynamik gewährleistete. Die Bildung von autonomen Stadträten mit voller Verwaltungs- und weitgehender Gerichtshoheit verringerte vor allem auch die Chancen des Adels für die Rückforderung in die Stadt geflüchteter Bauern, die in der Regel nach Jahr und Tag als persönlich frei galten und das notwendige Bevölkerungsreservoir für die städtische Wirtschaft bildeten.

* Was hat der Kampf um die freie Entfaltung von Handel und Handwerk, um die politische und geistige Emanzipation des Stadtbürgertums einerseits und die Gewährung großzügiger Privilegien durch die feudalen Stadtherren andererseits mit den Lebensverhältnissen der mittelalterlichen Stadtbewohnerin zu tun?

Die Stadt bot, wie erwähnt, vielfältige Möglichkeiten, zu handwerklichem und kaufmännischem Gewinn zu gelangen, aber das war zugleich eine Herausforderung. Es galt, sich einen, wenn auch noch so geringen, finanziellen Grundstock zu schaffen. Das hieß das Familienvermögen zusammenzuhalten und durch äußerste Sparsamkeit zu mehren, was der Frau z. B. auch weiterhin die Sorge für die Kleidung der Familie, für Spinnen, Weben, Nähen und Stricken abverlangte. Bei Frauen, deren Ehemänner als Kaufleute auf Reisen waren, bestand die Notwendigkeit, der Familie Gelegenheitsgeschäfte nicht entgehen zu lassen, unangekündigte Geschäftspartner in der fremden Stadt einzuweisen, Zahlungen anzunehmen, Informationen über die Lage auf dem heimischen Markt zu sammeln, günstige Chancen für die Verheiratung der Töchter und Söhne auszuspähen usw. Eine Weiternutzung traditionell von Frauen ausgeübter Tätigkeiten im Rahmen des selbständigen Familienbetriebes ergab sich vor allem im Textilgewerbe, in der Seilerei, in der Malz-, Bier- und Brotherstellung, im Schank- und Herbergswesen. Das alles weist auf eine äußerst enge Interessengemeinschaft der aus Eltern und unverheirateten, im Haushalt lebenden Kindern bestehenden »Kernfamilie« im städtischen

Wirtschaftsgefüge hin. Von besonderer Bedeutung für die Familien der Handwerker und Kaufleute war zweifellos die Sicherung des erworbenen Vermögens, einschließlich der Arbeitsstätten und Arbeitsmittel, für die Nachkommen. Gerade hierbei fiel der Frau eine wichtige Rolle zu, galt es doch, das Erbe nicht nur gegenüber feudalherrlichen Forderungen, sondern auch gegenüber gewohnheitsrechtlichen Erbansprüchen der Verwandten zu verteidigen.

Nicht selten mißachteten Stadtherren die Interessen der Einwohner: forderten Erbteil, entführten Frauen, Töchter, Mündel der Bürger, verheirateten Bürgertöchter und -witwen an ihre Eigenleute, um auf diese Weise Zugriff zu ihrem Vermögen zu haben, verlangten besondere Abgaben bei Eheschlüssen von Freien mit Hörigen und bei Ausheiraten von Hinterbliebenen der Hörigen in eine fremde Stadt oder Grundherrschaft. Diese spezielle Familieninteressen betreffende Politik feudaler Stadtherren gegenüber den Handel und Gewerbe treibenden Einwohnern, von der die Frauen unmittelbar mit betroffen waren, gehört folglich in das Spannungsfeld zwischen Stadtherrschaft und stadtbürgerlichen Kräften, das sich in der Kommunebewegung entladen mußte.

Auf den ersten Blick setzt es daher in Erstaunen, daß die schriftlichen Quellen, aus denen über die Auseinandersetzungen der Schwurgemeinschaften mit den feudalen Stadtherren Kunde kommt, über die Beteiligung von Frauen kaum Aussagen enthalten. Zu den Seltenheiten der schriftlichen Überlieferung gehört der Bericht Guiberts von Nogent über die mit der Kommunebewegung im Zusammenhang stehenden Ereignisse zu Amiens 1115. In seiner Vita schreibt Guibert, daß der über vier Jahre andauernde Kampf zwischen den Bürgern, die in der Schwurgemeinschaft zusammengeschlossen waren, und ihren Stadtherren (Graf und Kastellan) unter Beteiligung der Frauen von Amiens geführt worden sei. Der militärische Sieg der Bürger habe von der Einnahme eines mächtigen Turmes der Stadtherren abgehangen. Von eigens dafür konstruierten Belagerungstürmen aus mußte der Sitz der Stadtherren mit einem gewaltigen Steinhagel angegriffen werden, wobei etwa 80 Frauen halfen. Auch in den Auseinandersetzungen von Laon 1111 scheinen die Einwohnerinnen nicht untätig gewesen zu sein. Viel häufiger aber hat man die Stadtbewohnerinnen in der anonym bleibenden Menge zu vermuten, die, wie 1129 in Magdeburg, noch zusätzlich mit religiösen Argumenten für die Ziele der in der Schwurgemeinschaft zusammengeschlossenen Bürger mobilisiert werden mußte.

Ungeachtet der bei den Frauen zunächst schwachen Resonanz auf die kommunale Bewegung sind deren Ergebnisse von eminenter Bedeutung auch für die weitere Umgestaltung ihrer Lebensverhältnisse. Juristische Zugeständnisse der feudalen Stadtherrschaft (Stadtrechtsprivilegien) als Ausdruck in der kommunalen Bewegung von den Bürgern durchgesetzter Forderungen oder vorbeugenden Entgegenkommens der Stadtherren markieren diesen Weg auch für die Bürgerin. Eine fundamentale Voraussetzung für alle weiteren positiven Veränderungen im Hinblick auf die wirtschaftlichen, sozialen und rechtlichen Lebensverhältnisse der Städterin war ihre prinzipielle Einbeziehung in den privilegierten Status der Stadtbewohner. In stadtherrlichen Privilegien und Stadtrechten, z.B. für die spanischen Gründungsstädte der Reconquista, für Bremen 1186, für Stade 1209, ist das grundlegende Recht der Einwohner, nämlich frei zu sein, wenn sie binnen Jahr und Tag im Stadtrechtsbezirk sitzen, ausdrücklich für Mann und Frau gewährt. Diese hier deutlich ausgesprochene Ausdehnung der Stadtfreiheit auf die Frau hatte sich in einzelnen Zugeständnissen bezüglich ihrer Rechtsstellung in manchen Städten schon lange vorher angekündigt.

Eines der frühesten dieser Privilegien für Mitteleuropa betrifft Halberstadt. Um die Entfaltung des Handels in seinem Bistum besonders zu fördern, gestattete Bischof Burchard II. in der zweiten Hälfte des 11. Jahrhunderts bereits freies Erbrecht für die Töchter seiner Kaufleute. Noch weitergehende Rechte gewähren Privilegien König Sanchos von Navarra, die er in der zweiten Hälfte des 11. Jahrhunderts im Rahmen von Siedlungsfreiheiten verlieh. Sie dehnten das freie Erbrecht auf die Töchter aller Einwohner aus. Das betreffende Privileg bezieht sich auf ein bereits für die Vorstadt St. Saturnin von Pamplona verliehenes älteres und formuliert ausdrücklich: »Diese Schenkung habe ich, wie oben geschrieben ist, Euch und Euren Söhnen und Töchtern und aller Eurer Nachkommenschaft gegeben und verliehen, damit ihr dies alles sicher und fest und frei besitzen mögt für alle Zukunft.«[3] Wie in diesem Falle, so werden auch stadtherrliche Neugründungen in Belgien (Geerardsbergen/Grammont) und in Südwestdeutschland mit dem Ziel, dadurch Siedler anzulocken, nach dem Prinzip der erbrechtlichen Gleichstellung von Mann und Frau, Sohn und Tochter privilegiert. In dem der Stadt Freiburg im Breisgau im 12. Jahrhundert gewährten Marktprivileg teilt Konrad von Zähringen »allen, Zukünftigen wie Gegenwärtigen« mit, »daß ich, Konrad, in meinem Ort Freiburg einen Markt errichtet habe ... Mit den von überallher zusammengerufenen angesehenen Kaufleuten habe ich in einer beschworenen Vereinbarung beschlossen, daß sie die Marktsiedlung beginnen und ausbauen sollen.« Unter den einzelnen danach aufgeführten Freiheiten befindet sich an vorderer Stelle die Zusicherung: »Wenn einer meiner Bürger stirbt, soll seine Frau mit den Kindern alles besitzen und frei von allen Ansprüchen behalten, was ihr Mann hinterlassen hat.« [4]

Eine schrittweise Aufhebung der beschränkten Erbfähigkeit der Einwohner erfolgte seit dem Beginn des 12. Jahrhunderts auch für Worms und Speyer. Privilegien von Heinrich V. für Speyer 1111 und Worms 1114 sowie ihre Bestätigung und Erweiterung durch Friedrich Barbarossa 1182 und 1184 befreiten alle Einwohner von den Nachlaßabgaben. In diesen älteren Städten, mit einer de jure und de facto sehr differenzierten Bevölkerungsstruktur, bedeutete die Einräumung freien Erbrechts für die gesamte Einwohnerschaft die Abschaffung alter, fest verwurzelter feudalherrlicher Rechte und einen sichtbaren Fortschritt im Prozeß des Zusammenwachsens der verschiedenen Bevölkerungselemente zu einer einheitlichen Stadtgemeinde. In Worms waren das z. B. die Friesenkaufleute, in deren Händen der Rheinhandel lag, die Hintersassen der Grundherrschaft der elsässischen Abtei Murbach und, als zahlreichste Gruppe, die Städter (urbani, hier als Heimgereiden bezeichnet).

Die stadtherrlichen Privilegien zugunsten von männlichen und weiblichen Einwohnern sind jedoch alles andere als ein Eingriff in das Familienerbrecht. Sie beziehen sich allein auf die Aufhebung der bisher geltenden Erbansprüche des feudalen Stadtherrn. Wenn das schon zitierte Privileg Konrads von Zähringen davon spricht, daß die Frau eines Bürgers mit ihren Kindern das Erbe »frei von allen Ansprüchen behalten« soll, so bezieht sich das auf die Ansprüche des feudalen Stadtherrn. Das geltende Familienerbrecht stellt die verheiratete Frau voll unter die Vormundschaft des Ehemannes. Er hat die Vermögensvormundschaft und ist in der Regel auch Vertreter seiner Ehefrau vor Gericht. Die Witwe ihrerseits ist im städtischen Familienerbrecht benachteiligt durch die vorrangige Sicherung des Erbrechtes der Kinder. Häufig erhält sie bei Wiederverheiratung nur Kindeserbteil. Ausgeprägt tritt diese vordergründige Sicht der städtischen Gesetzgebung auf die Sicherung des erworbenen Vermögens der Einwohner für deren Nachkommenschaft im Stadtrecht von Freiburg im Uechtland in Erscheinung. Hier erhält die Witwe nur das Nießbrauchrecht am Erbe und gilt lediglich als Verwalterin des Vermögens ihrer Kinder, und auch das nur bis zu einer eventuellen Wiederverehelichung. Eine sichtbare Veränderung zugunsten der Frau ergibt sich erst dann, wenn sich aufgrund des zunehmenden Bedarfs für ihre selbständigere Mitarbeit in Handel und Gewerbe seit dem ausgehenden 12. Jahrhundert der aus dem fränkischen Recht stammende Gedanke des Anrechts beider Ehepartner am gemeinsam erworbenen Vermögen durchzusetzen beginnt. Für die ungehinderte, den Interessen des Stadtbürgertums entsprechende Entwicklung des Vermögens- und Erbrechts der Familie hat die Aufgabe der stadtherrlichen Erbansprüche eine wichtige Voraussetzung geschaffen.

Unmittelbare Bedeutung für die Stärkung des Stadtbürgertums als neue soziale Kraft wie auch für die Anhebung der sozialen Position der Städterin in der Frühphase der städtischen Emanzipationsbewegung gewann ebenso die Abschaffung des feudalherrlichen Ehekonsenses. Besonders in Speyer und Worms hatten das Festhalten an Heiratsbeschränkungen und die in diesem Zusammenhang vorgenommene Auflösung von Ehen zwischen Einwohnern verschiedener sozialer Gruppen durch den Beauftragten des Stadtherrn sowie deren vermögensrechtliche Benachteiligung große Entrüstung unter den unmittelbar Betroffenen und der ganzen Einwohnerschaft hervorgerufen. Die bereits erwähnten Privilegien Heinrichs V. und ihre erweiterte Bestätigung durch Friedrich Barbarossa beseitigten diese erbrechtliche Benachteiligung von Ehen mit unterschiedlichem persönlichen Rechtsstatus der Partner und gewährten den Bewohnern dieser Städte die freie Wahl des Gefährten. [5]

Die Freiheit der Bürger, ihre Kinder nach eigenem Gutdünken zu verheiraten, ist auch Bestandteil des Stadtrechtes von Speyer, das Friedrich II. im Jahre 1219 der Stadt Anweiler verleiht. 1264 erlaubt das Recht der Stadt Winterthur den Einwohnern diese freie Entscheidung, und 1276 enthält das Stadtrecht, das König Magnus Hakonarson dem norwegischen Bergen zugesteht, eine ebensolche Klausel. Eine andere Variante ist die Lösung der Bürgertöchter und -witwen vom Zwang zur Verheiratung mit Angehörigen des königlichen Fronhofs und königlichen Hofdienern. Sie erfolgt 1232 für die Städte Frankfurt am Main, Wetzlar, Friedberg, Gelnhausen. Die französische Stadt Laon empfing 1128 Privilegien und die österreichische Stadt Enns 1212, die die freie Rechtsstellung der Frau und des Mannes gegenüber dem feudalen Stadtherrn bestätigten.

Heiratsfreiheit bedeutete natürlich nicht, daß sich auf diesem Wege die Neigungsehe durchsetzte. Die Ehen der Bürgerkinder wurden von den Eltern oder nächsten Verwandten und Vormündern unter wirtschaftspolitischen Gesichtspunkten vorbereitet. Wichtig war die Aufgabe des feudalherrlichen Ehekonsenses für das Stadtbürgertum vor allem deshalb, weil es dadurch genügend Freiraum für die Knüpfung von Verwandtschaftsbeziehungen erhielt, die dem Ausbau seiner wirtschaftlichen und politischen Machtstellung dienten. Dabei galt für die Ehen des Stadtbürgertums nicht allein die Höhe der Vermögen als ausschlaggebend, die durch einen Eheschluß zusammengeführt werden konnten, sondern auch die politische Rolle, welche die anzuheiratende Familie spielte, ihre weiterreichenden verwandtschaftlichen Bindungen, ihr soziales Ansehen, ihr Zugang zu den städtischen Ämtern. Ein unangetasteter Ruf der zu verehelichenden Frauen war eine nicht zu umgehende Bedingung. Deshalb konnte auch auf einen weiteren wichtigen Inhalt der Stadtfreiheit nicht verzichtet werden, auf die Gewährung höheren persönlichen Rechtsschutzes. Das hieß in erster Linie Schutz vor Entführung, vor Vergewaltigung und Verleumdung. In österreichischen, polnischen und deutschen Stadtrechten des 13. Jahrhunderts ist dieses Bestreben des Stadtbürgertums klar erkennbar. Die für die erstgenannten Delikte vorgesehenen Strafen reichen bis zur Todesstrafe bzw. Friedlosmachung. Sie ist z.B. im Stadtrecht von Haimburg, Wiener Neustadt, Neumarkt, Zwickau, Halle vorgesehen. Trotz der aus heutiger Sicht erniedrigenden Beweisprozedur dürfte das angedrohte Strafmaß eine gewisse Einschüchterung ausgeübt haben. Der Beweis der Vergewaltigung mußte von der Frau durch Beibringen von Zeugen, in der Regel zwei, davon mindestens ein Mann, angetreten werden. Im Extremfall forderte die Stadt, so Halle an der Saale, sieben sogenannte Schreizeugen. Daß die Bürger bei Verletzung des persönlichen Rechtsschutzes ihrer Frauen auch zu politischen Konsequenzen bereit waren, überliefert Matthias von Neuenburg in seiner Chronik. Mit Bezug auf den Stadtherrn dieser breisgauischen Stadt teilt er für das Jahr 1218 folgendes mit:

»Als dieser Heinrich, in der Absicht, des anderen Tages den Treueid von seinen Leuten zu empfangen, nach Neuenburg kam, entehrte er am Abend die Frau eines Bürgers, weshalb sich die Neuenburger weigerten, ihm zu huldigen.« [6]

In bemerkenswerter Geschlossenheit machen die Bürger durch die Aufkündigung ihres Gehorsams gegenüber dem Stadtherrn, einem Sohn des Grafen von Freiburg, deutlich, daß die Achtung der Stadtfreiheit für Mann und Frau, ob geschrieben oder ungeschrieben, für sie oberstes Gesetz ist.

Auf dem Boden der sich von der feudalen Stadtherrschaft emanzipierenden Städte begann so seit der zweiten Hälfte des 11. Jahrhunderts und verstärkt im 12. Jahrhundert ein die weibliche Persönlichkeit förderndes, neues Rechtsdenken Gestalt anzunehmen. Bei dessen Durchsetzung spielten vermutlich die Genossenschaften, in denen nicht nur Ehefrauen als Mitglieder akzeptiert waren, eine wichtige Rolle. Es entsprach den sozial-familiären Interessen des mittelalterlichen Städtebürgertums und ließ sich durch die dogmatischen Hemmnisse der katholischen Kirche nicht einfach unterdrücken.

Die Veränderung der Lebensverhältnisse der Städterin hing jetzt in hohem Maße davon ab, wie sie selbst die Erwartungen erfüllen, den neuen Aufgaben gerecht werden würde, die nunmehr vor ihr standen. Diese Aufgaben umfaßten in erster Linie die Beteiligung an den Geschäften, Verpflichtungen und Wirtschaftsinteressen des Ehemannes, Mitverantwortung bei der Sicherung des Familienerbes und besonders bei der Erziehung der Kinder auf einem neuen Anspruchsniveau, das von den Bedürfnissen der Kaufleute und einfachen Warenproduzenten geprägt war.

1 Die als thronende Himmelskönigin dargestellte Maria empfängt die Heiligen Drei Könige vor dem reizvollen Hintergrund einer typisierten mittelalterlichen Stadt.
Tafelbild von Guido da Siena, Die Anbetung der Könige, um 1270.
Staatliches Lindenau-Museum, Altenburg

Folgende Seiten:

2 Während des großen Brandes von Bern 1286 tragen die Frauen Sorge für die Kinder und den Besitz der Familie.
Miniatur aus Diebold Schilling, Spiezer Bilder-Chronik, 1485, Tafel 35. Stadt- und Hochschulbibliothek, Bern

3 Adlige Vögte rauben Frauen und Mädchen, rechts im Hintergrund sehen Ehemänner und Väter machtlos zu.
Die Verletzung des Eherechts und der persönlichen Freiheit haftet tief im Bewußtsein der Menschen.
Miniatur aus Diebold Schilling, Spiezer Bilder-Chronik, 1485, Tafel 60. Stadt- und Hochschulbibliothek, Bern

4 Händlerin im Gespräch mit einem Kunden. Sie bietet Täschnerwaren und Handschuhe feil.
Gemälde eines oberösterreichischen Künstlers, Geburt Mariens, um 1475/85, Ausschnitt. Pfarrkirche in Kirchdorf an der Krems

5 Krämerin stellt in einem zur Straße hin offenen Laden Beutel und Gewürze zur Schau.
Miniatur aus dem Codex des Baltazar Behem, 1505, Tafel 3. Universitätsbibliothek Kraków

6 Krämerin mit Waage, vor dem Laden steht der König im Gespräch mit einem Kaufmann und seiner Frau.
Miniatur aus Schondoch, Die Geschichte der Königin von Frankreich, Version von 1420. Codex Vindobonensis 2675, fol. 6 v. Österreichische Nationalbibliothek, Wien

7 In Geldgeschäften versiert, übernimmt die Frau die Buchführung.
Gemälde von Quentin Massys d. Ä., Der Geldwechsler, 1520 (?). Staatliche Museen zu Berlin, Gemäldegalerie

Folgende Seiten:

8 Pastetenbäcker zu Konstanz bringen ihre mit feinen Gewürzen und Fleisch oder Fisch gefüllten Waren zu einer Gehilfin, die sie verkauft.
Aus Ulrich Richental, Das Konzil zu Konstanz, nach einer Kopie von 1465, fol. 23 v. Rosgartenmuseum, Konstanz

9 Gewürzkräuter feilbietende Frauen haben sich zu Fisch- und Schneckenhändlern gesellt.
Aus Ulrich Richental, Das Konzil zu Konstanz, nach einer Kopie von 1465, fol. 25 v. Rosgartenmuseum, Konstanz

10 Das Züricher Stadtbild zeigt links vorn das Zunfthaus der Zimmerleute, daneben die »Wettinger Häuser«. Die Brücke führt zum Rathaus, der Flußturm dient als Gefängnis. Tafelgemälde von Hans Leu d. Ä., Leusches Stadtbild, 1492/96, Ausschnitt. Schweizer Landesmuseum, Zürich

Folgende Seite:

11 Die Metallgrabplatte zeigt Johan Lombard (gest. 1487), Seidenhändler und Londoner Ratsherr, seine Ehefrau Anne (gest. 1489) und ihre sechs Kinder in Hinseworth, Herfordshire.
Aus Ruth und Michael Tennenhaus, Das unsterbliche Bildnis, Leipzig 1977

Kauffrauen und andere Handel treibende Frauen

* An die Spitze der städtischen Wirtschaftszentren in West- und Mitteleuropa traten seit dem 12. und 13. Jahrhundert jene Städte, die aufgrund einer günstigen geographischen Lage eine wichtige Stellung im See- und Transithandel erworben hatten, wie Venedig, Genua, Pisa, Marseille, Paris, Brügge, London, Köln, Lübeck; ferner solche für die Erzeugung und den Handel mit wichtigen Rohstoffen, die für die gewerbliche Produktion benötigt wurden, und Zentren der einfachen Warenproduktion, die durch hohe Spezialisierung eine besonders anerkannte Qualität ihrer Waren erreichten. Zu den letzteren gehörten die oberitalienischen, flandrisch-nordfranzösischen und rheinisch-oberdeutschen Textilgewerbezentren, die Zentren der Metallerzeugung und -verarbeitung in Lüttich und Köln, die des Messings in den Maasstädten.

Vom Bestreben zahlreicher französischer, englischer, deutscher Städte, ihre einheimischen Gewerbe exportfähig zu machen bzw. zu erhalten und ihren Absatzmarkt zu erweitern, zeugt vor allem die zunehmende Gründung von Handwerksgenossenschaften. Als Eigentümer von Rohstoffen, Arbeitsmitteln und Produkten erstrebten die Handwerker hohe Eigenverantwortung bei der Regulierung der Rohstoffbeschaffung, der Lehrlingsausbildung sowie des gesamten Herstellungsprozesses und Warenabsatzes.

Im Ergebnis dieser vielfältigen Anstrengungen der einfachen Warenproduzenten und der Erschließung immer neuer, auch überseeischer Absatzmärkte durch die Kaufleute und Fernhändler kam es seit der zweiten Hälfte des 13. Jahrhunderts zu einer zunehmenden Spezialisierung im Handwerk.

Auch die Spezialisierung einzelner Städte und Landschaften auf die Herstellung und Veredelung bestimmter Produkte nahm im 13. Jahrhundert rasch zu. So wurde Konstanz zu einem Zentrum des Leinenexports aus dem gesamten Bodenseegebiet. Augsburg, Isny, Kempten, St. Gallen, Ulm betrieben Leinwandexport unter Einschluß der Produktion des umliegenden Landes. Die Wollweberei büßte daneben nicht an Bedeutung ein. Auf dem internationalen Markt wurde das Qualitätsniveau in der Wolltuchherstellung durch die Waren der flandrischen und nordfranzösischen Textilgewerbezentren wie Arras, Douai, Tournai, Provins, Rouen bestimmt, aber diese Zentren hatten mit der starken Konkurrenz der italienischen Tuche und spätestens von der Mitte des 14. Jahrhunderts mit der sich etablierenden englischen Tuchherstellung zu rechnen. In Deutschland erweiterte sich das Produktionsvolumen vor allem durch die Erschließung des Nahmarktes für billige Tuche des Massenbedarfs bedeutend. Technische Voraussetzungen für die Erzeugung großer Warenmengen im Textilgewerbe bestanden in der Verwendung des Trittwebstuhls, des Handspinnrades und der Nutzung von Wassermühlen als Walkmühlen.

Mit der Inbetriebnahme von investitionsintensiven Arbeitsmitteln, wie der Walkmühle, und der export- und konkurrenzbedingten verschärften Kontrolle des Handwerks über den Arbeitsprozeß festigte sich vielerorts die genossenschaftliche Organisation der Zünfte.

Gleichzeitig bemühten sich aber auch die an einem entwickelten Exporthandel interessierten Stadträte der Fernhandelsstädte, die Zünfte verstärkt unter ihre Kontrolle zu bringen.

Trotz der verheerenden Auswirkungen der sich periodisch wiederholenden Seuchen, vor allem der Pest, nahm die Entwicklung der Gewerbe auch in der zweiten Hälfte des 14. Jahrhunderts einen weiteren deutlichen Aufschwung. Faktoren, die ihn begünstigten, waren: die festere Verbindung der neu entstehenden Textilgewerbezentren in Flandern und England mit den traditionellen großen Fernhandelsmittelpunkten; die weitere Spezialisierung einzelner für den Export erzeugender Gewerbezweige, die beschleunigte Weitergabe der fortgeschrittensten gewerblichen Technik, zunehmende Kenntnis chemischer Prozesse, die Mobilisierung zusätzlicher, auch weiblicher Arbeitskräfte.

Einen großen Aufschwung erfuhren im 14. und 15. Jahrhundert in nahezu allen europäischen Ländern Erzgewinnung und Edelmetallverarbeitung. Die Profilierung der Metallbranche ermöglichte es, verbesserte Metallwerkzeuge herzustellen und einfache Maschinen anzuwenden, aber auch die Kriegstechnik zu entwikkeln. Die technischen Veränderungen im Bergbau und in der Metallverarbeitung wirkten sich auf eine Reihe weiterer Zweige der gewerblichen Produktion fördernd aus; darunter auf den Schiffsbau, das Baugewerbe, die Transport- und Verladetechnik. Neue Gewerbezweige, wie die Papierherstellung, der Buchdruck und die Glaserzeugung, entstanden. Die Spezialisierung einzelner Städte auf das Herstellen und Veredeln bestimmter Produkte nahm weiter zu.

Diese die feudale Gesellschaft in ihren Grundlagen verändernde Entwicklung von Handel und einfacher Warenproduktion ist undenkbar ohne die Freisetzung aller ökonomischen Potenzen des mittelalterlichen Städtebürgertums. Das bedeutete auch Ausschöpfung aller Kraftreserven der Familie. Die Unterstützung der vielfältigen wirtschaftlichen und beruflichen Vorhaben des Ehemannes, Vaters, Bruders, Sohnes durch die Frauen war unverzichtbar geworden. Der besondere Rechtsstatus des mittelalterlichen Städtebürgertums, den es weitgehend seinem ökonomischen, sozialen und politischen Engagement verdankte, ließ es nicht einfach zu einem Stand neben anderen feudalen Ständen avancieren. Diese Rechtslage ermöglichte ihm vielmehr, Eigentumsverhältnisse zu schaffen, die tiefgreifende Auswirkungen auf die Arbeits- und Lebensprozesse hatten und für die Einbeziehung der Frau in die gewerbliche Produktion, in den Groß- und Detailhandel, in Bank- und Wuchergeschäfte, in das Herbergs- und Schankwesen sowie in zahlreiche andere Berufe günstige Voraussetzungen boten.

Die erfolgreiche Beteiligung der Städterin an der Vermehrung des Familienvermögens sowie des wirtschaftlichen und sozialen Einflusses der Familie, gemeinsam mit dem Ehemann, erhöhte auch ihre Chancen für eine selbständige Berufsausübung. Frauen bewährten sich in einer ziemlich breiten Skala von Berufen, die, wie wir noch sehen werden, ein beachtliches intellektuelles Niveau voraussetzten. Dieser Prozeß wurde auch dadurch begünstigt, daß Angehörige der städtischen Oberschicht und mitunter selbst Stadträte für Erziehung und Bildung der Mädchen und Frauen des wohlhabenden Stadtbürgertums wachsendes Interesse zeigten.

Es entstand damit eine neue Dimension für die Verwirklichung der weiblichen Persönlichkeit im Arbeitsprozeß. Dieser Freiraum erweiterte sich, je besser er mit den Interessen der Familie, den Vorstellungen und Zielen der sozialen Schicht, der diese angehörte, und mit den Ambitionen der Kräfte übereinstimmte, die sozial und politisch die Stadtgemeinde repräsentierten.

* Der Wirkungsbereich, in dem die Städterin am frühesten, intensivsten und kontinuierlichsten zum Erstarken der Wirtschaft beigetragen hat, ist der Sektor des Handels und der Geldzirkulation. Über die Handelstätigkeit reicht daher die quellenmäßige Überlieferung weit zurück. Frühe Beispiele bieten die Register der

öffentlichen Notare von Venedig, Genua und Marseille. Bereits an der Schwelle zum 13. Jahrhundert läßt sich aus den italienischen Notariatsregistern die Fernhändlerin ermitteln. Wenig später finden wir sie auch in entsprechenden französischen Quellen.

Als Warenumschlags- und Seehandelsplätze von internationalem Rang waren diese italienischen Seestädte zugleich auch Geburtsstätten der modernen mittelalterlichen Bank- und Handelstechniken. Kreditbrief und Handelsgesellschaft spielten hier in den Handelsbeziehungen mit den arabischen Ländern und mit dem europäischen Norden schon früh eine Rolle.

In diesen italienischen Seestädten, die allen neuen Bedürfnissen des mittelmeerischen Städtebürgertums aufgeschlossen gegenüberstanden, eröffnete sich daher auch schon im frühen 13. Jahrhundert den vermögenden Stadtbürgerinnen eine Gelegenheit, am Fernhandel teilzunehmen, ohne sich den Strapazen einer monatelangen Fernreise unterziehen zu müssen. Sie investierten ihre finanziellen Mittel in Handelsgesellschaften und ermöglichten damit weniger zahlungskräftigen, aber sehr unternehmenden Handelspartnern, sich an der Wirtschaftsexpansion im Mittelmeer zu beteiligen. Als Kapitalgeber oder Warenlieferant hatten diese Kauffrauen Gewinn und Verlust mit zu tragen. Einer der ältesten diesbezüglichen Verträge, der uns überliefert ist, betrifft die Teilnahme einer Genueserin an einer solchen Handelsgesellschaft.

Im Jahre 1201 beglaubigt die Witwe des Rubaldus de Antimonus notariell, daß sie ihrem Gesellschafter Leinwand im Wert von zehn genuesischen Pfund für den Verkauf nach Ceuta in Marokko überlassen hat. Diese Gesellschaft ist eine sogenannte Commande, bei der der Schiffseigner oder ein sich für die Fahrt nach Übersee einschiffender Fernhändler von einem kapitalkräftigen Partner die auf dessen Kosten angeschaffte Ware übernimmt und für eine Gewinnbeteiligung von in der Regel 25 Prozent verkauft.

Das war keine Einzelerscheinung. 1206 schließt eine weitere Genueserin, Mabilia, die Mutter des Otto Lecavela, wahrscheinlich auf Vermittlung des Sohnes, einen Gesellschaftsvertrag mit Rubaldus Galetta ab. Galetta übernimmt schwäbische Leinwand und andere Leinentuche für 88 Pfund und 7 Schilling zum Vertrieb in Sizilien gegen ein Viertel Gewinnanteil.

Die Auswertung der in der ersten Hälfte des 13. Jahrhunderts von öffentlichen Notaren von Genua angelegten Akten hat Hunderte solcher Commandes, etwa acht Prozent des gesamten Archivbestandes, zutage gefördert. 21,1 Prozent der an diesen Handelsverträgen Beteiligten waren Frauen. Sie stellten 14,4 Prozent des in den Seedarlehen angelegten Kapitals zur Verfügung. [7]

Gesellschaftsverträge sind um die Mitte des 13. Jahrhunderts auch in Marseille bekannt. Aus der Zwischenrechnung einer Béatrix Raoline von Marseille, die als Tochter eines Tuchhändlers diesen Beruf ebenfalls ausübt, mit dem Tuchhändler Guillaume Lafont geht hervor, daß sie Lafont 150 Pfund als ihren Gesellschaftsanteil übergeben hat. Mit einer sehr bescheidenen Wareneinlage im Wert von 25 Sous beteiligt sich schließlich eine Cécile Roux an einer Schiffsfracht für Saint-Jean-d'Acre, wo die Marseiller Fernhändler eine Niederlassung unterhalten. In diesem Fall beträgt die Gewinnbeteiligung des Verkäufers 50 Prozent.

Die aktive Rolle einer Frau im Rahmen einer Handelsgesellschaft der Verwandtschaftsfamilie, wie sie für das Mittelalter häufig anzutreffen ist, wird bereits aus den genuesischen Notariatsregistern von 1205 sichtbar. Für die Beteiligung vermögender Einwohnerinnen am Fernhandel als Mitglieder von Handelsgesellschaften der Verwandtschaftsfamilie bietet Venedig Parallelen. Rechnungslegungen über die Kapitaleinlage von Bürgerinnen in derartigen Vereinigungen erfolgen zu Rialto 1203, 1205 und 1231. Im Gegensatz zu den drei vorgenannten, zwischen Geschwistern geschlossenen Verträgen handelt es sich bei einer weiteren Abrechnung von 1223 um eine Gesellschaft zwischen der Ehefrau und der Verwandtschaft des Ehemannes. Die Einlage war 1220 erfolgt. Rückzahlung und Gewinn betragen 75 Pfund venezianischer Währung. Zu Rialto überliefert ist auch eine Frau als Empfängerin von mehreren Kreditbriefen über in Handelsgesellschaften angelegte Summen. Die 1233 vorgenommene Kreditüberschreibung an diese Frau betrifft drei Handelskredite von mehr als 100 Pfund genuesischer Währung, die 1211 und 1212 an verschiedene Personen gewährt worden waren und jetzt mit ihr, Auticara, der Gattin des Vendramo de Caluvrio, abzurechnen sind.

Relativ große Freiheit zur Abwicklung von Handels- und Geldgeschäften genossen die weiblichen Mitglieder der Fernhändlerfamilien der italienischen Seestädte im frühen 13. Jahrhundert offensichtlich während der Abwesenheit oder Krankheit der Kaufleute. So schließt die Frau des in Geschäften abwesenden Genuesen Bonus Vasallus Crispini, Juleta, 1206 einen Gesellschaftsvertrag mit Obertus Lungus. Letzterer soll Textilerzeugnisse aus Schwaben im Werte von 317 genuesischen Pfund nach Ceuta bringen und ihrem Mann ausliefern. Wird der Ehemann der Juleta dort nicht aufgefunden, dann hat der Vertragspartner Obertus Lungus Vollmacht, die Ware selbst gegen Gewinnbeteiligung zu verkaufen.

Mit weitgehenden Vollmachten, das Vermögen ihres Ehemannes betreffend, nimmt die Venezianerin Friutera 1208 zu Rialto die Rechnungslegung des Stefano Venier über einen Handelskredit entgegen, welchen dieser von ihrem Mann empfangen hat.

Von nicht geringem Interesse erscheint auch die Tatsache, daß die Frauen der Dogen von Venedig es nicht unter ihrer Würde finden, sich ebenfalls an Fernhandelsgeschäften zu beteiligen. Im Fall der Dogaressa Maria Ziani, die 1209 an Tommaso Viadro ein Seehandelsdarlehen von 120 venezianischen Pfund übergibt, wird die Zustimmung des Dogen und seines Rates ausdrücklich formuliert. Darin liegt ein Unterschied zu den übrigen von Frauen selbständig gewährten Seehandelsdarlehen, denen die Autorisierung durch den Ehemann fehlte.

Gerade dieser Umstand der Beteiligung der Frau des höchsten Staatsbeamten der venezianischen Stadtrepublik an der Vergabe von Fernhandelsdarlehen mit dessen ausdrücklicher Zustimmung weist deutlich auf den engen Zusammenhang zwischen der ersten Phase einer intensiven Einbeziehung von Bürgerinnen in den Fernhandel mit den wirtschaftspolitischen Ambitionen der städtischen Oberschicht hin.

Die Wirtschaftsexpansion der venezianischen Seerepublik in den ersten Jahrzehnten des 13. Jahrhunderts – sie hatte deutlichen Ausdruck in Herrschaftsansprüchen bei der Gründung des »Lateinischen Kaiserreiches« von 1204 gefunden – beruhte auf der Freisetzung aller ökonomischen und sozialen Potenzen Venedigs. Es ist daher sicher auch kein Zufall, daß unter den Zielorten der von den Italienerinnen eingegangenen Gesellschaftsverträge Konstantinopel, Alexandria und Ceuta auftauchen.

Die überaus enge Verbindung der kaufmännischen Aktivitäten von Frauen mit der durch die Kreuzzüge forcierten Kräfteanspannung des mittelmeerischen Stadtbürgertums zeigt auch ein Gesellschaftsvertrag zweier Marseiller Kaufleute vom 6. Juli 1248. In diesem Vertrag verbinden sich Marie Valence und Bernard Ambulet zur Einrichtung eines Fleischhandels auf den ihrer Stadt vorgelagerten Inseln (Iles de Marseille), wo die Besitzer der großen Schiffe sich vor ihrem Aufbruch in See mit Fleisch und anderen Lebensmitteln versorgten, aber auch Matrosen und Pilger ihre letzten Einkäufe vor der langen Seereise zu tätigen pflegten. Der Vertragsabschluß fällt in die bewegte Zeit des 7. Kreuzzuges (1248–1254), an dem der französische König Ludwig IX. teilnahm. Es dürften daher lohnende Geschäfte in Aussicht gestanden haben.

Der Stadtrat von Marseille versuchte mit Hilfe der städtischen Gesetzgebung übrigens die Versorgung aller Schiffe im Hafen unter seine Kontrolle zu bringen. Die städtischen Statuten aus dem 13. Jahrhundert verboten den Ausrüstern der Schiffe (cargatores) streng, Lebensmittel von den für den Transport zuständigen Beamten, deren Frauen oder Kindern zu kaufen. Ihre Aufmerksamkeit widmeten die Vorsteher der Kommune (consules) von Marseille in diesem städtischen

Gesetzgebungswerk auch der Tätigkeit der Getreidehändler und ihrer Frauen. Der Getreidehandel war für diese See- und Hafenstadt ohne landwirtschaftlich nutzbares Hinterland und mit bedeutendem internationalen Seeverkehr ein besonders wichtiger Lebensnerv. Die Stadträte verlangten daher von den Kaufleuten, die den Getreidehandel im Dienst der Stadt wahrnahmen, daß sie einen Schwur ablegten, den städtischen Getreidehandel loyal und ohne Betrug zu gewährleisten. Dieser Eid wurde ausdrücklich auch von den Frauen der städtischen Getreidehändler gefordert.

Der zeitliche Rahmen, in dem wir uns hier bewegen, gestattet eine kleine vergleichende Abschweifung zu außereuropäischen Verhältnissen der christlich-islamischen Kontaktzone am östlichen Ufer des Schwarzen Meeres. Hier entstand in dem unter der Herrschaft der Königin Tamara (1184–1213) wirtschaftlich und kulturell blühenden Georgien zu Beginn des 13. Jahrhunderts das Poem des Dichters Rushtaweli »Der Recke im Tigerfell«. Darin gibt der georgische Dichter eine genaue Schilderung von familiären und ständischen Verpflichtungen der Frau des Vorstehers einer Kaufleutevereinigung (»Kaufmannsgilde«) in einer Seestadt, die zugleich Residenzstadt ist. In Abwesenheit des Gatten empfängt und bewirtet sie neu angekommene Kaufleute, veranlaßt die Einlagerung des Kaufmannsgutes, das der Neuankömmling zuerst dem Gildevorsteher vorzuweisen hat, in Karawanserei und Speicher. Aber sie hat als Gattin des Gildevorstehers auch eine gesellschaftliche Repräsentationspflicht im Kreis der Gattinnen einheimischer Kaufleute. Mit unleugbarem Stolz beansprucht sie: »Wie mein Mann der Kaufherrn Gilde anführt, als ihr Sprecher gilt, führe ich zum Schloß des Königs ihrer Frauen bunte Gild.« Der offiziellen Festlichkeit im Schloß folgt dann die Bewirtung und Geselligkeit in Haus und Garten des Gildevorstehers.

»In den Garten führ ich meine Gäste denn zur Tagesneige; dort bewirt ich sie, wobei ich mich als gute Hausfrau zeige. Sänger ruf ich, weils nicht angeht, daß das Lied am Festtag schweige.
Launig Schal und Haartracht wechselnd, tanz ich selbst zu Flöt und Geige.« [8]

Offensichtlich sind die Gemeinsamkeiten des täglichen Lebens in den Seestädten am Mittelmeer und Schwarzem Meer keineswegs auf die für die wirtschaftliche Entwicklung sekundäre Fortexistenz der Haussklaverei beschränkt. Nicht zu übersehen ist die Ähnlichkeit der Arbeits- und Lebensverhältnisse der Fernhändler. Wie in den italienischen Seestädten, erfordert die intensive Reisetätigkeit der Fernkaufleute, die noch nicht über ein durchorganisiertes System von Handelsvertretungen mit bevollmächtigten Vertretern (Faktoren) im Ausland verfügen, die engagierte Mitverantwortung der Frau des Großkaufmanns.

Es wäre übrigens ein Irrtum, anzunehmen, daß sich das Engagement von Bürgerinnen im Großhandel auf die mittelmeerischen Seestädte beschränkt. In den führenden Fernhandels- und Exportgewerbestädten nördlich der Alpen hat diese Bewährungsprobe ebenfalls begonnen. In der flandrischen Tuchgewerbestadt Douai werden bereits in der Mitte des 13. Jahrhunderts Frauen unter den Wollhändlern erwähnt, die aufgrund ihrer Geschäftspraxis als Kaufleute und Tuchproduzenten unter die Verleger einzuordnen sind. Ein Verzeichnis von 1274 (»Hundred Rolls«) führt Londoner Witwen auf, die den Großhandel mit Wolle und anderen Dingen treiben. In Lübeck findet die Kauffrau in den lateinischen Stadtrechten des 13. Jahrhunderts Erwähnung.

* Im 14. und 15. Jahrhundert mehren sich die Mitteilungen über die Beteiligung von Frauen an Handelsgesellschaften. Einen solchen Gesellschaftsvertrag erwähnte z.B. die Lübecker Krämerin Mechthild von Bremen in ihrem Testament von 1353. Aus dieser Gesellschaft mit einer anderen Handel treibenden Frau, der Socia Lubbe, standen ihr 30 Mark zu. Auch die Kölnerin Druitgen Kollers ging eine Gesellschaft mit nur einem Partner ein. Sie vertrieb für ihn Kölsches Tuch in Oberdeutschland. Vier weitere Kölner Bürgerinnen waren zwischen 1435 und 1505 in Handelsgesellschaften mit

nicht mehr als zwei Partnern beteiligt. Mittlere und kleine Kapitaleinlagen von Frauen überliefert auch das Geschäftsbuch des Regensburger Kaufhauses Runtinger. An der Großen Ravensburger Handelsgesellschaft (1380–1530) hatten neben 267 Männern auch 39 Frauen mit ihren Kapitaleinlagen teil.

In Erfurt, dem Handelszentrum für den in Thüringen gewonnenen Waid, jenem blaufärbenden Pulver, das bis zur Einführung des Indigos in der zweiten Hälfte des 16. Jahrhunderts in Europa außerordentlich gefragt war, hatten im letzten Drittel des 15. Jahrhunderts zwei Frauen die Leitung einer Waidhandelsgesellschaft inne. Dieses Handelsunternehmen, dessen weitere Gesellschafter erwähnt, aber nicht namentlich überliefert sind, beschickte über seinen Faktor in Görlitz Abnehmer in Ost- und Südosteuropa. Aus den Magdeburger Schöffensprüchen, die dem Görlitzer Rat in den Angelegenheiten dieser überregionalen Handelsgesellschaft Rechtsauskunft erteilten, geht eine mehr als achtjährige Existenz der von Frau Katherina Amlingyn und ihrer Tochter geleiteten Gesellschaft hervor. Gegenstand des vor die Magdeburger Schöffen gebrachten Rechtshandels sind 20 Wagen nach Görlitz und weiter nach Ost- und Südosteuropa exportierten Waids.

Obwohl diese Beteiligung von Kauffrauen an den neuen Formen mittelalterlicher Handelstätigkeit verdeutlicht, wie sich die beruflichen Möglichkeiten der Städterin in den mittelalterlichen Kommunen erweitert haben, kann man nicht daran vorbeigehen, daß dies, bezogen auf das europäische Städtewesen in seiner Gesamtheit, keine typische Erscheinung war. Die selbständige Fern- und Großhändlerin blieb in der Regel eine auf die bedeutendsten Fernhandels- und Exportgewerbezentren beschränkte Erscheinung, von der aber angenommen werden darf, daß sie nicht ohne Wirkung auf die Zeitgenossinnen blieb.

Verweilen wir zunächst noch bei der Kauffrau (mercatrix), wie die Quellen die mittelalterliche Groß- und Fernhändlerin als Pendant zum Kaufmann bezeichnen. Quellenmäßig sehr gut belegt sind die Verhältnisse in Köln, das unter den deutschen Fernhandels- und Exportgewerbezentren eine bestimmende Rolle spielte. Hier führte in den Jahren 1460 bis 1468 z.B. eine einzige Frau, gegenüber 16 anderen Importeuren, 24 Prozent aller Zuckerimporte ein. Auch ein bedeutender Teil des Weinhandels lag in Frauenhänden – das begegnet uns übrigens auch in Jena, Neuss und Schwäbisch-Hall. Der Marktanteil der Kölner Weinhändlerinnen betrug 1468 bis 1469 zehn Prozent. In den siebziger Jahren stieg er noch darüber. Kölnerinnen hielten z.B. auch im Stahlimport einen hohen Marktanteil inne. Im Handel mit Blechen tätigte Karyssa under Helmslegern in den Jahren 1452 bis 1459 vom Gesamtexport 5,8 Prozent, was einer Warenmenge von 103 Fässern entsprach. Im gleichen Zeitraum befaßte sich diese Kauffrau auch mit dem Import von Kupfer. Mit einem Handelsvolumen von 624 Zentnern hatte sie 1,4 Prozent Marktanteil. Eine andere Kölner Metallwarenhändlerin importierte 1460 bis 1469 sogar 3288 Zentner Blei, was einem Marktanteil von 9,4 Prozent entsprach. Obwohl im Handel mit Tuchen (Gewandschnitt) relativ wenig Kölnerinnen bekannt sind (in den Jahren 1419, 1421, 1423 und 1428 niemals unter zwei, aber auch nicht über sieben Frauen), erreichte der Marktanteil hier in den genannten Jahren mehr als 30 Prozent.

Diesen bedeutenden Leistungen Kölner Kauffrauen lassen sich noch zahlreiche weitere, vor allem im Handel mit Gewürzen, Chemikalien, Färbemitteln, Baumwolle und Rohseide, hinzufügen.

Selbständige Kauffrauen als Exporteure von Rohstoffen und Fertigwaren des Textilgewerbes begegnen uns im 14. und 15. Jahrhundert auch in weiteren europäischen Großstädten wie London, Görlitz, Danzig.

Als Kauffrau mit Stapelrecht und englische Wollexporteurin nach Calais wirkt in der zweiten Hälfte des 15. Jahrhunderts eine Londoner Wollgroßhändlerin. Rose of Burford, Frau eines reichen Kaufmannes und hohen Verwaltungsbeamten, der dem König Eduard II. für seinen Krieg mit Schottland eine bedeutende Summe geliehen hatte, tritt zu Lebzeiten ihres Ehemannes schon als selbständige Kauffrau in den Ausgaberegistern des Schatzamts in Erscheinung. Nach dem Tod ihres Mannes macht sie als Wollgroßhändlerin mehrfach von sich reden. In nicht weniger als fünf Eingaben an den englischen Königshof sucht sie die Rückzahlung des von ihrem Mann dem König überlassenen Darlehns durchzusetzen. Schließlich schlägt sie dem Hof vor, die ihr geschuldete Summe, die aus den jährlichen Zolleinnahmen des Königs für Wolle und Häute erstattet werden sollte, mit ihrer eigenen Wollexportsteuer zu verrechnen. Nachdem sie ihr Anliegen am Hof darlegen konnte und die königliche Schuldanerkennung vorwies, wurde ihr Vorschlag übrigens akzeptiert.

Eine deutsche Wollgroßhändlerin war Barbara, die Frau des Simon Eberlein von Görlitz. 1470 wendet sie sich an die Schöffen ihrer Stadt, um die Einlösung einer Schuld für gelieferte Wolle im Werte von 120 Mark durchzusetzen. Wegen Zahlungsunfähigkeit des Schuldners hält sie sich an dessen Bürgen. Nach mittelalterlichem Recht war derjenige, der für die Kreditwürdigkeit und Zahlungswilligkeit eines anderen gutsagte, im Falle der Nichteinlösung der Schuld verpflichtet, mit seinem eigenen Vermögen für die Tilgung der Schuld einzustehen. Die um Rechtsauskunft gebetenen Magdeburger Schöffen bestätigten die Rechtmäßigkeit des Vorgehens dieser Kauffrau.

Eine andere Großhändlerin kommt aus dem Textilgewerbe. Es ist Agnes Fingerin, die Tochter reicher Görlitzer Tuchmacher. Sie erwirbt sich als Kauffrau – ihren 1465 verstorbenen Ehemann hat sie etwa 50 Jahre überlebt – ein bedeutendes Vermögen. Bereits als sie 1465, zu einer Romfahrt entschlossen, ihre Angelegenheiten in Görlitz regelt, kann sie dem Schwager für 500 ungarische Gulden Ware verkaufen. Noch im gleichen Jahr übergibt sie diesem ihr Haus auf dem Federmarkt, behält sich dabei jedoch die Benutzung des Arbeitsgemachs (Werggadem) und des ihren Geschäften dienenden Gewölbes auf Lebenszeit vor. Über die 500 in Waren angelegten ungarischen Gulden hinaus verfügte Agnes Fingerin 1475 über weitere 300 ungarische Gulden, für die sie die lebenslängliche Befreiung von der städtischen Steuer (Geschoß) erwirkte. Für weitere $187^1/_2$ Mark erwarb sie einen jährlichen Zins beim Rat ihrer Heimatstadt, der städtischen Hospitälern zugute kommen sollte. Im Jahre 1471 schon hatte sie eine Stiftung für die Stadtarmen vorgenommen, von der das sogenannte Agnetenbrot bis in die Neuzeit hinein gereicht werden konnte.

Aufschlußreich über das persönliche Engagement einer Danziger Bürgerin und Fernhändlerin ist ein Brief ihrer Vaterstadt an die englische Stadt Lynn. Das 1455 abgefaßte Schreiben läßt keinen Zweifel darüber offen, daß diese Kauffrau nicht davor zurückschreckte, mehrfach persönlich die Abwicklung ihrer Handelsgeschäfte in England vorzunehmen.

* Die patrizische Oberschicht der Städte trat im europäischen Ausmaß, so zu Venedig, Genua, Marseille, Straßburg, Regensburg, Nürnberg, Köln, Wiener Neustadt, Basel, Frankfurt am Main, Görlitz, Bamberg, Völkermarkt an der Drau, auch mit gemeinsamer Geschäftsführung der Handel treibenden Ehepartner in Erscheinung. Diese Partnerschaft hing zweifellos nicht nur von den Interessen der Familie und vom Bildungsniveau der Frau, sondern auch vom Heiratsalter ab. In ihre erste Ehe traten die Mädchen im allgemeinen noch zu jung und für eine echte Geschäftspartnerschaft zu unerfahren ein. In günstigen Fällen wurde aber die junge Frau vom Ehemann, und in Abwesenheit des Ehemannes von der Familie, eingewiesen und zur Wahrnehmung der Familieninteressen erzogen. Dann brachte sie, wenn sie den ersten Ehemann überlebte, die für die Geschäftsführung notwendige Erfahrung in eine Zweitehe ein. Sie erleichterte damit eventuell dem alternden Ehemann die Weiterführung seines Handels und trat im Bedarfsfalle an seine Stelle oder verfügte doch wenigstens über so viel Einblick, daß sie das Geschäft mit Unterstützung eines Handlungsdieners, der mitunter ein vermögensloser Verwandter war, aufrechterhalten konnte. Briefwechsel, Geschäftsbücher

und Testamente mittelalterlicher Fernhändlerfamilien gestatten, die Einarbeitung der Ehefrau in die Handelsgeschäfte des Ehemannes und die Interessensphäre der Familie zu verfolgen.

Besonders ausführliche Mitteilungen hierzu enthält das Geschäftsbuch des Regensburger Großkaufmanns Matthias Runtinger (1383–1407). Frau Runtinger war zunächst vielfach Zeugin bei Verkaufsabschlüssen, ließ auf eigene Rechnung kleinere Warenmengen Tuch, Fadengold und Seide einkaufen, später übertrug man ihr einfache Buchführungsaufgaben. Schließlich überließ ihr der Schwiegervater während der Handelsreisen ihres Ehemannes die Aufzeichnung von einzelnen Geschäftsvorgängen. Auf diese Weise wurde sie allmählich mit den Kaufgewohnheiten und der Währungsverrechnung vertraut und konnte den mit städtischen Ämtern überlasteten Ehemann immer besser vertreten. Danach wurde ihr die Aufsicht über die Wechselbuchführung, die ein versierter Geschäftsdiener ständig innehatte, anvertraut.

* Die Wahrnehmung des Wechsleramtes war bei der Vielzahl gängiger Währungen eine Aufgabe, die besondere Genauigkeit und Zuverlässigkeit erforderte. Sie befand sich auch in anderen europäischen Städten wie in Paris, Frankfurt am Main, Schlettstadt und italienischen Kommunen in Händen von Frauen.

Zeitweise stand in Regensburg die Runtingerin selbst am Wechseltisch, und während der drei- bis vierwöchigen Geschäftsreisen des Handlungsgehilfen Lettel zur Frankfurter Messe hat auch ihn seine Frau, die Lettelin, mindestens einmal an der Wechselkasse vertreten. Die Frau Runtingers erwarb im Familiengeschäft eine vielseitige Ausbildung und wurde so befähigt, in den letzten Lebensjahren ihres Ehemannes die Buch- und Geschäftsführung der Firma selbständig und gewissenhaft zu übernehmen.

Ein weiteres Rechnungsbuch, das des Alexius Funck von Wiener Neustadt, weist aus, daß auch seine Frau über gediegene Geschäftskenntnisse verfügte. Margarete Funck setzte nach dem Tod ihres Mannes dessen Tätigkeit mit Hilfe eines für den Detailhandel zuständigen Faktors und eines weiteren Handlungsdieners fort. Für den Handel mit Ungarn bediente sie sich eines sprachgewandten, nicht mit im Geschäftshaushalt lebenden Gehilfen »aus der Wiener Gassen«. Nach zweieinhalb Jahren selbständiger Geschäftsführung übergab sie jedoch 1524 die Handelsgeschäfte dem schon sechs Jahre mit einer Nichte ihres Mannes verheirateten Faktor, dem sie vertraute.

Nach den Rechnungsbüchern (1471–1478) des Nürnberger Großkaufmanns Hans Praun bewährte sich auch dessen Frau als zuverlässige Gehilfin ihres Ehemannes. Sie nahm in dessen Vertretung fällige Zahlungsleistungen an, beglich selbst auch Rechnungen, nahm Warenlieferungen in Empfang, fertigte die Handwerker ab und vergab kleinere Darlehen in der Familie.

Gemeinsame Beteiligung von Mann und Frau an Handelsgeschäften größeren Stils ist mehrfach auch in Köln anzutreffen. Frauen traten zusammen mit dem Ehemann in Handelsgesellschaften ein und übernahmen bei der Verwitwung die Weiterführung der Verträge. Das war z.B. der Fall bei der Witwe Alheid de Rode, die den eingegangenen Gesellschaftsvertrag mit Lübecker Großhändlern zum Handel nach Stockholm, Gotland und Schonen fortsetzte. Die Kölnerin Grietgen van der Burg führte nach dem Tod ihres Ehemannes dessen verzweigte Italiengeschäfte und den Handel mit Brügge weiter, wobei der Handel mit Italien in Handelsgesellschaft mit Heinrich Vurberg und dessen Frau Druidgen abgewickelt wurde.

Ein Baseler Ehepaar, Hanns Rudolff Fryge und seine Frau Ennel von Busch, trat 1508 gemeinsam in eine Tuchexportgesellschaft »zu gewinne und Verlust« ein. Die Bestimmungen des Vertrages sahen u. a. vor, daß die beiden Fryge ohne Wissen des Straßburger Partners kein Geld aus dem Handelsgeschäft verleihen durften. Der Gesellschaftsvertrag rechnete auch damit, daß beide Baseler Eheleute in Geschäften unterwegs sein könnten, die Frau also an seiner Erfüllung mit allen Rechten und Pflichten voll ihren Anteil hatte.

Ein vergleichbares Geschäftsverhältnis scheint zwischen dem früheren Faktor der Nürnberger Behaim-Gesellschaft und später selbständigen Gewandschneider Michel Vischer, Bürger von Völkermarkt, und seiner Ehefrau bestanden zu haben. Die Behaim-Handelsbriefe erwähnen zweimal Geschäftsreisen der Frau Vischers. 1455 reitet sie nach St. Wolfgang und befördert nebenbei einen Geschäftsbrief der Brüder Behaim nach Salzburg. 1457 zieht sie gemeinsam mit ihrem Mann nach Laibach, zum Leidwesen Martin Behaims, der von ihr 250 Gulden einzutreiben gedachte. Ihm ist bekannt, daß sie die Geschäftsbücher ihres Mannes in Völkermarkt aufbewahrt, deshalb will er ihre Rückkehr hierher erreichen, rechnet aber schon mit ihrem Widerstand und erwägt daher, sich selbst zu ihr nach Laibach zu begeben.

Durch die Magdeburger Schöffensprüche fällt auch 1462 Licht auf ein Görlitzer Ehepaar, das in Geschäftspartnerschaft steht. Für eine Waidschuld von fast 100 Mark muß es seine beiden Vorwerke pfänden lassen. Einem Bamberger Weinhändlerehepaar schuldete der Zwickauer Rat 81 Gulden. In Abwesenheit des Ehemannes stellt die Frau, Elysabeth Fyncke, dem Zwikkauer Ratsboten Nyclas Zopff, der die geschuldete Summe 1459 überbringt, eine Quittung aus, in der es heißt: »Sollicher yetzundgenannter einundachzig gulden . . . sage ich obgenant Elisabeth fynckin die obgenannten Burgermeyster und Rate der Stat zu Zwickau und alle yre Erben für mich und den obgenannt Heintzen fyncken meinen Hawßwirt in seinem abwesen und alle unser erben genzlichen quidt, ledig und loße.« Vertrautheit der Ehefrau mit den Geschäften des Ehemannes ist auch in anderen mitteleuropäischen Städten, so im thüringischen Mühlhausen, im österreichischen Judenburg, im norddeutschen Stade u.a. anzutreffen, wo die Witwen den Fernhandel der verstorbenen Ehemänner weiterführen.

Daß die Witwe, wenn sie dem Gatten in der Handelsgesellschaft folgt, oder die Tochter, die in Handels- oder Wuchergeschäfte des Vaters eintritt, mitunter keine geringen Schwierigkeiten zu überwinden hatte, vergegenwärtigt eindrucksvoll ein im Stadtarchiv Mühlhausen/Thüringen deponierter Schutzbrief der Herzogin Margaretha zu Braunschweig und Lüneburg, Gräfin zu Henneberg, für Barbara Mauermann von Meiningen. Mit diesem Schreiben fordert die Landesfürstin im Jahr 1482 ihre Amtleute, Vögte, Schultheißen, Zehntgrafen, Bürgermeister, Räte und alle anderen Untertanen ihrer Herrschaft auf, dem Verwandten und Bevollmächtigten der Meininger Bürgerin Barbara Mauermann, Linhart Isener, bei der Eintreibung von Schulden innerhalb ihrer Herrschaft förderlich zu sein. Aufschlußreich ist die in der Urkunde angeführte Argumentation der Meininger Bürgerin, mit der sie begründet, weshalb der Linhart Isener an ihrer Statt die Eintreibung der ihrem Vater geschuldeten Summen übernommen hat. Man liest:

»Wir, Margaretha von Gottes Gnaden geborene Herzogin zu Braunschweig und Lüneburg . . . geben mit diesem offenen Briefe jedermann bekannt, daß sich unsere Untersässin zu Meiningen Barbara Mauermann an uns gewandt hat und erklärt, ihr verstorbener Vater Andreas Mauermann habe innerhalb und außerhalb unserer Herrschaft große Außenstände an nicht eingelösten Schulden hinterlassen. Da sie aber ein Frauenbild ist und ihr daher nicht geziemt, sich überall dahin zu begeben, wo solche Schulden offen stehen und sie diese Schulden auch nicht so nachdrücklich wie eine Mannsperson eintreiben noch einfordern kann, hat sie uns inständig gebeten, zu gestatten, daß der Vorweiser dieses Briefes . . . innerhalb und außerhalb unserer Herrschaft sämtliche ausstehenden Schulden erheben, fordern und einnehmen möge.« [9]

Von der in Handels- und Geldgeschäften selbständigen Kauffrau waren nicht nur Engagement und Mut, sondern darüber hinaus, wie auch vom Kaufmann, ein besonderes Maß an Gewandtheit, Beharrlichkeit und Härte gefordert. Deshalb zogen es Frauen aus der städtischen Oberschicht, die eine eigene Erwerbsmöglichkeit suchten, vor, solche Berufe zu wählen, die leichter zu bewältigen, besser mit den familiären Pflichten und den gesellschaftlichen Normen zu verbinden waren, aber dennoch erträglichen Gewinn versprachen. Dabei ist weniger an die häufig den Mägden überlassene Herstellung von Linnen und Kleidungs- oder Wäschestücken für den Hausbedarf zu denken. Es handelt sich vielmehr um die in den meisten europäischen Ländern auch von Frauen häufig ausgeübte Bierbrauerei und den Ausschank des auch im Mittelalter beliebten Getränkes, um die Ausübung des Herbergsgewerbes, um den Handel mit Kommissions- oder Kramwaren, die Pfandleihe. Die letztere lag allerdings häufig in der Hand von jüdischen Einwohnerinnen, die aus anderen Berufen verdrängt worden waren. Unter den verheirateten Frauen, die sich zu selbständiger Berufsausübung entschlossen, finden sich nicht wenige, die einen anderen Beruf als den des Ehemannes hatten. Sie widmeten sich kaufmännischen Tätigkeiten, betrieben das Brauereigewerbe und den Bierausschank oder waren auf dem städtischen Rentenmarkt aktiv. Kommerzielle Tätigkeit übten auch Frauen regelmäßig besoldeter städtischer Beamten, Juristen oder Stadtschreiber aus. Im Übergang zu frühkapitalistischen Wirtschaftsformen seit dem ausgehenden 15. Jahrhundert konnte die Zusammenfassung unterschiedlicher Berufe in der Hand der Ehegatten oder der Familie auch im Dienste der Verlagsbildung stehen, wie das im Kölner Seidamt der Fall war. Hier lag der Handel in Händen des Mannes und die Seidenweberei in denen der Frau. Auf diese Weise potenzierten die Ehepartner ihre wirtschaftliche Macht. Das erleichterte ihnen, die Handwerkerinnen von sich abhängig und letztendlich zu Lohnarbeiterinnen zu machen. Wohl am häufigsten kam es in den Familien der städtischen Oberschicht jedoch vor, daß der Großhandel des Ehemannes, des Vaters oder Sohnes ergänzt wurde durch Detail- oder Gelegenheitshandel der Ehefrau, Tochter oder Mutter. Die verselbständigte wirtschaftliche Tätigkeit der weiblichen Angehörigen der Familien des wohlhabenden Stadtbürgertums wurde dadurch begünstigt, daß bei aller beruflichen Spezialisierung die Möglichkeit des Gelderwerbs aus anderen, sich mitunter sehr kurzfristig erschließenden Quellen immer offengehalten worden war. Sie bildete, wie der Grundbesitz- und Rentenerwerb, auch eine zusätzliche Sicherung der Familie gegenüber dem Handels- und Geschäftsrisiko.

Daß bei der Ergreifung eines selbständigen Berufes auch andere Beweggründe eine Rolle gespielt haben, erfährt man aus der Selbstdarstellung der Engländerin Margery Kempe, Bürgerin der Stadt Lynn. Verheiratet mit einem der reichsten Kaufleute dieser englischen Stadt, betrieb sie nacheinander das Bierbrauen und das Mühlengewerbe. Obwohl Mutter von 14 Kindern, verfügte sie, nach ihrer eigenen Aussage, über genügend Zeit für eine selbständige Erwerbstätigkeit. Gleichzeitig gesteht sie, auch danach getrachtet zu haben, die nötigen Mittel zu erwerben, um sich elegant kleiden zu können. Besonders das letztere Argument ist bedenkenswert. Die Frauen der angesehensten Stadtbürger befanden sich mitunter in der Lage, nicht genügend Geld von ihren Ehemännern zu erhalten, um sich der gesellschaftlichen Stellung der Familie und den Ansprüchen ihrer Schicht gemäß kleiden zu können. Die Florentinerin Alessandra Macinghi degli Strozzi macht in ihren Briefen hieraus keinen Hehl. Mit merkbarer Abneigung gegen den Schwiegersohn schreibt sie über die Kleidersorgen ihrer ältesten Tochter: »Da ist z.B. Alessandra, wenn die ihr Unterkleid flicken will, so muß sie das Obergewand gleich über das Hemd ziehen.«

* Eine in europäischen Fernhandels- und Exportgewerbestädten von unverheirateten Frauen wie von selbständig erwerbstätigen Ehefrauen oder Witwen relativ häufig ausgeübte Tätigkeit im Handel ist der Beruf der Krämerin (institrix). Von der Großhändlerin oder Kauffrau (mercatrix) unterschied sich die Krämerin in manchen Städten durch ihren finanziellen Beitrag, der für die Mitgliedschaft in der jeweiligen Gilde zu leisten war. In Mühlhausen/Thüringen war z.B. der Betrag von zwei Mark für die Aufnahme in die Kaufmannsgilde und von einer Mark für die Krämergilde festgelegt. Außerdem wurde die Krämerin mitunter be-

stimmten Verhaltens- und Bekleidungsvorschriften unterworfen. So verordnete das Goslarer Krämerrecht von 1281, daß bei Strafe eines an den Meister zu entrichtenden kleinen Schillings keine Frau ihren Kram (die Verkaufsbude der weniger bemittelten, das Verkaufsgewölbe der wohlhabenderen Krämerin) ohne ihren Mantel verlassen darf. Offenbar befürchteten die Krämer, das Ansehen der Gilde könne durch unschickliche Kleidung der Krämerinnen geschädigt werden. Dem guten Ruf der Innung würden auch häufige gegenseitige Zänkereien der Krämerinnen abträglich gewesen sein, deshalb wurde Streit zwischen den Frauen der Krämerinnung mit sechs kleinen Schillingen, einen, der an den Meister, und fünf, die in die Innungskasse zu zahlen waren, gebüßt.

Wenn auch die Krämer und Krämerinnen insgesamt für Ehre und Ansehen ihrer genossenschaftlichen Vereinigung eintraten, so gab es zwischen ihnen doch wesentliche Unterschiede in ihrer sozialen Stellung. Wir wissen von einzelnen Krämerinnen, daß sie eine sehr geachtete gesellschaftliche Position eingenommen haben. Dafür spricht z.B., wenn 1266 die interessierten Parteien, nämlich Bürger von Freiburg im Breisgau, für die Übereignung einer Mühle als Ort der Rechtshandlung das Haus der Frau von Herbotesheim, »der Krämerin«, wählten. Von der Frau des Görlitzer Krämers Hans Brückner ist bekannt, daß sie im Haus des Bürgermeisters und in der Ratsstube für den Erwerb eines renommierten Krämergeschäftes fällige Zahlungen vornahm. Sie war auch sonst eine resolute Frau, die in drei weiteren Ehen ihre persönlichen Interessen zu sichern wußte.

Vorsichtige Schlüsse auf das Vermögen einzelner Krämerinnen erlauben uns Testamente, Eheverträge, Grundsteuerkataster und Steuerlisten. So findet sich unter den Lübecker Bürgertestamenten auch das der Mechthild von Bremen. Es datiert vom 14. April 1353. Neben Kleidung und Schmuck hinterläßt sie 30 Mark Bargeld und einen unbestimmbaren Rest an Erbmasse in den Händen des Testamentsvollstreckers. Ein anderes Lübecker Krämerinnen-Testament ist am 16. Juni 1359 aufgesetzt. Es enthält finanzielle Zuwendungen in Höhe von 51 Mark. Alles sonstige bewegliche und unbewegliche Gut hinterläßt Grete von Revele ihrem Ehemann. Aufschlußreich ist ein Vergleich mit dem Testament der Kauffrau Alheyd von Bremen, Frau des Vico Wittenborch. Sie verfügt über kaum mehr Kleidung als die vorerwähnten Krämerinnen (nämlich zwei Kleider und ein Unterkleid), aber kostbaren Schmuck, silbernes Tafelgerät und ein Haus. Außerdem hat sie ihrem Ehemann von ihrem »Eigenen« 400 Mark überlassen, jedoch noch nicht zurückerhalten. Sie verfügt aber über weniger bereites Bargeld als die Krämerinnen und kann daher nur Legate im Wert von 15 Mark ausstellen. Die Witwe des Görlitzer Krämers Hans Brückner, deren väterliches Vermögen – wie es in den mittelalterlichen Städten sehr häufig vorkam – im wesentlichen den Grundstein für die Eröffnung des Kramwarenhandels ihres Mannes gelegt hatte, erbte sein gesamtes Vermögen. Davon ausgenommen blieben einige Legate an Dritte, die durch Außenstände abgedeckt waren. Bei der gegenseitigen Erbverschreibung mit dem zweiten Mann 1507 behielt sie sich 100 Mark zu ihrer freien Verfügung vor, die sie höchstwahrscheinlich für die Verselbständigung im Handel benötigte. Darauf läßt die Klausel schließen, daß sie ihrem Ehemann hinterlassen will, was sie gegenwärtig besitzt und noch dazu gewinnen wird. (»Alles das sie hat ader immer gewynet.«) Diese Form findet sich entsprechend bei erwerbstätigen Männern, wenn diese ihre Ehefrau als Gesamterbe einsetzten. Steuerlisten und Kataster veranschaulichen, daß sich die Krämerinnen unter den vermögenden Einwohnern einen geachteten Platz sichern konnten. So weisen die Steuerbücher der Stadt Basel von 1429 z.B. 30 steuerzahlende Krämerinnen aus. Über die Aktivitäten von Schweizer Krämerinnen unterrichtet auch die Nachricht vom Raub eines Warenzuges mit Saumpferden und zweirädrigen Karren bei Beinheim. Unter den 61 geschädigten Krämern, die davon beliefert werden sollten, befanden sich 37 Frauen. Mit hohen Verlustsummen waren eine gewisse Cristina Oflaterin (501 Gulden) und die Witwe Apothekerin (270 Gulden) beteiligt. Daneben stehen auch Krämerinnen mit kleinen Warenposten von siebeneinhalb bis neun Gulden. Krämerinnen befinden sich auch unter den Steuerzahlern der Reichsstadt Mühlhausen/Thüringen. Im Kataster dieser Stadt, der um 1400 angelegt wurde, ist eine Witwe mit Innungsrecht der Krämerzunft verzeichnet, die aufgrund ihres beträchtlichen Vermögens mit einer jährlichen Steuersumme von $71^1/_2$ Mark veranschlagt ist.

Der entscheidende Unterschied zwischen Kauffrau und Krämerin lag offensichtlich in der Struktur ihrer Handelsgeschäfte. Während die mercatrix eben tatsächlich jene Kauffrau ist, die bestimmte Waren (Wein, Tuche, Farbstoffe, Wolle, Metallwaren, Gewürze usw.) en gros ein- und verkauft, investiert die Krämerin ihr Vermögen in einem breiten Warensortiment, mit dem sie vielfältige Kaufinteressen des örtlichen Marktes und seines oft recht ausgedehnten Hinterlandes abzudecken vermochte.

Die für Männer und Frauen der Erfurter Krämerinnung ausgestellte Ordnung von 1486 erlaubte das folgende Warensortiment: Gewürze, Kräuter, Südfrüchte, Papier, Baumwolle, Barchent, Leinwand, Harras (wollene Webbänder), Samt, Seidenstücke, Welsche Leinwand, Venedisch Lackritz, Kruzgold und Silber. Diese Waren durften – wahrscheinlich, um die Konkurrenz des Kleinhandels gänzlich auszuschalten – nur auf der Krämerbrücke an- und abgefahren werden. In der Stadt und auf der Brücke war außerdem noch das folgende Warensortiment gestattet: Wacholderbeeren, Feldkümmel, Färbemittel, Kienrauch, Rosinen, Hirse, Schwefel (klein und groß), hölzerne Kannen, Flämisch Garn, Sandelholz, Korallen, seidene Hauben, böhmisches Schwarzband, Frankfurter Band, Nürnberger Band.

Bei den aufgelisteten Waren handelt es sich fast ausschließlich um die sogenannten Drugwaren, trockene Handelsgüter, im Unterschied zum Ventgut, leicht verderbliche feuchte oder fettige Waren. Sie werden von den Krämerinnen z.B. auch in Köln und Worms angeboten. Eine ähnliche Zusammensetzung hat das Warensortiment der Görlitzer Krämer. Im ersten Drittel des 15. Jahrhunderts, über das wir durch die Verwicklung dieser Stadt in die Hussitenkriege besonders gut unterrichtet sind, weist es allerdings, bedingt durch die politischen Verhältnisse, Abweichungen auf. Sie bezeugen nachdrücklich die aufmerksame Reaktion der Krämerinnen auf die Marktbedürfnisse. In dieser Zeit der kriegerischen antihussitischen Aktivitäten ihres Stadtrates lieferten die Görlitzerinnen, den Ratsrechnungen zufolge, ein Warensortiment, das ganz auf die Kriegssituation abgestimmt war: Arraser Wollgewebe, Zwillich und verschiedene Leinwandarten zu Bannern und Fähnchen »in die Heerfahrt«, Schaufeln und Mulden, Pulversiebe, Stränge und Geräte der Wagnerwerkstatt, Leinwand zu Futtersäcken, Krippentuch sowie Wagenplanen.

Das Warensortiment einer einzelnen Krämerin, der Czachmannin, die von 1409 bis 1431 mit dem Görlitzer Rat in Handelsgeschäften steht, umfaßt in dieser Zeit: Armbrusthüllen, Satteltaschen, Zäume, Gurte, Sporen, Steigbügel, Halfter, Brustriemen, Schwefel, Kupferwasser, Grünspan, Köcher, Seife, Pergament, Wachs, Papier, Gewürze.

Das noch unveröffentlichte Krämerbuch des Görlitzer Hans Brückner aus den Jahren 1476 bis 1496, das uns auch über die Unterstützung der Geschäftstätigkeit durch seine Ehefrau unterrichtet, weist demgegenüber eine auf friedlichere Verhältnisse abgestimmte Warenskala aus. In seinem Geschäftsbuch erscheinen folgende Handelsobjekte: Weizenbier, Flachs, Perlen, Papier, Kerzen, Schwarz-Barchent, Lorbeer, Mandeln, Pfirsichkerne, Gewand, Seife, Öl, gefärbte Felle, Badebekken, Uhr, Spiegel, Bücher (Bibeln, Almanache, Lombardengeschichte, lateinische Postille), Lichtscheren, Sohlen, Beutel. Bier, Flachs und Seife sind besonders häufig oder in größeren Mengen verkauft worden.

Wie bei der Wiener Neustädter Familie Funck, den Regensburgern Runtinger, der Kölnerin Karyssa under Helmslegern und den Görlitzern Brückner scheinen Groß- und Detailhandel des öfteren in einer Hand gewesen zu sein. Die Unterscheidung zwischen Kaufmann und Krämer, Kauffrau und Krämerin muß letztlich nach der in der Struktur ihrer Geschäfte überwiegenden Tätigkeit, Groß- oder Detailhandel, getroffen werden. Ein fließender Übergang bleibt. Er ergibt sich schon dadurch, daß die Krämerinnung auch als Auffangbecken für wenig erfolgreiche Kaufleute diente.

Das Stadtbild aller größeren europäischen Handels- und Exportgewerbestädte wird jedoch nicht zuletzt durch die Anwesenheit einer großen Zahl von Kleinhändlern und Maklern bestimmt, unter denen auch Frauen einen beachtlichen Platz einnehmen. Günstige Startbedingungen, die sich in den verschiedenen Zweigen des Kleinhandels auch Einwohnern mit niedrigem Vermögen boten, erschlossen hier besonders vielen Frauen eine zusätzliche oder Haupternährungsquelle. Erleichtert wurde das durch die im europäischen Maßstab weitgehend fehlenden Innungsbindungen für den Kleinhandel. Damit fielen auch deren mögliche Einschränkungen weg.

Die Kleinhändler im Lebensmittelgewerbe waren die Höker und Hökerinnen. Zu einer innungsmäßigen Organisation ihres Berufes kam es nur in einigen Hansestädten, wie im 14. Jahrhundert in Lübeck, Stade und Lüneburg. So günstig die Einstiegsmöglichkeiten in den Kleinhandel sein mochten, so gering erwiesen sich in der Regel die Chancen, in ihm auf legale Weise zu Vermögen zu gelangen. In den Steuerlisten sind Hökerinnen oft mit dem Vermerk »nichts als Herdsteuer« (nihil praeter larem) oder unter völligem Erlaß der Steuer mit dem Vermerk »Sie besitzen nichts« (nichil habent) verzeichnet. In einem italienischen Frühdruck des 15. Jahrhunderts werden diese Frauen mit ihren Waren in Erwartung der Käufer, aber gleichzeitig auch mit der Spindel dargestellt, was darauf hinweist, daß sie sich weder mit der einen noch mit der anderen Arbeit zu ernäh-

Eine Händlerin, die vermutlich Pfandsachen veräußert, nimmt einen Männerrock entgegen. Holzschnitt, gedruckt bei Hans Hofmann, Nürnberg 1490. Aus Albert Schramm, Der Bilderschmuck der Frühdrucke, Bd. XVIII, Leipzig 1935, Abb. 647

ren vermögen. Das gilt sicher auch für die Mehrzahl der Käuflerinnen (Keuflerinnen oder Keufel; regrattières im französischen Sprachbereich), die als Wiederverkäufer kleinere Warenmengen, oft nur einige Stücke eines Artikels, für eine geringe, feststehende Zwischenhandelsgebühr verkaufen. Nach einer Nürnberger und einer Ulmer Ratsverordnung über die Käufel und Käuflerinnen – beide stammen aus dem 14. Jahrhundert – sowie Gerichtsbucheintragungen der Reichsstadt Mühlhausen/Thüringen scheinen sie aufgrund ihrer Armut die ihnen anvertrauten Waren mitunter auch versetzt oder verpfändet zu haben. Sie werden in der Nürnberger Ratsverordnung streng angewiesen, das Geld für die verkauften Waren sofort demjenigen, dem es gehört, zu übergeben und es nicht über Nacht zu »verleihen oder behalten«. In manchen Städten scheinen überdies die Käuflerinnen nur für den Gebrauchtwarenhandel zugelassen gewesen zu sein. So verbietet ihnen die Breslauer Krämerordnung (o. J.), neue Dinge außerhalb des Markttages zu verkaufen. Einigen wenigen gelang es anscheinend dennoch, ein kleines Vermögen zurückzulegen. Das ermöglichte es ihnen, dem Stadtrat die gebräuchliche Kaution zu hinterlegen, um als vereidigte städtische Käuflerin die aus Gerichtspfändungen zum Verkauf anfallenden Gebrauchtwaren und Gegenstände im Auftrag der Gläubiger in den Handel zu bringen.

Ein bedeutender Teil des Kleinhandels lag zweifellos in Händen von Detailhändlerinnen, die sich auf bestimmte Waren des täglichen Bedarfs der Bevölkerung der eigenen Stadt und des Nahmarktes spezialisiert hatten. In der Stadt Ofen lebten nach einer Rechtssammlung des 15. Jahrhunderts etwa 45 Händlerinnen, davon zwei Drittel Deutsche, die übrigen Ungarinnen. Diese Frauen waren für den Obst-, Gemüse-, Geflügel-, Käse-, Wildbret- und Kräuterverkauf vereidigt. Sie offerierten ein breites Angebot. Die Obsthändlerin verkaufte Kirschen, Erdbeeren, Pflaumen und Schlehen, Äpfel, Kürbisse, Pfirsiche, grüne Nüsse und Mandelkerne sowie mancherlei Dörrobst. Die Gemüsefragnerin bot Hülsenfrüchte, Hirse, Gerste, Fenchel, getrockneten Knoblauch und die Kräuterhändlerin Kraut, Petersilie, Möhren und Spinat an. Daneben versorgten den städtischen Markt die Frauen der Handwerker wie der Bäcker, Fleischer, Fischer, Täschner, Gürtler, Kerzenzieher oder Kleinschmiede mit den Produkten des eigenen Gewerbes.

* Wenn man die Abgrenzung zwischen Großhändlerin, Krämerin und Kleinhändlerin deutlicher fassen will, dann muß man auf die Unterschiede in der Ausbildung und in der Geschäftspraxis verweisen. Die siebenjährige Ausbildung, wie sie für die Kauffrau in englischen mittelalterlichen Städten anscheinend verlangt wurde, trifft sicher auch dort für die Krämerin nicht zu. Krämerinnen besaßen weniger Möglichkeiten, ihre auswärtigen Geschäfte durch andere, von ihnen beauftragte Personen erledigen zu lassen.

Das Geschäftstagebuch wird wahrscheinlich aufgrund der gediegeneren Bildung der aus der gehobenen städtischen Mittelschicht oder aus der patrizischen Oberschicht stammenden Kauffrau umfangreicher und gründlicher geführt worden sein. Aber auch die Krämerinnen benötigten ein wenn auch noch so einfaches Verzeichnis ihrer Handelsaktivitäten. Nachrichten über diese handelstechnischen Details gibt die reiche Kölner Überlieferung. So gewinnt man von dem Handelsbuch der Kölnerin Ailheyd von Dryveltz aufgrund eines Briefes der Stadt Köln an die Stadt Diest vom 15. November 1471 einen bestimmteren Eindruck. Dieser Brief verweist auf ein umfangreiches, in Leder gebundenes Rechenbuch, das die eigenhändig niedergeschriebenen Schuldforderungen, besonders für an zahlreiche Abnehmer gelieferten Wein, enthielt.

Nach dem Tod der Ailheyd von Dryveltz (geb. vor 1455) diente auch ihr Handlungsbuch den Testamentsvollstreckern zur Eintreibung von Schulden, die sich in dem Falle in Brabant, Lüttich, Loon, Flandern, Holland und Seeland feststellen ließen. Geschäftsbüchlein führten um 1500 auch Elss Lynenweiffers, die Gewandschneiderin Dorothea Venlo und Niesgin Yss von Köln.

Erhalten blieb bis auf unsere Tage das Handelsbuch der Fygin von Syburg aus der Zeit von 1475 bis etwa 1490. Sie trieb vornehmlich Tuchhandel.

Geschäftsreisen unternahmen Frauen, ob es sich um die Geldverleiherin, die Großhändlerin, die Frau des Kaufmanns, Krämerinnen, Detailhändlerinnen oder Frauen von Handwerkern handelte, wenn es erforderlich war. So begab sich z.B., wie aus einem Brief der Stadt Danzig an die englische Stadt Lynn hervorgeht, eine Bürgerin von Danzig wiederholt auf Geschäftsreisen nach England. Durch die Unzuverlässigkeit ihres englischen Gewährsmannes in Lynn, der die ihm zugestellten Gelder für gemietete Reitpferde nicht weitergeleitet hatte, geriet sie dabei in Schwierigkeiten und suchte Unterstützung des Rates ihrer Heimatstadt Danzig, um ihren Ruf als Geschäftsfrau nicht zu verlieren. In Wien tätigte die Frau des Straßburger Großhändlers Pengel für ihn Finanzgeschäfte. Die Frankfurter Messe war ebenso Ziel einer Lausitzer Seidenhändlerin oder Krämerin wie zahlreicher Kölner Kauffrauen oder Kleinhändlerinnen. Mit großer Regelmäßigkeit besuchten die Kölner Seidmacherinnen am Ende des 15. Jahrhunderts die Frankfurter Messen. Kölner Frauen waren übrigens auch auf der Antwerpener Messe vertreten und führten Handelsreisen in die Niederlande durch. Kölner Fischhändlerinnen präsentierten ihre Waren in Bingen und Mainz. Eine Esslinger Bürgerin trieb Schulden in Stuttgart ein. Eine Magdeburgerin suchte in Erfurt Erbansprüche durchzusetzen. In gleicher Angelegenheit reiste eine Bürgerin von Köln mit ihren beiden Söhnen nach Leipzig.

Diese Reisen waren nicht ungefährlich. So beklagt die Königin von Dänemark in einem Schreiben an den Rat von Stralsund, daß die Frau eines Kopenhagener Bürgers in Stralsund gefangengenommen wurde. »Auf des Reiches Straße«, wahrscheinlich auf dem Weg zur Frankfurter Messe, wurde eine Mühlhausener Bürgerin überfallen und beraubt. Das gleiche geschah 1432 der Witwe Ludwigs von Kasel, einer Kölnerin, die mit ihrem Gesinde »up des heilg(e) rychs straisse(n)« gefangengenommen wurde. Auch 1442 und 1506 gerieten Frauen, die von ihren Männern auf Handelsreisen ausgeschickt waren, in derartige Situationen. Diese Liste ließe sich noch fortsetzen.

* Die im Handel und Geldgeschäft engagierten Frauen erfuhren im städtischen Recht sehr frühzeitig bestimmte Zugeständnisse, am frühesten in Italien, wo die Vormundschaft des Mannes über die Frau schon im Langobardenrecht Lücken aufwies. Im Bereich der italienischen Seestädte schufen günstige ökonomische Bedingungen weitere Lockerungen. Hier besaßen die unverheirateten Frauen volle Verfügung über ihr Vermögen und auch verheiratete Frauen weitgehende Rechte in bezug auf das Vermögen des Ehemannes. Das beweist die Einsetzung der Frau oder Tochter als Testamentsvollstreckerin im frühen 13. Jahrhundert deutlich, handelt es sich doch hierbei um eine Regelung, die für das nördlich der Alpen gelegene Europa frühestens im Spätmittelalter akut wird. Dennoch traten auch hier schon seit dem 11. Jahrhundert im Zusammenhang mit der Verleihung von Stadtrechtsprivilegien rechtliche Erleichterungen für die Kauffrau ein, die in den städtischen Statuten des 13. und 14. Jahrhunderts erweitert worden sind.

Der erste Schritt bestand in der Aufhebung der Verfügungsbeschränkung der Kauffrau in vermögensrechtlicher Hinsicht. Für die Einwohnerin galt allgemein, daß sie ohne Einwilligung des Ehemannes oder Vormundes nur über einen geringen Geldbetrag verfügen durfte, der von Stadt zu Stadt etwas variierte. In Mühlhausen/Thüringen war es der Gegenwert ihres Kopfputzes, nämlich sechs Pfennige, in Lübeck zweieinhalb Schillinge und in Freiburg im Breisgau vier Denare. Der Kauffrau wurde hierin eine Ausnahmestellung zugestanden, die sich im Verlauf des weiteren Erstarkens der Städte festigte.

Ein frühes Zeugnis dieser Sonderstellung ist das Augsburger Stadtrecht von 1276. Dort ist festgestellt: »Es hat keine Frau Gewalt, etwas von ihres Mannes Gut an jemanden zu geben, weder mit Bürgschaft noch auf eine andere Art, ohne Zustimmung ihres Ehemannes, es sei denn, sie betreibt eigene Geschäfte zu offener Krame oder zu offenem Keller oder wenn sie sonst beständig zu verkaufen pflegt ohne ihren Ehemann. Was sie dann tut, das ist rechtskräftig. Es darf auch keine Frau ohne Erlaubnis ihres Ehemannes ... vor Gericht streiten ... es sei denn eine Frau, die zu Markte steht und kauft und verkauft ...« (Artikel 150). Das Recht der wirtschaftlich selbständigen Frau, vor Gericht Klage zu erheben, ist auch im Goslarer Stadtrecht von 1330 bis 1350 ausdrücklich festgehalten. Im Lübecker Stadtrecht von 1294 wird die Gleichstellung der Kauffrau mit dem Mann eindeutig formuliert: »Keine Jungfrau, noch Frau oder Witwe dürfen ihr Gut verkaufen, noch weggeben, noch verleihen ..., außer diese haben einen Kaufladen, dann sind sie selbständig wie Männer.« [10] Das heißt, die Kauffrau kann voll über ihr Gut verfügen, aber sie muß auch für ihre Schulden selbst einstehen. Ein Selbstzeugnis über ihre volle juristische Handlungsfähigkeit hat uns die Lübeckerin Alheyd von Bremen in ihrem Testament vom 18. November 1358 hinterlassen. Gleich eingangs betont sie: In der Ausübung der Kaufmannschaft (mercatura) habe sie keinen Vormund und auch nie einen solchen gehabt. Sie sei Kauffrau für sich selbst in Ein- und Verkauf. Ihren Ehemann habe sie in ihr Besitztum aufgenommen (»ad possessionem meum«).

Bemerkenswertes Verständnis für die Lebensumstände der unverheirateten oder verwitweten Kauffrau legt der Rat der Stadt Straßburg an den Tag. Als 1322 im Stadtrecht niedergeschrieben wurde, daß die Bürger der Stadt vom St. Martinstag bis Lichtmeß (die Zeit der Steuererhebung) mit Ausnahme von ein bis zwei erlaubten Nächten in der Stadt anwesend sein müssen, wurden von dieser Verpflichtung ausdrücklich die auf Handelsreisen befindlichen Bürgerinnen (»die irs kouffs varent«) ausgenommen. Sie sollten aber ihre unversorgten Kinder und ihr Gesinde in der Stadt belassen.

Englische Stadtrechte des Mittelalters gewährleisten die juristische Handlungsfreiheit der selbständigen Kauffrau ebenfalls, jedoch durch die Hintertür. Da sich in England wohl infolge der stärkeren Einbindung des Städtewesens in die Belange des Königtums die Muntgewalt des Ehemannes eher verstärkte als abschwächte, bedurfte es der juristischen Gleichstellung mit der unverheirateten Frau, um der Gattin eine selbständige Berufstätigkeit zu ermöglichen. So bestimmt z. B. das Stadtrecht von Lincoln: Wenn eine Frau in der Stadt ein Gewerbe ausübt, womit sich ihr Gatte nicht abgibt, so soll sie in allen Dingen, die ihr Gewerbe berühren, wie eine alleinstehende Frau behandelt werden.

Ob offen oder verdeckt, direkt oder auf Umwegen setzten sich auf dem Hintergrund der Entfaltung eines ökonomisch leistungsfähigen, von der feudalen Stadtherrschaft teilweise befreiten europäischen Städtewesens zuerst im Kaufmannsrecht Normen durch, welche die juristische Stellung der erwerbstätigen Frau spürbar verbesserten. Sie sprengten schrittweise die Formen der im Feudalrecht verankerten Muntgewalt über die Frau. Die von Kaufleuten beherrschten Stadträte überführten die neuen Rechtsgrundsätze in das Stadtrecht und befaßten sich mit ihren weiterreichenden Konsequenzen. Dazu zählten die Regelung der gegenseitigen Schuldenhaftung von Mann und Frau und die Sicherung der Brautaussteuer der Ehefrau bei Verschuldung des Ehemannes. Es gehörten weiterhin dazu die Vermögenstrennung und im Extremfall die Ehescheidung bei erwiesener Geschäftsuntüchtigkeit des Ehemannes sowie die erleichterte Präsenzpflicht der Kauffrau in der Heimatstadt während der Steuererhebungszeiten.

Die juristische Förderung der Handel treibenden Frau trug zur Erhöhung ihrer Eigenverantwortung und Selbständigkeit, sei es gegenüber dem Handelspartner, dem Ehemann, der Familie oder der Stadtgemeinde, bei. Die gemeinsame Wahrnehmung kaufmännischer Interessen durch Mann und Frau stärkte die Kaufmannschaft der west- und mitteleuropäischen Fernhandels- und Exportgewerbezentren, was den Intentionen der Stadträte ebenso wie denen der am weiteren Landesausbau interessierten feudalen Landesherrn entsprach.

Frauen im Handwerk und in weiteren städtischen Berufen

Die Entfaltung der städtischen Wirtschaft beschränkte sich nicht auf den Handel allein, sondern sie stand in engster wechselseitiger Beziehung zur Spezialisierung und Intensivierung der handwerklichen Produktion. Da sie zugleich das demographische Wachstum der Städte forcierte, gingen von ihr weitreichende Anforderungen an den Bereich der Herbergs- und Dienstleistungsgewerbe, der medizinisch-sozialen Betreuung, der städtischen Verwaltung und des Bauwesens aus. Die zunehmende Einbindung der Fernhandels-, Exportgewerbe- und Bergbaustädte in ein immer feinmaschigeres und festeres Netz von Handels- und Kulturbeziehungen und die damit verbundenen wachsenden Aufgaben und Repräsentationsverpflichtungen des wohlhabenden Städtebürgertums förderten zudem auch kulturelle Bedürfnisse und das Bildungsstreben der städtischen Ober- und Mittelschichten. Es liegt daher gewiß nahe zu fragen: Wie stand es um die übrigen, nicht oder nicht ausschließlich kaufmännischen Berufe in den europäischen Städten des Mittelalters? Boten sie der weiblichen Berufstätigkeit ebenso günstige Bedingungen, wie sie die wirtschaftliche Entfaltung der Städte und ihre teilweise Lösung aus der Herrschaft der feudalen Stadtherren im Handel gewährten? Diese Frage ist nicht leicht zu beantworten.

* Für das städtische Handwerk fehlen so repräsentative Quellen wie die Geschäftsbücher oder Handelsbriefe der Kaufleute. Die Testamente sind weniger ausführlich. Das hat verschiedene Gründe. Die Erweiterung der Bildungsmöglichkeiten für nichtgeistliche Personen aus dem Stadtbürgertum seit dem 13. Jahrhundert kam der Mehrzahl der Handwerkerbevölkerung, die, um konkurrenzfähig zu bleiben, auf die Mitarbeit von Frau und Kindern in Haushalt, Werkstatt und Handel angewiesen war, kaum zugute; andererseits fehlte auch durch den bescheidenen Umfang des Handwerksbetriebes und die lokale Begrenzung des Kundenkreises die Notwendigkeit für eine geordnete Buchführung. In der offiziellen städtischen Gesetzgebung, die mit wenigen Ausnahmen von den Interessen der patrizischen und kaufmännischen Oberschicht geprägt war, finden die Handwerker und die übrigen städtischen Berufe im Rahmen der Zunftgesetzgebung und von Verpflichtungen zu städtischen Diensten Erwähnung. Die Gewohnheiten und Gesetze der Handwerkerzünfte sind eine äußerst wichtige Quellengattung, auch in bezug auf die Lebensverhältnisse der Handwerkerfamilien. Sie umreißen die gesetzlichen Voraussetzungen für die Mitarbeit der Frau im Handwerk, mit anderen Worten den Handlungsspielraum. Sie gestatten aber nicht abzuschätzen, wie dieser Handlungsspielraum tatsächlich ausgefüllt wurde. Außerdem war die Zunftgesetzgebung natürlich nur auf die Erläuterung jener Regeln und Gewohnheiten gerichtet, die nach den Erfahrungen der Verfasser nicht von selbst eingehalten wurden, die also Streitobjekt sein konnten. Kurz, für die Überlieferung der offiziellen Zunftgesetzgebung werden als vergleichbares Pendant Quellen benötigt, die von der Umsetzung der Gesetzesvorschriften in die alltägliche prak-

tische Rechtsprechung einen der geschichtlichen Wirklichkeit entsprechenden Eindruck vermitteln. Diese Überlieferung ruht vor allem in den umfangreichen Beständen der Archive, die über Vorgänge der städtischen Rechtsprechung berichten, wie die Stadt-, Gerichts- und sogenannten Bruchbücher. Sie enthalten Gerichtsurteile über Eigentumsdelikte, wegen vorzeitigen Verlassens von Dienstverhältnissen, Lohnschuldklagen, Klagen auf Ersatz von Arzt- und Lohnausfallkosten, Lehrverträge usw. Ihre genaue Auswertung steht noch am Anfang.

Ein außerordentlich glücklicher Umstand ist es, daß gerade für die Hauptstadt jenes europäischen Landes, in dem sich der Feudalismus in besonders typischer Weise entwickelte, in Frankreich, sehr aussagekräftige Quellen vorhanden sind. Es handelt sich dabei vor allem um das »Buch der Berufe« (Livre de métiers) des königlichen Richters Etienne Boileau von 1270, das von ihm wahrscheinlich auf Anordnung des Königs, Ludwigs IX. (1226–1270), mit dem Beinamen »Der Heilige«, zusammengestellt und redigiert wurde. Dieses Buch, dessen Abfassung durch die zentralisierte Verwaltung des französischen Königtums für seine Zeit vorbildlich war, enthält die beschworenen Gewohnheiten von 100 Pariser Handwerkszünften. Inwieweit die hier aufgezählten Tätigkeiten tatsächlich ausgeübt worden sind, erlaubt der Vergleich mit den Pariser Steuerlisten von 1292, 1300 und 1313 annähernd festzustellen. Aus diesen Steuerbüchern (Livres de la taille) geht auch der Anteil der einen Beruf selbständig ausübenden Frauen hervor. Dieser Beruf ist nicht selten ein anderer als der des Ehemanns. Ungenauigkeiten ergeben sich allerdings dadurch, daß diese Steueraufzeichnungen nur die zünftigen Handwerksberufe erfassen, aber nicht alle von Frauen ausgeübten Tätigkeiten eine zünftige Organisation hatten, so daß die Zahl der berufstätigen Frauen tatsächlich höher liegen wird.

Ihre begrenzte Aussagefähigkeit berücksichtigend, läßt sich aus den genannten Pariser Quellen über die weibliche Berufstätigkeit feststellen: Zu den ältesten, auch in Paris ausschließlich von Frauen ausgeübten Berufen gehören das Leinen- und Hanfschlagen sowie das Kämmen dieser Textilrohstoffe. Die Herstellung von Leinengarn geschah in gemischter Zunft, in der dieses Handwerk betreibende Männer und Frauen zusammengeschlossen waren. Für Lehrlinge beiderlei Geschlechts galt eine Lehrzeit von sechs Jahren. Das Verspinnen von Flachs und Hanf wurde ebenfalls in gemischter Zunft durchgeführt. Sie bestand vermutlich schon seit dem Ende des 13. Jahrhunderts, denn 1349 bestätigte König Philipp VI. ihre Satzungen. In den Steuerbüchern von 1292 und 1300 sind insgesamt 11 Vertreter dieses Berufes verzeichnet, jedoch nicht in Männer und Frauen unterschieden. Auch für die Ende des 13. Jahrhunderts in Paris bestehende Zunft der Leineweber sind der Frauenanteil und die Stellung der Frauen in der Zunft nicht zu erkennen. In den Hilfsgewerben der Wolltucherzeugung weisen die Steuerbücher von 1292 zwei Wollspinnerinnen und die von 1300 zwei Wollarbeiterinnen und eine Wollkämmerin aus. Bei den Tuchmachern selbst gelangten Frauen nur als Witwen zum Meisterrecht. Dem entspricht die Zahl der in der Steuerliste von 1300 verzeichneten Frauen. Es waren lediglich zehn gegenüber 350 Männern.

Die Arbeit des Tuchwalkens stellte hohe physische Anforderungen an den Handwerker. Vielleicht ist das der Grund dafür, daß die Zunft selbst die sonst in den Textilgewerben allgemein gebräuchliche Mitarbeit der Ehefrauen der Walker ausschloß. Den Witwen wurde jedoch erlaubt, mit zwei Lehrlingen und den Kindern aus erster oder mehrfacher Ehe das Handwerk weiterzuführen. Nach den Steuerbüchern scheinen sie von diesem Recht aber keinen Gebrauch gemacht zu haben.

Auch im Handwerk der Filzmacher kommen Meisterinnen und weibliche Arbeitskräfte selten vor. Lediglich im Steuerbuch von 1300 sind zwei Filzmacherinnen (feutrières) erwähnt. Dagegen hatte die Seide, Zwirn, Wolle und Baumwolle verarbeitende Zunft der Band- und Bortenweber zahlreiche weibliche Meister in ihren Reihen, die auch Lehrlinge ausbilden durften. Die Meisterwitwen konnten das Gewerbe selbständig weiterführen. Da in den Steuerlisten von 1292 und 1300 nur neun Frauen, aber keine Männer verzeichnet sind, ist anzunehmen, daß auch alleinstehende Frauen zu diesem Handwerk zugelassen worden sind. In der Goldbandfertigung, die wahrscheinlich das Goldschlagen, die Herstellung feiner Goldfolie, einschloß, überwiegen dagegen bis zum Beginn des 14. Jahrhunderts weitaus die Männer. Um 1400 hat sich die Zunft mit 27 Meistern und Meisterinnen fast verdoppelt. Der exakte Frauenanteil ist jedoch nicht erfaßbar.

In der bis zur zweiten Hälfte des 15. Jahrhunderts in Paris sehr florierenden Seidenherstellung befanden sich einige bedeutende Zünfte ausschließlich in Frauenhand. Dazu gehörten die beiden getrennt voneinander existierenden Zünfte der Seidenspinnerinnen mit großen und den einen stärkeren Zwirnungseffekt gewährleistenden kleinen Spindeln. Die mit großen Spindeln arbeitenden Seidenspinnerinnen übten ihren Beruf in vollem Sinne selbständig aus. Sie hatten das Recht, Lehrlinge auszubilden und die eigenen Kinder sowie die ihrer Ehemänner aus einer anderen Ehe in ihrem Handwerk zu beschäftigen. Die Ehemänner waren also offensichtlich in einem anderen Beruf tätig. Die Aufsicht über diese reine Frauenzunft übten allerdings zwei Männer, Beauftragte des städtischen Rates, aus (prud'hommes jurés). Die Zunft der Seidenspinner mit den kleinen Spindeln war im Unterschied zur vorgenannten für Männer offen. Nach den Statuten konnten Lehrlinge beiderlei Geschlechts das Handwerk in einer Frist von sieben Jahren erlernen. Die Aufsicht über diese Handwerkskorporation lag anscheinend in den Händen von Meistern und zwei dafür beauftragten Frauen dieses Gewerbes (preudesfames du mestier). Für bestimmte Fragen, wie die Lehrlingsausbildung, konnten auch Gesellinnen herangezogen werden. In der Praxis scheinen aber auch dieses Gewerbe der Seidenspinnerei mit kleinen Spindeln nur Frauen ausgeführt zu haben. Das Steuerbuch für 1292 faßt die Steuerleistung der beiden Zünfte des Spinnereigewerbes zusammen und verzeichnet unter den Versteuerten acht Seidenspinnerinnen, das von 1300 führt 36 Frauen an.

Relativ hoch ist ebenso die Zahl der steuerleistenden Seidenweberinnen, auch sie bilden eine reine Frauenzunft. Meisterin in dieser Zunft kann nur werden, wer nach erfolgreich beendeter Lehre das Handwerk ein Jahr unbescholten ausgeübt hat. Die Aufsicht über die Zunft nehmen drei Zunftmeister und drei Zunftmeisterinnen (maîtresses-jurées) wahr. Eine Frage wirft allerdings die Tatsache auf, daß aus dem Jahre 1300 die Steuerliste 38 Gesellinnen (ouvrières de soie) und nur eine Seidentuchherstellerin, also Seidentuchmacherin, aufführt. Die Bezeichnung »ouvrières de«, Arbeiterinnen des ... Gewerbes, taucht in den Quellen häufig als Äquivalent für den Begriff der Gesellin auf, der im Mittelalter ja tatsächlich vieldeutiger gebraucht worden ist. Das fragwürdige Verhältnis von einer Meisterin und 38 Gesellinnen im Tailleregister läßt sich nur mit einer einmaligen Ablösung der Steuerpflichten seitens einiger reicher Seidenmacherinnen, die dem Rat dafür hohe Geldsummen vorschossen, oder hoher Verschuldung von einigen Meisterinnen, durch die sie steuerunfähig wurden, erklären. Beide Möglichkeiten impliziert der städtische Alltag mittelalterlicher europäischer Großstädte.

Eine reine Frauenzunft war in Paris auch das Gewerbe der Beutelmacherinnen (faiseuses d'aumendières sarrazinoises). Wie die Seidenmacherinnen waren die Beutelherstellerinnen schon im 13. Jahrhundert zu dem sonst erst im 15. Jahrhundert üblichen Gesellenjahr verpflichtet, bevor sie nach vollendeter Lehre als Meisterin zugelassen wurden. Schließlich gehören zu den Pariser Frauenzünften auch die Seidenhutherstellerinnen.

Es handelt sich bei diesen Frauenzünften um Gewerbe, die neben Geschmack und Modebewußtsein eine besondere manuelle Geschicklichkeit erfordern. Die Qualität der Erzeugnisse brauchte bei dem relativ unentwickelten Stand der Arbeitsmittel Frauenhände. Das Zugeständnis einer eigenen Zunftorganisation konnte das Interesse der Frauen an diesem Beruf stimulieren und mußte sich insgesamt günstig auf die Qualität der erzeugten Produkte auswirken.

Daneben hatte Paris eine Reihe von gemischten Zünften, in denen Männer und Frauen gleichberechtigt Meister werden konnten, z.B. die Sticker, Perlenhutmacher, Garnmacher.

Zahlreiche weitere Berufe gestanden der Witwe die Ausübung des Meisterrechts zu, so als Fleischer, Fladenbäcker, Fischer, Bäcker, in der Rosenkranzherstellung, als Täschner, Hutmacher, Filzhutmacher, Gürtler, Lederer (cordouanier), Messerschmied, Glasschleifer, Schneider, Färber u.a. Von den 321 Berufsarten des Handels und des Handwerks, die aufgrund des Livre de métiers und der Tailleregister von Paris für die zweite Hälfte des 13. und den Beginn des 14. Jahrhunderts erschlossen werden konnten, bezogen 108 die Mitarbeit von Frauen als Meisterwitwen, selbständige Meisterinnen, Ehefrauen von Meistern, Gesellen oder Lehrmädchen ein. Außerdem wurden auch zahlreiche Hausmägde als ungelernte Hilfskräfte herangezogen, wenn es die Arbeitslage erforderte. Darüber hinaus waren, durch den Charakter der königlichen Residenzstadt und des Verwaltungsmittelpunktes des Landes bedingt, Frauen auch in speziell auf die Bedürfnisse des Hofes zugeschnittenen Berufen tätig. Ihr herausgehobener Status wird in den Gerichtsurteilen des königlichen Gerichtshofes sichtbar.

Es wäre nun sicher irreführend, das insgesamt sehr günstige Bild von der beachtlichen selbständigen Arbeit der Pariserinnen und ihrem Anteil an der gewerblichen Warenerzeugung und Dienstleistung im Rahmen der Zünfte für Europa verallgemeinern zu wollen. Paris als Residenzstadt und traditionell weltoffene Stadt des Handels, der Gewerbe und der Studien, mit einer Bevölkerungszahl von annähernd 80000 im 14. Jahrhundert hatte einen extremen Bedarf an Handwerksprodukten, Luxuswaren, Lebensmitteln, handwerklichen Dienstleistungen und natürlich auch an Arbeitskräften. Es bot auch für die weniger reiche Stadtbevölkerung zahlreiche Möglichkeiten, sich eine bescheidene Bildung zu erwerben. Die hier vorhandenen Voraussetzungen für die Einwohnerinnen, sich in handwerklichen Berufen zu betätigen und auch selbständig zu wirken, sind daher ein Extremfall. Sie markieren den Gipfel dessen, was in bezug auf die Frauenberufsarbeit innerhalb der Zünfte in den mittelalterlichen Städten West- und Mitteleuropas zu erreichen war.

Das Gegenteil von dieser insgesamt für die Stellung der Frau im städtischen Wirtschaftsleben günstigen Situation in den Pariser Zünften bieten die Verhältnisse im englischen städtischen Zunftgewerbe. Hier gelten zum Teil rigorose Verbote für die Mitarbeit von Frauen, wenn es sich nicht um die Ehefrau des Meisters und deren Magd handelt. Das trifft z.B. in der ersten Hälfte des 14. Jahrhunderts auf die Londoner Gürtler oder in der zweiten Hälfte des 15. Jahrhunderts für die Weber in Bristol zu. Die Tuchwalker von Lincoln verlangten schon 1297, in ihrem Handwerk nur die Frau des Meisters und deren Magd zum gemeinsamen Werk zuzulassen. Die Anforderungen an die gewerbliche Warenproduktion im städtischen Alltag haben auch in England dafür gesorgt, die strengen Bestimmungen zuungunsten der Frau nicht immer einzuhalten. So geht aus Testamenten hervor, daß mitunter Handwerker Mittel aus ihrer Hinterlassenschaft für die Berufsausbildung von Töchtern vorsahen. Die Frau eines Londoner Messerschmiedes mußte sich z.B. 1364 verpflichten, ihr Lehrmädchen mit Kleidung zu versorgen, es zu beköstigen und nicht mit einem Stock oder einem Messer zu strafen. Auch Londoner Seidenherstellerinnen schlossen Lehrverträge ab. Bildeten sie auch keine Zunft, so brachten sie es doch in Fragen, die an den Lebensnerv ihres Handwerks rührten, wie die ausländische Konkurrenz, zu gemeinsamen Absprachen und 1368 sowie 1455 zu gemeinsamen Vorstößen bei der Krone. Dabei argumentierten sie mit der Tradition: »Erweist hierin Eure große Weisheit, und also bitten und ersuchen Euch die Seidenarbeiterinnen und Seidenzwirnerinnen des Handwerks und Gewerbes der Seidenherstellung in der Stadt London, die in dieser Stadt weibliche Handwerkszweige seit Menschengedenken sind und immer waren – viele ehrwürdige Frauen haben in hochwohllöblicher Art und Weise in diesem Handwerk gelebt und damit viele gute Häuser geführt und viele Edelfrauen und eine Menge anderer, wohl mehr als tausend, wurden von ihnen bewegt, dasselbe Handwerk . . . zu lernen, voller Tugend und Gott zu Gefallen, wodurch sie später zu Ehre und Ansehen gelangten.«[11]

Bis in die Neuzeit hinein wurde in ganz West- und Mitteleuropa das Ansehen einer ehrbaren Frau, ob wohlhabende Stadtbürgerin oder Adlige, wesentlich davon mitbestimmt, ob sie in der Lage war, ihre Familie und ihr Haus mit Textilien, Kleidern und anderen Gebrauchsgegenständen selbst auszustatten. Deshalb darf mit Sicherheit angenommen werden, daß die erwähnten »Edelfrauen und eine Menge anderer« die Seidenarbeit nicht mit dem Ziel, sich eine Verdienstquelle im Handwerk zu erschließen, sondern mit der Absicht, ihr Renommee als Hausfrau oder als Heiratskandidatin zu erhöhen, erlernt haben.

Die im Vergleich zu den anderen hochentwickelten Ländern Europas der Frauenarbeit und insbesondere der selbständigen Arbeit der Frau als Meisterin weniger günstige Zunftgesetzgebung in England erklärt sich teils aus wirtschaftlichen, teils aus politischen Gründen. Der Hauptexportartikel, die englische Wolle, wurde seit dem 14. Jahrhundert in zunehmendem Maße in den neu entstehenden und durch die vom Königtum geförderte flämische Zusiedlung sich rasch festigenden ländlichen Textilzentren verarbeitet. Die alten Zunftstädte aber verfielen. Für die in ihnen beheimateten Zünfte fehlte die ökonomische Triebfeder und damit die Motivation, in einer positiven Weise auf neue Anforderungen des internationalen Handelsverkehrs zu reagieren. Sie blieben konservativ. Auch politisch hebt sich die Situation der Städte in England von der in Italien, Frankreich und Deutschland ab. Sie verbleiben fest im Griff ihres königlichen Oberherrn, was für die Zünfte die Konsequenz hat, daß sie nicht vom Stadtrat, sondern vom König und seinen ausführenden Beamten abhängen.

Eine Folge dieser Verhältnisse, namentlich der konservativen Haltung der Zünfte, war, daß Städterinnen mehrere Nebenbeschäftigungen aufnahmen. Es standen nicht wenige vor der Notwendigkeit, zur Ernährung der Familie beizutragen, die Familie allein zu versorgen oder auch nur die eigene Person durchzubringen. William Langland stellt eine solche Frau in »Piers Plowman« vor, Rose, die Frau des Avarice. Dieser erzählt: »Meine Frau war Weberin und machte woll'ne Kleider. Sie hielt die Spinner an zu spinnen . . . ich kaufte ihr Hopfen und Malz, sie braute es zum Verkauf . . . Rose, die Zwischenhändlerin, war ihr richtiger Name. Ihr Leben lang hatte sie einen Krämerladen.«[12]

Das Königtum selbst bot der weiblichen Berufsarbeit im 14. Jahrhundert einen gewissen Schutz. Ein Statut von 1363 formuliert: »Doch ist es des Königs und des Kronrates Absicht, daß Frauen, das heißt Brauerinnen, Bäckerinnen, Wollkämmerinnen, Spinnerinnen und Woll-, Seiden- und Leinenarbeiterinnen, Seiden- und Tuchweberinnen und all die anderen, die ein Handwerk ausüben, ungehindert dies tun können wie bisher ohne Zurückweisung und Einschränkung kraft dieser Verordnung.«[13] Diese Bestimmungen wirkten jedoch offensichtlich in erster Linie zugunsten des entstehenden Verlags und der dezentralisierten Manufaktur im Textilgewerbe und damit gegen die Interessen der zum Verfall verurteilten städtischen Zünfte.

In einer Vielzahl von west- und mitteleuropäischen Seehandels- und Exportgewerbezentren, wie in nordfranzösisch-flandrischen, oberitalienischen, rheinischen, süd- und mitteldeutschen, österreichischen, schweizerischen und in einigen polnischen und böhmischen Großstädten, gewann vom ausgehenden 13. Jahrhundert bis zur zweiten Hälfte des 15. Jahrhunderts die selbständige Berufstätigkeit der Frauen im Handwerk an Bedeutung. Diese Entwicklung machte selbst vor mittleren Handels- und Gewerbestädten sowie kleineren Städten nicht halt, wenn sich in ihnen wenigstens ein einziger Zweig der gewerblichen Arbeit für den

Export spezialisieren konnte. Am häufigsten waren das Textilgewerbe.

* Vor allem die Erzeuger von Bekleidungs- und Luxuswaren bildeten Zünfte, die Frauen als Lehrlinge, Gesellen und Meister annahmen. Hierzu gehörten die hanf-, leinen- und wollverarbeitenden Gewerbe wie die Seilerei, Haartuchmacherei, die Herstellung von Decken, Tüchern, Schleiern und Borten, die Handschuh- und Hutmacherei; außerdem das Handwerk der Schneider, der Kürschner, der Beutelmacher und Täschner, der Gürtler, der Goldspinnerinnen und Seidenstickerinnen.

Eine der ältesten Zunftordnungen, die Männern und Frauen gleiche Rechte zubilligt, ist die der Kürschner von Basel aus dem Jahr 1226. Sofern sie Mitglied der Zunft wurden, war hiernach den Frauen erlaubt, wie die Männer zu arbeiten, zu kaufen und zu verkaufen. Die Sprache dieser Vereinbarung ist eindeutig. Auch in Köln, Frankfurt am Main, Regensburg, Lübeck und Quedlinburg nahmen Frauen als gleichberechtigte Mitglieder der Zünfte am Kürschnerhandwerk teil und oblagen den gleichen Bestimmungen für die Ausübung ihres Berufes wie die Männer. In Florenz, Frankfurt am Main, Nürnberg, München, Mainz, Speyer, Köln, Erfurt, Mühlhausen/Thüringen, Nordhausen gehörten Einwohnerinnen auch den lederverarbeitenden Gewerben der Gürtelmacher, Täschner, Beutelmacher, Schuhmacher und Pergamenter an. Sie verfertigten Gürtel, Taschen, Beutel, Riemen, Handschuhe, Armleder, Sporleder und Schuhe oder stellten aus Leder Pergament her. Interessante und zugleich sehr aussagekräftige Quellen beschäftigen sich mit den Pergamentern. 1423 erlassen die Zünfte der Städte Nürnberg, München, Mainz, Speyer, Frankfurt am Main, Basel, Worms, Fritzlar und Straßburg gemeinsam eine Ordnung für das Gewerbe der Pergamenter, einen sogenannten Bundesbrief. Darin ist den Einwohnerinnen grundsätzlich die Ausführung des Handwerks gestattet. Sie wird aber strikt untersagt, wenn die Pergamenterin einen Mann außerhalb des Handwerks ehelicht, ein Verbot, das wirtschaftliche Vorteile für einzelne Zunftmitglieder verhindern soll. Obwohl die Stadt Erfurt von dieser Vereinbarung südwestdeutscher Städte in keiner Weise berührt ist, entscheidet der Erfurter Rat eine eigene innerstädtische Handwerksangelegenheit 1427 ganz im Sinne dieser Ordnung. Er verbietet einer Erfurter Pergamenterin die Fortführung ihres Handwerks, weil sie einen stadtfremden und offenbar auch berufsfremden Ehemann genommen hat, der seinen Geschäften in Arnstadt nachgeht. Dieser Erfurter Pergamenterin wird die Fortführung ihres Gewerbes verboten, solange ihr Ehemann zu Arnstadt wohnt und dort seinen Haus- und Grundbesitz hat. Selbständigkeit im Amt billigen die Ordnungen der Filzhutmacher von Lübeck Frauen im 14. Jahrhundert zu, von Frankfurt am Main im Jahr 1407.[14] Regelmäßig präsent sind die Hutmacherinnen in Nürnberg als Meisterwitwen, so 1398, 1400, 1417, 1420 mit je einer Frau und 1430 mit zwei Frauen.

Nach dem Bürgerbuch von Straßburg wurden in den Jahren 1445–1469 unter anderen Frauen auch drei mit der Verpflichtung zum Dienst in der Innung der Tuchmacher und Tuchscherer in das Straßburger Bürgerrecht aufgenommen. Dieser Straßburger Wollweber- und Tucherzunft gehörten 1334 schon 39 unverheiratete Frauen und Witwen an. Ein Ratsurteil von 1330 hatte dahingehend entschieden, daß Frauen, die wollenes Tuch, Baumwoll- oder Stuhltuch weben oder Knechte damit beschäftigen, der Weberzunft angehören müssen. Nach Verzeichnissen der zur Straßburger Tucherzunft gehörenden Personen und Verträgen konnten für die Zeit von 1400 bis 1434 schließlich 37 Frauen festgestellt werden, die mit großer Wahrscheinlichkeit als selbständige Meisterinnen an der Tuchherstellung beteiligt waren. Darunter befinden sich einige Färberinnen und Handschuhmacherinnen. Im 14. Jahrhundert gehörten auch der Wollweberzunft von Frankfurt am Main Mitglieder beiderlei Geschlechts an. Sie sind in der Wollwebe ordnung von 1377 erwähnt. Daraus geht hervor, daß Färberinnen und Woll- bzw. Garnspinnerinnen von dieser Zunft mit überwacht werden. Die Satzung der Hamburger Wollweber aus der ersten Hälfte des 15. Jahrhunderts erlaubte nur den Meisterwitwen, wenn sie keinen Sohn haben, das Meisterrecht solange auszuüben, wie sie sich nicht wieder verheiraten. In München und Stuttgart, wo es nur die Zunft des gesamten Weberhandwerks gab, waren weibliche Meister für alle drei in der Stadt vertretenen Webarten, die Woll-, die Schleier- und die Leineweberei, zugelassen. Mit Ausnahme weniger Städte, wie Hamburg und München, war in Deutschland die Schleier-, Barchent- und Leineweberei bis zum 15. Jahrhundert noch weitgehend außerhalb der Zünfte betrieben worden. Seitdem setzte sich jedoch auch in diesen Zweigen des Textilgewerbes der Zunftzwang durch, so in Frankfurt am Main, in Hildesheim, in Ulm, in Duderstadt, in Neuss, in Straßburg. Alle diese Zünfte waren auf die Mitarbeit von Frauen angewiesen. Ausdrücklich verbrieft wurde ihnen das Meisterrecht in München, in Frankfurt am Main, in Stuttgart, Straßburg, in Hamburg mit Einschränkung auf das sogenannte schmale Werk, in Ulm, soweit es sich um bereits seit fünf Jahren mit Haus und Habe ansässige Bürgerinnen und ihre Kinder handelte. In Neuss erhielten die Leineweber einen Zunft- oder Amtsbrief, der die selbständige Arbeit der Frau im Handwerk eindeutig fördern wollte. Darin wurde die Zunftaufnahmegebühr für alleinstehende, den Leineweberberuf aufnehmende Frauen um 50 Prozent herabgesetzt. Ebenso gestattete der Amtsbrief Meistern, ihre Ehefrauen und Kinder selbst in die Lehre zu nehmen. Das konnte zweifellos die Stellung der Meistersfrau im Handwerk festigen. Sie durfte sich im Falle der Verwitwung als vollgültige, gesellschaftlich anerkannte Meisterin fühlen. In mittleren Handels- und Gewerbestädten wird sich die Mitarbeit der Frauen im Gewerbe schwieriger gestaltet haben. Hier spielte wahrscheinlich die Furcht vor der Konkurrenz der minderbezahlten Frauenarbeit eine größere Rolle als in den großen Handels- und Gewerbezentren. In den Quellen zur Geschichte mancher Städte dieses Typs, wie Bamberg, Trier, Mühlhausen/Thüringen, Zwickau, Chemnitz u. a., finden sich vorwiegend Hinweise auf die Mitarbeit von Mägden, weniger Spuren selbständiger Meisterinnen, zuweilen mit Ausnahme von Meisterwitwen der Textilgewerbe.

Bevor wir uns der Frauenarbeit in anderen Handwerksberufen zuwenden, verdient die aufgrund einer reichen historischen Überlieferung gut erforschte Stellung der Frau in dem Textilgewerbe der Stadt Köln kurzes Verweilen.

Das Textilgewerbe war zusammen mit der Metallverarbeitung einer der beiden bedeutendsten Zweige des mittelalterlichen Kölner Handwerks. »Frauen waren an den Textilzünften und in ihren Hilfsgewerben in hohem Maße beteiligt, wobei zunächst einmal die Beschaffenheit dieser Gewerbe die Frauenarbeit begünstigte. Sie taten hier organisiert das, was ihnen seit Jahrhunderten oblag: Spinnen, Weben, Bleichen, Wollkämmen, Noppen und ähnliche Arbeiten.«[15] Ausschließlich von Frauen wurde hier die Garn- und Seidenherstellung ausgeführt. Sie besaßen das Zunftrecht in der Innung der Leineweber, bei den Barchent- und Deckenwebern. In den Zünften der Tuchscherer, Wollweber und Färber scheint es dagegen nur ausnahmsweise selbständige Meisterinnen gegeben zu haben. Die Regel ist Beschränkung des Meisterrechts auf Meisterwitwen, die das Handwerk mit einem Knecht weiter betreiben konnten. Im weiteren Sinne zur Textilverarbeitung gehörte das Kölner Schneidergewerbe. Hier ließ man Witwen, Töchter und Ehefrauen von Meistern zur Zunft zu. Andere durften zwar Lehrmädchen beschäftigen, hatten selbst aber den Status von Näherinnen inne. Arbeitsbeschränkungen, wie sie in anderen Großstädten wie in Lübeck und Frankfurt am Main und selbst in Mittelstädten wie Siegburg und Überlingen nicht üblich waren, benachteiligten die Kölner Schneiderinnen. Sie sind einem Ratsentscheid von 1426 zu entnehmen, dem eine ebenfalls in diesem Sinne abgefaßte Ratsverordnung von 1440 folgte, die übrigens ahnen läßt, daß diese Einschränkungen schwer durchzusetzen waren. Er erlaubte den Frauen nur, alte Unterkleider umzuarbeiten und neue lediglich aus gemustertem Barchent und leichtem Material herzustellen. Streng ferngehalten wurden Schneiderinnen von der Anfertigung seidener oder wollener Kleider. Von der größeren Gewinn versprechenden Verarbeitung guter Wolltuche zu Frauen- oder Männeroberbekleidung waren sie ausgeschlossen. Ähnliche Einschränkungen der Frauenarbeit sind nur noch von den Konstanzer Schneidern am Beginn der zweiten Hälfte des 15. Jahrhunderts bekannt. Das Mainzer Schneiderzunftbuch aus den Jahren 1369 bis 1447 belegt übrigens, daß die Zunftordnungen in der Alltagspraxis von den Zunftmeistern außerordentlich individuell ausgelegt worden sind. Das betrifft sowohl das Eintrittsgeld als auch den Modus seiner Zahlung und den Umfang der erlaubten Arbeit sowie das Recht auf Ausbildung von Lehrmädchen.

Ungeachtet bestimmter Einschränkungen der Frauenarbeit in Teilbereichen der Textilgewerbe bildete Köln ebenso wie Paris gerade in diesem handwerklichen Sektor Frauenzünfte aus. Hier ist vor allem die zwischen 1370 und 1397 entstandene Zunft der Garnmacherinnen zu nennen. Das Kölner Garn war ein international sehr gefragter Qualitätsartikel, »ein leinener Zwirn, der meistens blau gefärbt war und bei dem die Ausrüstung, die Appretur und besonders die Farbenechtheit die maßgebenden Eigenschaften waren.«[16] Die in der Zunft der Garnmacherinnen zusammengeschlossenen Frauen hatten die Appretur des ihnen von den Garnzwirnern zugearbeiteten Leinengarnes vorzunehmen. Dabei wurde streng darauf geachtet, daß niemand fremdes, erwähnt ist wiederholt Erfurt'sches Garn, unter das einheimische mischt.

Nach dem Amtsbrief von 1397 wurde die Größe der Handwerksbetriebe so festgelegt, daß jede Meisterin nur eine leibliche Tochter in die Zunft bringen durfte. War es der Meisterin-Mutter erlaubt, drei Lehrmädchen oder Lohnarbeiterinnen (maide of loinwortersen) zu beschäftigen, so gestattete der Amtsbrief der Tochter lediglich zwei solche Arbeitskräfte. Zusätzlich hatte die selbständige Garnmacherin noch die Möglichkeit, 14 Tage lang – und diese Frist war zu verlängern – Garn außer Haus verarbeiten zu lassen.

Erwähnenswert ist die Zunft der Goldspinnerinnen. Mit ihr war ein Teil der Goldschmiede vereinigt, der sich darauf spezialisiert hatte, Gold und Silber durch Schlagen und Ziehen zu feinen Fäden zu verarbeiten. Diese Metallfäden aus Gold, Silber, versilbertem Kupfer oder Leder mit Metallauflage wurden entweder direkt zum Weben verwendet oder erhielten durch die Arbeit der Goldspinnerinnen einen Grundfaden aus Seide, Leinen oder Baumwolle. Für die Qualität des Kölner Golddrahtwerkes, die durch die Stempelung verbürgt war, spricht, daß das hochentwickelte Seidengewerbe der oberitalienischen Stadt Lucca 1382 für die Herstellung seiner Seidenstoffe die Verwendung nichteinheimischer Seide und anderer Zutaten verbot, davon aber Kölner Gold- und Silberfäden ausnahm, ja ihre Verwendung für die Fertigung der kostbarsten Brokatsorten ausdrücklich anordnete. Wie die Garnmacherinnen erhielten auch die Goldspinnerinnen gemeinsam mit den Goldschlägern ihren Zunftbrief. Das Goldspinnen und -schlagen wurde damit allein den Zunftmitgliedern vorbehalten. Chancengleichheit für die Mitglieder der Zunft wurde wie bei den Garnmacherinnen durch die Beschränkung der Betriebsgröße angestrebt. Unverheirateten Goldspinnerinnen waren vier Mägde erlaubt, bei den mit einem Goldschläger verheirateten Goldspinnerinnen hatte der Mann die Erlaubnis, drei Mägde zu halten, die der Frau Gold spannen.

Zur Bildung einer Frauenzunft kam es auch im Kölner Seidengewerbe, das etwa seit der Mitte des 13. Jahrhunderts nachzuweisen ist. Es handelt sich um das Seidamt, wie die Zunft der Seidmacherinnen im regionalen Sprachgebrauch bezeichnet wurde. Zu dieser seit 1437 bestehenden Zunft gehörten ursprünglich auch die Seidspinnerinnen, die aber 1456 ihre eigene Zunftorganisation erhielten.

Außerdem gehörten zum Seidengewerbe die Seidfärber und -färberinnen und zwei weitere, für eine Attraktivität im internationalen Handel besonders wichtige Spezialberufe: die Seidenstickerei, vornehmlich angewendet bei der Herstellung liturgischer Gewänder, Bischofsmützen und Frauenhauben (Kölner ransen), und die Wappenstickerei. Nach dem Amtsbrief von 1397 waren in der Zunft der Wappensticker Männer und Frauen gleichberechtigte Mitglieder.

Die Zunftbriefe und nachträglichen Anordnungen aller Frauenzünfte und gemischten Zünfte im Kölner Textilgewerbe enthalten hauptsächlich Bestimmungen über die Qualität der erzeugten Waren, die als Exportgut (Kaufmannsgut) in den Handel gehen. So schreibt z. B. der 1. Artikel des Amtsbriefes der Kölner Garnmacherinnen vom 14. April 1397 eine Lehrzeit von vier Jahren vor. Nach dieser abgelaufenen Lehrfrist sollen nach Artikel 3 die darauf vereidigten Frauen begutachten, ob das hergestellte Garn »Kaufmannsgut« ist oder nicht. In diesem Sinne enthalten z. B. auch die Amtsbriefe der Seidmacherinnen zahlreiche Bestimmungen über die zur Verarbeitung zugelassenen Rohstoffe. Verboten ist der Gebrauch gezwirnter oder mit Waid gefärbter Seide. Seidenschnur ist nur von Brokatseide oder guter Schnurseide zu fertigen. Unter den Brokat oder unter die Schnur darf niemand listigerweise gefärbtes oder ungefärbtes Garn mischen usw. Bei den goldschmiedenden oder -schlagenden Männern und Frauen ging es besonders um die Verarbeitung guten Edelmetalls.

Ein von den Verhältnissen in Köln und den anderen in Betracht gezogenen Städten und Regionen recht abweichendes Bild boten übrigens die italienischen Städte Florenz, Siena und Perugia während des 14. und 15. Jahrhunderts. Dort konnte die Festigung der sozialen Position berufstätiger Frauen in der Warenerzeugung nicht über die Zunft zum Ausdruck kommen. Auf dem Hintergrund einer starken frühkapitalistischen Entwicklung in den Hauptzentren des Textilgewerbes hatte sich hier der Charakter der Zünfte grundlegend geändert. Sie dienten der politisch-wirtschaftlichen Machtausübung durch die Unternehmer und die städtische Oligarchie. Unter diesen besonderen Bedingungen waren die in den Textilgewerben tätigen Frauen zum Status von ewigen Gesellen, ungelernten Hilfskräften und quasi Lohnarbeitern verurteilt. Ihre Lage war durch das reichlich vorhandene ländliche Arbeitskräfteangebot für die frühkapitalistischen Unternehmen noch zusätzlich erschwert.

Obwohl die einzelnen Zweige des Textilgewerbes bis ins Spätmittelalter den exportintensivsten Sektor der städtischen Warenproduktion bildeten, wäre die Annahme irrig, daß die weibliche Berufsarbeit und vor allem qualifiziertere Frauenarbeit hier ihre einzige Domäne besessen habe.

* Besonders einige Lebensmittelgewerbe wurden selbständig von Frauen ausgeübt, so die Bäckerei mit ihren Spezialisierungen (Kuchen-, Fladen- und Pastetenbäkkerei), das Fleischhauerhandwerk, die Fluß- und Binnenfischerei, das Ölschlagen, die Gärtnerei und das Bierbrauen.

Bäckerinnen sind z. B. für Konstanz, Basel, Troyes, Regensburg, Köln, Hildesheim, Hannover, Frankfurt am Main, Görlitz, Striegau, Halberstadt überliefert. Einen Eindruck von ihrer Bedeutung für die Versorgung einer Großstadt vermittelt das ausgewertete Totengeläutbuch der Nürnberger St.-Sebald-Pfarrei. Danach verstarben im Zeitraum von 79 Jahren, zwischen 1439 und 1517, 27 Bäckerinnen, wovon jedoch nur acht auf den Zeitraum von 1439 bis 1477 entfielen, in dem Nürnberg von Seuchen besonders schwer heimgesucht worden ist und die Frauensterblichkeit für die St.-Sebald-Pfarrei 1448 mit 48,6 Prozent und 1449 mit 52,4 Prozent ihre Spitze erreichte. Die Relation zugunsten der Zeit von 1477 bis 1517 deutet auf einen starken Anstieg der Frauenarbeit bei den Bäckern während des letzten Drittels des 15. Jahrhunderts hin. Daß die Bäkkerinnen ihr Handwerk ordentlich erlernt haben mußten, geht aus einer Ordnung für Bäcker und Müller von Neumarkt in Schlesien Ende des 15. Jahrhunderts hervor. Danach waren das Backen, Brotaustragen und Verkaufen nur jenen Männern und Frauen untersagt, die nicht bei einem Meister gelernt hatten. Müllerinnen gibt es u. a. in Straßburg, Nürnberg, Görlitz, Baden, Hildesheim, Braunschweig, Mühlhausen/Thüringen. Ob sie Selbständigkeit erlangten, ist nicht nachzuweisen. Wir übergehen hier die große Zahl der Frauen, die in Form von Leibrentenverträgen Mühlenanteile erwarben.

Selbständige Fleischermeisterinnen sind selten. In Frankfurt am Main üben sie nur Witwenrecht aus und führen das Handwerk des verstorbenen Ehemanns mit einem Gesellen weiter. Der Amtsbrief der Kölner Fleischhauer von 1397 räumt Mann und Frau in der Zunft eine gleichberechtigte Stellung ein, sofern sie das Kölner Bürgerrecht erworben haben. Für Leipzig erläßt der Rat der Stadt 70 Jahre später eine neue Fleischhauerordnung. Sie ermöglicht Witwen der Fleischer, aber auch anderen mit dem Handwerk vertrauten Frauen, ohne Beschränkungen in dieser Zunft tätig zu werden. Das war vor allem mit der Aufhebung einer seit alters bestehenden Gewohnheit verbunden. Nach diesem als ungeschriebenes Zunftgebot bis dahin streng eingehaltenen Brauch war es nicht erlaubt, Knechte oder Gesinde zum Detailverkauf Fleisch hacken und zerteilen zu lassen, selbst im Beisein des Meisters nicht. Bei der hohen physischen Anforderung in diesem Beruf ist es daher in Leipzig – und sicher nicht nur hier – bis zum Erlaß dieser Neuordnung durch den Rat einer Witwe oder anderen in diesem Handwerk tätigen Frauen nicht möglich gewesen, ihren Beruf selbständig auszuüben. Möglicherweise deutet die erheblich ansteigende Zahl von Fleischhauerinnen in Nürnberg zwischen 1479 und 1517 auf eine ähnliche Veränderung ungeschriebener Zunftgewohnheiten hin. Wie die Fleischermeisterin, so ist auch die Fischerin – sie ist z. B. für Nürnberg, Frankfurt am Main, Görlitz, Warschau und Plau/Mecklenburg überliefert – in hohem Maße auf die Arbeitsleistung ihrer Söhne, Knechte und des übrigen männlichen Gesindes angewiesen, die den Fischfang ausüben und mitunter wegen nicht zu umgehender Marktvorschriften, die die Frau vom Fischhandel ausschließen, auch den Verkauf übernehmen müssen. Anzumerken ist hier noch, daß dort, wo Fischfang und Verarbeitung für den Export eine wichtige Rolle spielten, wie auf Schonen, weibliche Hilfskräfte für die Fischverarbeitung unentbehrlich waren.

Der Gartenbau als spezielles Gewerbe eroberte sich erst in den menschenreichsten Städten des Mittelalters einen Platz, da die übrige Bevölkerung in den Mittel- und Kleinstädten in herkömmlicher Weise die zu ihrem Bedarf notwendigen gärtnerischen Produkte selbst erzeugte und die Überschüsse auf den Markt brachte. Neben Hamburg, Lübeck, Danzig, Ulm hatten Nürnberg und Straßburg im 15. Jahrhundert eine Einwohnerzahl von etwa 20000, gehörten also zu den dichtbesiedelten mittelalterlichen Großstädten. Es ist daher sicher kein Zufall, daß die beiden letztgenannten Städte über eine Gärtnerzunft verfügten. Zwischen 1446 und 1453 erwarben in Straßburg sechs Frauen das Bürgerrecht, um in die Zunft der Gärtner aufgenommen zu werden. Diese Zahl von neu hinzukommenden weiblichen Zunftmitgliedern wird von keiner anderen Straßburger Zunft erreicht. In dem gleichen Zeitraum erfolgten in 12 anderen Zünften insgesamt nur 14 Aufnahmen von Frauen. In der Schneiderzunft wurden z. B. nur zwei neue weibliche Mitglieder angenommen. Interessanten Vergleich bieten wiederum die Eintragungen im Totengeläutbuch der St.-Sebald-Pfarrei von Nürnberg, das 1439 bis 1477 fünf Gärtnerinnen ausweist.

Das in ganz West- und Mitteleuropa neben den Textilberufen am häufigsten von Frauen ausgeübte Handwerk ist zweifellos die Bierherstellung. Sie scheint unabhängig vom Stadttyp in den Bergbaustädten ebenso wie in den See- oder Exportgewerbestädten beheimatet zu sein. Die starke Beteiligung der Frauen an der Erzeugung ergibt sich aus der traditionellen Arbeitsteilung zwischen Mann und Frau, wonach alle Arbeiten im Haus der Frau zufielen. Ebenso ist die gefestigte Stellung der Bürgerin als Haus- und Grundeigentümerin in Stadt und Vorstadt dabei maßgebend, denn das Braurecht war an das Haus- und Grundeigentum gebunden, und nur die Eigentümerin eines solchen brauberechtigten Hauses konnte das Braugewerbe ausüben. Da jedoch nicht immer Einigkeit zwischen dem Rat und den Hauseigentümern bestand, ob auf einem Haus die Braugerechtigkeit lag, gingen die Räte dazu über, vom Stadtschreiber Listen der Brauberechtigten aufstellen zu lassen. Diese bildeten gleichzeitig die Grundlage für die Einforderung der Braugebühr durch den Stadtrat, die ein nicht unwichtiger Bestandteil seiner Steuereinnahmen war. In den jährlichen Rechnungen über den städtischen Haushalt, den sogenannten Kämmereirechnungen, der thüringischen Stadt Mühlhausen ist z. B. am Beginn des 15. Jahrhunderts eine Reihe von Bürgerinnen mit Brauabgaben verzeichnet, darunter besonders zahlreich Witwen. Welch hohen Stellenwert für die Versorgung verwitweter Frauen die Braueinnahmen gewinnen können, läßt sich gut aus manchen Testamenten ablesen. So sind für Stralsund aus dem Jahr 1347 gleich zwei Testamente erhalten, die vorab allen anderen Verfügungen zugunsten der Ehefrau festlegen, daß das Braugerät (das Brau- oder Mälzhaus mit den Braupfannen oder auch nur Braupfannen und -kessel) unangetastet in ihrem Besitz bleiben kann und auch nicht mit den Kindern zu teilen ist. Die Bedeutung des Braurechts für die städtische Familie und alleinstehende Frauen unterstreicht die Tatsache, daß in den Auseinandersetzungen, die 1404 in Jena zwischen der patrizischen Oberschicht und der stadtbürgerlichen Opposition ausgetragen wurden, auch zahlreiche weibliche Mitglieder der Stadtgemeinde Partei ergriffen und insbesondere um ihr Braurecht und das Recht des Weinschanks kämpften.

Das für die Jahre von 1503 bis 1521 erhaltene Ämterbüchlein der sächsischen Textilgewerbe- und Bergbaustadt Zwickau verzeichnet eine Anzahl brauberechtigter Frauen, 24 insgesamt, von denen einige, wie die Vilberin, die Bernwalderin, Herselmüllerin und Ceyslerin, unterstützt von einem Brauknecht, ihr Braurecht besonders regelmäßig und intensiv wahrnehmen. Sechs von den 24 Frauen befinden sich über den gesamten Zeitraum der 18 Jahre unter den Zwickauer Brauern. Die Vilberin, Bernwalderin und die Herselmüllerin sind mit dem Malzzeichen erwähnt, der Qualitätsmarke, die am Großhandel beteiligte Brauer, wie z. B. auch die von Lübeck, auf ihre Bierfässer brennen lassen mußten. Das schon mehrfach erwähnte Totengeläutbuch der Nürnberger St.-Sebald-Pfarrei gibt eine nur knapp unter der Zahl der Bäckerinnen liegende für die Bierbrauerinnen an, auch die Verteilung auf die beiden Auswertungsphasen zeigt die gleiche Tendenz. Von den 22 bestatteten Bierbrauerinnen sind 17 in der zweiten Phase von 1479 bis 1517 verschieden. Das für den Export arbeitende Hamburger Braugewerbe bindet ebenfalls eine beachtliche Zahl der selbständig berufstätigen Einwohnerinnen der Hansestadt.

Welches Ansehen aufgrund der besonderen Qualität des erzeugten Bieres einzelne Brauerinnen erwerben konnten, wird durch einen denkwürdigen Vertrag sichtbar, den die Stadt Köln am 10. Oktober 1420 mit Fygin von Broikhusen und ihrem hierbei offensichtlich als Gerichtsvormund seiner Frau anwesenden Ehemann abgeschlossen hat. In diesem Vertrag verpflichtet sich Fygin, zwei Kölner Brauern die Herstellung der Grut [17] zu lehren: »Also, daß ich, die vorgenannte Fygin, mit Wissen, Zustimmung und Genehmigung meines vorgenannten Mannes mit den ehrsamen weisen Herren Bürgermeistern und dem Rat der Stadt Köln übereingekommen bin . . . daß ich zwei Männern treu und fleißig nach meinem besten Vermögen lehren soll, gute Grut zu machen. Diese beiden Männer sollen sie mir benennen. Darauf haben sie mir einen Mann mit Namen Hermann von Aiche, den Brauer up der Bach nahe Airsbuch benannt, den ich bereits zu lehren begonnen habe und den ich auch weiterhin lehren soll wie auch einen weiteren, den sie mir noch benennen werden, ohne etwas von meiner Kunst der vorgenannten Grut arglistig zu verbergen. Dazu habe ich mich mit den vorgenannten Herren und der Stadt Köln durch diese Urkunde auf acht aufeinanderfolgende Jahre, beginnend mit dem Datum dieser Urkunde, verbunden und verpflichtet. Und so oft sie es mich wissen lassen, daß sie wegen ihrer Grutmacher meiner bedürfen, soll ich in ihre Stadt Köln kommen, um sie zu unterweisen und zu lehren, es sei denn, daß ich krank bin. Und wenn ich deshalb mein Haus verlasse und wegen dieser Angelegenheit in Köln wohne, so sollen sie mir für jeden Tag innerhalb dieser Zeit für meine Arbeit und meine Ernährung eine Mark Kölner Währung geben.« [18] Im folgenden wird die Zahlung von 115 Rheinischen Gulden seitens des Kölner Rates bestätigt, mit denen die Leistung der Fygin abgegolten sein soll. Für die Einhaltung des Vertrages von seiten der Frau verbürgt sich der Ehemann, der sich bereit erklärt, notfalls als Geisel zur Verfügung zu stehen und sich als solche auf eigene Kosten mit einem Knecht und zwei Pferden in einer »ehrsamen Herberge« von Köln einzumieten. Die Vertragspartner des Kölner Rates sind offensichtlich keine Stadtbürger. Naheliegend ist, daß es sich um verarmten Landadel handelt. Gerade dadurch tritt ein für die Beteiligung der Frau am Wirtschaftsleben der mittelalterlichen Stadt nicht zu vernachlässigender Fakt deutlich hervor, die enge Verbindung mit dem flachen Land. Sie führt dazu, daß Frauen aus der ländlichen Umgebung in der Stadt ihren Unterhalt suchen.

Das Braugewerbe war nicht in allen Städten zünftiges Handwerk. Es nahm aber immer dort zünftige Organisation an, wo es sich aus der Hausbrauerei zum Exportgewerbe entwickelte, wie in Lübeck, Lüneburg, Göttingen, Magdeburg. Innerhalb der Zunft konnten Frauen, wie in den Textil- und Lebensmittelgewerben, eine sehr unterschiedliche Stellung einnehmen: als Meisterin, wie in Lüneburg de Heenyngesche und de Radesche, oder als Hilfskraft wie in Göttingen die Kesselträgerinnen, welche »für einen Braugang nicht mehr als acht Pfennige und darüber hinaus nichts außer der Kost« erhielten.

* Nicht selten stößt man in anderen körperlich sehr anstrengenden Berufen auf Frauenarbeit. Das sind, wenn man von den weit verbreiteten Dienstleistungsberufen der Wäscherin und der Bleicherin absieht, auch Tätigkeiten, die allgemein Männern zugeordnet werden, wie die verschiedenen Spezialisierungen der Metallverarbeitung, das Böttcher- und Kistenmacherhandwerk, die zahlreichen Bau- und Bauhilfsgewerbe, die Versandpackerei. Dazu zählen außerdem die Seilerei, das Seifensieden und Kerzenziehen, die Korbmacherei, Besen- und Bürstenbinderei, die Herstellung von Gebrauchsgeschirr aus Holz und Ton, die Buchbinderei, Puppenmalerei und zahlreiche andere Berufe.

Besonders breit ist das Spektrum der von Frauen in der Metallbranche ausgeübten Berufe selbstverständlich dort, wo es in diesem Handwerk ein entwickeltes Exportgewerbe gibt. Das trifft in Deutschland vor allem auf Köln, Nürnberg, Frankfurt am Main zu. In den Jahren 1439 bis 1477 gab es in der St.-Sebald-Pfarrei von Nürnberg neun Rothschmiedinnen, sieben Messingschlägerinnen, eine Messerschmiedin, eine Fingerhüterin, eine Drahtzieherin, drei Blechschmiedinnen, eine Zirkelmacherin, sechs Kannengießerinnen. Daß Frauenarbeit bei den Nürnberger Messerschmieden bis ins erste Drittel des 16. Jahrhunderts gebräuchlich gewesen ist, bestätigt ein Ratsbeschluß von 1535. Die Mitarbeit von Meistersfrau und Tochter bei Handschuhmachern und Plattnern erwähnt bereits eine Ratsverordnung von 1349. Hier ist ausdrücklich die Rede von »irgendwelchen Arbeiten mit dem Hammer«, die nur diesen Frauen gestattet sein sollen. Auch in Köln war es im 15. Jahrhundert üblich, daß Frauen als Hilfskräfte im Gewerbe der Panzer- oder Harnischmacher arbeiteten. Die Fingerhutmacher von Nürnberg erlaubten 1535 den Meistern die Beschäftigung von Frauen, jedoch nur als Stückwerker, das heißt bei einer Entlohnung auf der Grundlage der erarbeiteten Stückzahl. Zur gleichen Zeit erhielten bei den Nürnberger Nadlern die Zunfthandwerker die Erlaubnis, ihre Kinder beiderlei Geschlechts in ihrem Beruf anzulernen. Vorausgesetzt, daß sie die eheliche Geburt und einen guten Leumund nachweisen konnten, waren in diesem Beruf auch in Lübeck, und hier bereits 1356, die Frauen zur Zunft zugelassen. Weibliche Mitarbeit war auch bei den Kölner Nadelmachern großzügig geregelt. Sie nahmen neben den Lehrknechten auch Lehrmägde auf und bestanden dabei nicht, wie die Mehrzahl der übrigen Zünfte, auf ehelicher Geburt. Das galt aber nur für die Lehrmägde, nicht für die Zulassung als Meisterin. Andere Kölner Metallbranchen, wie die Kupferschläger und Kannengießer, hatten Witwenrecht und erlaubten der Witwe, die Werkstatt mit männlicher Hilfe weiterzuführen. Die Kupferschläger gestanden die Weiterführung des Handwerks auch der Meisterstochter zu. Bei den Schmieden und Schwertfegern gab es nach den Zunftbriefen weder Witwenrecht noch sonst eine Beteiligung von Frauen am Handwerk; dennoch sind 1389 und 1417 hier drei Schmiedinnen im Amt tätig, davon scheint zumindest Fya upper Bach, smedynne van Siberg, eine selbständige Meisterin gewesen zu sein. Bereits bei ihrer Aufnahme in das Kölner Bürgerrecht 1389 bis 1398 ist sie als Schmiedin (fabr(a)) bezeichnet. Ein Fall von Witwenrecht ist am Ende des 15. Jahrhunderts auch bei den Schwertfegern nachgewiesen. In Frankfurt am Main gab es im 14. und 15. Jahrhundert in den Metallgewerben Frauen bei den Gießern, Messerschmieden, Riegelmachern, Sensenschmieden, Siebmachern und Scherenschleifern, in Augsburg bei den Radschmieden, bei den Messer- und Hufschmieden und Schlossern. Aber selbst eine mitteldeutsche Stadt von bescheidenen wirtschaftlichen Ambitionen wie Grimma besaß um die Mitte des 15. Jahrhunderts eine Schmiedeordnung für Meister und Meisterinnen, die vor allem dem gegenseitigen Ausspannen von Lehrknechten und Gesinde steuern sollte. Im schweizerischen St. Gallen gehörten nach den 1492 erlassenen Artikeln für die Meister und Gesellen der kleinen Hammerschmiede diesem Gewerbe ebenfalls Frauen an, die gleichberechtigt an den jährlichen Zusammenkünften teilnahmen und an anderen, wirtschaftliche Fragen betreffenden Entscheidungen beteiligt waren.

Berücksichtigt man die starke Arbeitsteilung im Haus, so liegt der Schluß nahe, daß keinesfalls alle diese selbständig berufstätigen Handwerkerinnen ihren Arbeitstag in der Werkstatt zugebracht haben. Handelte es sich um eine Meisterin oder um die Ehefrau eines Meisters, so mußte sie in der Lage sein, die Qualität der Arbeit zu beurteilen und die Voraussetzungen für eine sorgfältige, verlustlose Arbeit zu gewährleisten, aber daneben oblag ihr gewohnheitsmäßig häufig der Handel mit in der Werkstatt hergestellten Waren.

In den Städten, die von Transitstraßen berührt wurden, und in den großen Seehandelsstädten spielten neben den Lebensmittel- und Textilgewerben die Handelshilfsgewerbe, wie das Handwerk der Kistenmacher, der Riemer und Radmacher, die Seilerei, Böttcherei und Versandpackerei, eine wichtige Rolle. Sie bedurften vieler arbeitenden Hände und öffneten sich in der Regel der Mitarbeit wirtschaftlich selbständiger Frauen.

So erlaubt z. B. die Ordnung der Lübecker Kistenmacher von 1508, daß alte und kranke Witwen das Handwerk des Mannes mit einem Gesellen bis an ihr Lebensende ausführen dürfen. Der Rat findet sich auch bereit, ihnen zwei Drittel der Zunftaufnahmegebühren zu erlassen. Daß solche überhaupt erhoben werden, weist auf die vollberechtigte Stellung dieser Frauen als Meisterin hin. Diesen Witwen wird auch die Weiterbeschäftigung eines Lehrlings gestattet. Ist ein Sohn vorhanden, so soll die Witwe mit ihm bis zu seiner Selbständigkeit arbeiten. Witwenrecht galt auch noch am Anfang des 16. Jahrhunderts in der Zunft der Lübecker Radmacher, allerdings mit der Einschränkung auf Frauen, die nicht mehr im heiratsfähigen Alter standen. Zu Beginn der zweiten Hälfte des 15. Jahrhunderts gehörte auch in Straßburg eine Frau der Stellmacherzunft an. Das Handwerk der Seiler wurde z.B. in Frankfurt am Main, Nürnberg, Leipzig und Erfurt von Bürgerinnen ausgeübt. 1425 brachte der Erfurter Rat einen Vertrag zwischen den Seilern und Becherern der Stadt zustande, durch den Frauen der Becherer, die Zugseile (selen) herstellen, diese Seilerware weiter erzeugen und verkaufen können. Im Transport- und Versandgewerbe sind 1507 englische Wollverpackerinnen in den Quellen erwähnt. Diese Wollverpackerinnen von Southampton haben eine zunftähnliche Organisation und wählen jährlich aus ihren eigenen Reihen zwei Vorsteherinnen. In Frankfurt am Main sind im Transportgewerbe die Karrenbeladerinnen vertreten. Beide Berufe erforderten zweifellos viel physische Kraft. Von den Wollverpackerinnen ist z.B. überliefert – und das unterstreicht diese Annahme –, daß sie »an den Ballen und Säcken ihre eigenen Hände gebrauchen«.

Ohne eine vollständige Zusammenstellung hier und da erwähnter zünftiger Frauenberufe anzustreben, ist noch kurz die in den Quellen relativ häufig genannte Zugehörigkeit von Frauen zu den zünftig organisierten Baugewerben zu erwähnen.

Die bereits im Jahre 1271 entstandene Ordnung der Maurer, Gipser, Zimmerleute, Faßbinder, Wagner, Wanner und Drechsler von Basel gestattet den Frauen die Mitgliedschaft in der Zunft, solange ihre Ehemänner leben bzw. solange sie nach deren Tod Witwen bleiben. Diese Ordnung kann sich schwerlich auf die Mitarbeit der Frauen im Beruf beziehen, sondern gehört wohl eher zu jener Art der Zunftmitgliedschaft von Frauen, die allein bruderschaftlich-gesellige Pflichten beinhaltet. Anders sind die Verhältnisse im Bau- und Bauhilfsgewerbe im Spätmittelalter. Schriftliche Zeugnisse und Bildquellen lassen erkennen, daß es zu dieser Zeit eine Einbeziehung in körperlich schwere Arbeiten als Handlangerinnen auf dem Bau, beim Mörtelmischen, Dachdecken und bei Glaserarbeiten gegeben hat. In Frankfurt am Main gehören den Bauhilfsgewerben Lehmwandmacherinnen und Kalkbrennerinnen, in Nürnberg Glaserinnen an. In Mühlhausen/Thüringen sind im 15. Jahrhundert eine Frau erwähnt, die Lehm transportiert, eine lehmefurerin, und eine Magd, die beim Ausheben von Lehm aus einer Lehmgrube durch einen Knecht zu Schaden gekommen ist. Vertreten durch ihren Bruder, führt sie 1437 deshalb einen Prozeß um Schadensgeld und Ersatz der Arztkosten. In Straßburg treten 1452 bis 1453 zwei Frauen in die Maurerzunft ein und erwerben gleichzeitig das Bürgerrecht der Stadt. Daß Frauen in hohe physische Anforderungen stellenden Berufen nicht tätig gewesen seien, erweist sich immer mehr als eine Legende. Unterstrichen wird das noch, da auch in den Bergbaustädten Frauen direkt in die Erzgewinnung mit einbezogen waren. Obwohl dafür nur Bildquellen zeugen, sprechen diese doch eine deutliche Sprache. Wenn z.B. Hans Hesse auf der Rückseite des Annaberger Bergaltars die Erzwäscherin vorstellt, einmal bei ihrer unmittelbaren Anstrengung am Berg und außerdem in ihrer Feiertagstracht, gleichsam das Ergebnis ihrer Arbeit vorweisend, so stellt er eine für den spätmittelalterlichen Bergbau repräsentative Szene dar. Eine weitere, etwas frühere Darstellung einer Erzwäscherin stammt aus Kuttenberg in Böhmen. Sie gehört dem 15. Jahrhundert an. Um die Mitte des folgenden Jahrhunderts zeigen ebenfalls Bildquellen, wie Illustrationen zu Schriften Georg Agricolas (De re metallica, Vom Bergwerk), Frauen beim Erzklauben und beim Sortieren im Silberbergwerk.

* Bevor wir uns im folgenden noch einen Blick auf jene städtischen Frauenberufe gestatten, die keinen direkten Zusammenhang mit Handel und Handwerk haben, lohnt es einige Gedanken daran zu verwenden, welche Auswirkungen die Mitgliedschaft in den Zünften für das Ansehen und die Stellung der Handwerkerin in der Stadtgemeinde hatte.

Dabei ist zu unterscheiden zwischen Vollmitgliedschaft und bedingter Mitgliedschaft. Im ersten Fall handelt es sich um eine wirtschaftlich selbständige Handwerkerin, die in der Regel auch selbständig Bürgerrecht innehat, das sie im Falle des Zuzugs von außerhalb erwerben mußte. Die Vollmitgliedschaft setzte ebenso unabdingbar eine absolvierte, durch die Zunft anerkannte Lehre voraus. Eine ähnliche Situation besteht für die einzelnen Mitglieder der reinen Frauenzünfte in Paris, Köln und Zürich, von deren Besonderheiten schon die Rede war.

Eine bedingte Mitgliedschaft war vor allem bei der Witwe üblich, die aufgrund des Witwenrechts in der Zunft geduldet wurde. Dabei geht auch in England das Bürgerrecht des Mannes auf die Witwe über. Die Tatsache, daß in zahlreichen Bestimmungen der Zünfte über das Witwenrecht für die Fortführung des Handwerks das Vorhandensein eines bewährten Gesellen zur Bedingung gemacht wird, weist darauf hin, daß die notwendige Berufserfahrung nicht immer vorausgesetzt werden konnte.

Als letzte, aber wahrscheinlich allgemeinste Art der weiblichen Mitgliedschaft in Zünften war die Einbeziehung der Frauen der männlichen Zunftmitglieder gebräuchlich. Sie diente einerseits der Erfüllung bruderschaftlich-religiöser Aufgaben der Zünfte, andererseits war sie zweifellos Ausdruck für die Anerkennung der wichtigen Rolle, die die Ehefrauen der Zunfthandwerker in allen städtischen Gewerben gespielt haben. Dazu gehörte die Betreuung der zum Haus des Meisters gehörenden Mägde, Gesellen und Lehrlinge ebenso wie die sachkundige Mitarbeit in der Werkstatt.

Gemeinsam bringen Mann und Frau einen großen Block als Abschlußstein auf dem Dach einer Kapelle an. Holzschnitt, gedruckt bei Peter Drach, Speyer, frühes 16. Jahrhundert. Aus Albert Schramm, Der Bilderschmuck der Frühdrucke, Bd. XVI, Leipzig 1933, Abb. 450

Im ersten Falle bedeutete die Vollmitgliedschaft für die wirtschaftlich selbständige Handwerkerin, alle Pflichten, die den männlichen Kollegen auferlegt waren, ebenso zu erfüllen. Zunächst betraf das die allgemein üblichen Aufnahmebedingungen, wie die Vorlage des Zeugnisses über eheliche Geburt, einwandfreien Leumund und außerdem die Erlegung der Aufnahmegebühr. Wenn es sich um eine einheimische Meisterstochter handelte, galt häufig eine ermäßigte Aufnahmegebühr von 50 Prozent des üblichen Satzes. Dann fiel selbstverständlich auch das Zeugnis über eheliche Geburt und guten Ruf weg, das im 15. Jahrhundert von zunftfremden Bewerberinnen mitunter bis zu den Großeltern zurück erbracht werden mußte. Die wirtschaftlich selbständige Handwerkerin beteiligte sich an den üblichen, in den verschiedenen Zünften in unterschiedlicher Höhe zu entrichtenden Abgaben der Mitglieder. Sie hatte auch der Wach- und Verteidigungspflicht der Zunftmitglieder nachzukommen, nicht in Person, aber mit ihren finanziellen Mitteln. Die Verteidigungspflicht war so geregelt, daß die selbständige Handwerkerin allein oder mit anderen Frauen einen Stellvertreter auszurüsten hatte oder auch verpflichtet war, für sich selbst oder mit anderen ein Pferd zu halten. Verzeichnisse über die zu stellenden Pferde und Ausrüstungsgegenstände sind z.B. für die Straßburger Tucher- und Weberzunft, für Bürgerinnen der Stadt Mühlhausen/Thüringen und auch für Görlitz erhalten. Die Frauen waren außerdem in einigen Städten nicht nur berechtigt, sondern verpflichtet, an den Zunftversammlungen (Morgensprachen) teilzunehmen. So legt Artikel 12 der Hamburger Leineweberordnung von 1375 für Mann oder Frau, die trotz Einladung die Morgensprache versäumen, eine Buße von sechs Pfennig und zehn

Schilling fest, falls nicht Krankheit die Ursache ist. Nach dreimaligem Fehlen ruht das Meisteramt ein Jahr lang. Um die Anwesenheit von Mann und Frau in der Morgensprache geht es auch in einer Neuredaktion der Statuten der Bäcker zu Striegau in Schlesien 1393. Bei den Garnziehern dieser Stadt sind die Meisterinnen in den Zunftversammlungen ebenfalls anwesend.

Witwen wurden nach Witwenrecht in einer Vielzahl von Zünften auf eine begrenzte Zeit oder auf Lebenszeit als Meisterinnen zugelassen. Für diese Handwerkerinnen, die allein, mit einem noch nicht volljährigen Sohn, einem Lehrjungen oder Gesellen Waren erzeugten, dürften diese oben erwähnten Pflichten der wirtschaftlich selbständigen Meisterin ebenfalls gegolten haben. Größere Sicherheit und höheres Ansehen versprach natürlich die auf einer abgeschlossenen und anerkannten Lehre basierende Meisterschaft, deshalb beschlossen z.B. auch die Neusser Leineweber in einer für ihr Handwerk günstigen Entwicklungsphase 1461, ihre Ehefrauen und Kinder in die Lehre zu nehmen.

Bei der drittgenannten Art der Zunftzugehörigkeit handelt es sich um eine Mitgliedschaft, die aus dem genossenschaftlichen Charakter der Zünfte resultiert. Aus ihr ergibt sich die Pflicht zur Unterstützung alter und kranker Zunftmitglieder oder auch Familienangehöriger ebenso wie die des gemeinsamen Feierns aus religiösem Anlaß. Auf die Beteiligung der Zunftmitglieder am gemeinsamen Leichenbegängnis wurde besonders streng geachtet. Obwohl die Zugehörigkeit der Meistersfrauen zur Zunft sich vordergründig auf diesen religiös-bruderschaftlichen Lebensbereich beschränkte, bedeutete sie eine Bereicherung des Lebens vieler Bürgerinnen, den Schritt über die Schwelle der eigenen Tür. Die Zuständigkeit der Meistersfrau in allen Dingen, die das Haus und die Werkstatt des Meisters betreffen, anerkannte u. a. der Rat der Stadt Zürich, als er 1429 die Meister geradezu verpflichtete, sich im Falle begründeter Verhinderung von ihrer Frau vertreten zu lassen.

Der Anteil der wirtschaftlich selbständigen, über eine Lehre oder über das Witwenrecht zur Ausübung eines Handwerks gelangten Bürgerinnen war von der Wirtschaftslage einer Stadt abhängig, erreichte aber in den mitteleuropäischen Großstädten und in einer nicht geringen Zahl von mittleren Handels- und Gewerbestädten doch einen beachtlichen Umfang. Die Ursachen für diese Erscheinung im spätmittelalterlichen städtischen Wirtschaftsleben sind mehrschichtig, und ihr Schwergewicht verlagert sich, abhängig von zahlreichen lokalen Besonderheiten.

Ein vordergründiger Faktor war im Spätmittelalter soziale Not, die auch durch Kinderreichtum forciert werden konnte, denn weder besaßen die Menschen genügend Kenntnis über Verhütungsmittel, noch gestattete ihnen ihre religiöse Grundeinstellung, solche anzuwenden.

So äußern sich mehrere Frauen und der Wollweber Jörg Bermenter 1509 in einer Eingabe an den Rat in Heilbronn: »Wenn nun eine von uns oder einer unserer Ehemänner, einer Krankheit verfällt, so ist es offenkundig, daß wir alle, die wir hier zusammen gekommen sind, insgesamt alles bedürftige und arme Leute sind, von denen etliche keine drei Heller und ein Teil gar nichts von seinen Eltern erhalten hat, so daß wir uns durch unsere schwere Arbeit ernähren müssen. Und wenn uns das, was wir von Jugend an getrieben haben, verboten werden sollte, so müßten wir uns und unsere Kinder samt den kranken Mann vom Bettel und vom Almosen ernähren.« [19] Auch die Tatsache der verbreiteten Kinderarbeit, nicht nur bei der Garnaufbereitung und beim Spinnen, wozu schon vier- bis fünfjährige Buben und Mädchen herangezogen wurden, sondern auch ihre Verwendung als Hütejungen und als billige Arbeitskräfte im Haushalt und Weinberg, unterstreicht diese sozialen Ursachen.

Ein anderer Grund für die Zunahme der selbständigen Frauenarbeit, unabhängig vom Ehemann, besteht in den zum Teil beträchtlichen Lücken im Arbeitskräfteangebot durch bedeutende Sterblichkeit in den Städten infolge von Seuchen, Überarbeitung und Mangelerscheinungen. Dabei scheinen die Verluste an männlicher Bevölkerung nicht höher zu liegen als die an weiblicher, ja zeitweise sogar darunter zu bleiben. Bei einem großen Teil der in der Folgezeit fehlenden Männer handelt es sich höchstwahrscheinlich um selbständige Meister oder um Gesellen mit einer abgeschlossenen Lehre. In die entstandenen Lücken springen nicht nur Witwen von Handwerksmeistern, sondern auch umsichtige Frauen ein, deren Männer andere Berufe ausüben oder ausgeübt haben. Außerdem ist der Zustrom weiblicher Landbevölkerung in die Städte während des Mittelalters anhaltend stark.

Einen gewissen, allerdings sekundären Einfluß mag außerdem die Instabilität der Ehebande, auf die noch zurückzukommen sein wird, ausgeübt haben. Vor allem Männer, die in Bigamie leben, und über die Stadtgrenze hinweg getrennt wirtschaftende und lebende Ehepaare sind nicht selten.

Wenn man sich einen Überblick über die Stellung der Frau im Zunfthandwerk verschaffen will, kann man nicht an jenen Frauen vorbeigehen, deren Mitarbeit zweifellos die vorherrschende ist und die darüber hinaus die gesamte übrige Berufsstruktur der mittelalterlichen Stadt, gleich welchen Stadttyps, in starkem Maße mit abstützen. Das sind die Mägde. Sie bilden keinen geschlossenen Berufsstand, und ihr Wirkungsbereich ist vielfältig. Ihre Hauptbeschäftigung ist die Arbeit im Haushalt, daneben leisten sie Hilfsarbeiten in der Werkstatt, und zahlreiche Quellen charakterisieren sie auch als weibliche Gesellen und Lohnarbeiterinnen.

Eine neuere Untersuchung über die Einordnung der weiblichen Bevölkerung in die Sozialstruktur der mittleren Handels- und Gewerbestadt Trier aufgrund der Steuerliste von 1364 und ihrer topographischen Aufschlüsselung hat ergeben, daß im Verhältnis zum Anteil der Gesamtbevölkerung an den Unterschichten die weibliche Bevölkerung mit 51 Prozent den höchsten Anteil aufweist. In bestimmten Wohngebieten von Trier, nahe karitativen religiösen Einrichtungen und in den Weberviertеln, erreicht der Anteil der Frauen aus den Unterschichten sogar 70 bis 100 Prozent. Offensichtlich handelte es sich dabei vor allem um Arbeiterinnen des Weberhandwerks. Auch in Basel 1454 und Frankfurt am Main 1495 ist der Anteil der Frauen an der niedrigsten Steuergruppe verhältnismäßig hoch. In Basel gehören dieser Kategorie (sie umfaßt 1072 Personen) mit einem Vermögen von 1 bis 30 Gulden 69,5 Prozent der Frauen, aber nur 45 Prozent der Männer an; in Frankfurt am Main gehören von den 979 besteuerten Personen mit einem Vermögen von 0 bis 20 Gulden 61,9 Prozent der weiblichen und 35,3 Prozent der männlichen Bevölkerung an. Andererseits ergab die Zählung in drei ausgewählten Augsburger Stadtbezirken ein fast ausgewogenes Verhältnis zwischen Knechten und Mägden. 334 Knechte (einschließlich 25 Handelsdienern) stehen 339 Mägden gegenüber.

Vorliegende sozialstatistische Untersuchungsergebnisse deuten an, daß in See- und Fernhandelsstädten mit einer relativ breiten Oberschicht von Fern- und Großhändlern sowie Weltgeistlichen im Spätmittelalter eine relativ große Zahl von Mägden lebten gegenüber Exportgewerbestädten mit einem größeren Anteil an Knechten. Aber diese Untersuchungen stehen noch am Beginn und gestatten keine definitiven Aussagen. [20] Was sich dagegen schon schlüssiger abzeichnet, ist der Unterschied in der Frage der Entlohnung zwischen Knechten und Mägden für bestimmte, geringe Qualifizierung erfordernde Berufe, wie Arbeiten im Weinberg oder Handlangerverrichtungen auf Baustellen. So erhalten Weinbergarbeiterinnen von Mühlhausen/Thüringen halben Mannes- (= Kinder)lohn. Die Beschäftigungsquote von Frauen ist unter diesen Umständen hoch. Auf Würzburger Baustellen waren z. B. 1428 bis 1524 Tagelöhnerinnen in großer Zahl beschäftigt. Die Handlangerinnen erhielten in Pfennigen berechnet den folgend angegebenen Durchschnittslohn:

1428 bis 1449	323 Arbeiterinnen	7,7	(13 Arbeiter	11,6)
1450 bis 1474	1472 Arbeiterinnen	9,0	(381 Arbeiter	12,6)
1475 bis 1499	209 Arbeiterinnen	8,3	(131 Arbeiter	11,2)
1500 bis 1524	429 Arbeiterinnen	9,2	(237 Arbeiter	12,7).

Daß die Würzburger Verhältnisse für das Baugewerbe keinen Einzelfall darstellen, beweist eine 1460 für die Städte und Märkte der Steiermark erlassene Höchstpreis- und Lohnverordnung, nach der Knechte, die Steine oder Mörtel tragen, acht Pfennig pro Tag, Frauen »in sollicher Arbeit« aber nur sieben Pfennig erhalten. Ein entsprechend ungleiches Lohnverhältnis für Knechte und Mägde ergab die Errechnung des Durchschnittswochen- und -jahreslohnes für zwei Kirchspiele von Basel im Jahr 1451. Der Durchschnittswochenlohn, errechnet für 123 Mägde und 157 Gesellen, lag für die ersteren bei 20,3, für die Männer bei 38,7 Pfennigen. Der Jahresdurchschnittslohn der Mägde betrug 3,8, der der Knechte 7,3 Rheinische Goldgulden. Günstiger gestaltete sich die Entlohnung für Mägde, die eine Lehre abgeschlossen haben und eigentlich als Gesellinnen anzusprechen sind. So erhalten z.B. in Mühlhausen/Thüringen die Haartuchmacherinnen auf der Basis von Stücklohn den gleichen Lohn wie die Männer. Ihnen gegenüber bleiben die eigentlichen Dienstmägde auch dadurch benachteiligt, daß ihnen ein Teil des Lohnes nicht selten für Bekleidung (Mäntel, Schuhe, Rock) oder Aussteuerleinen vorenthalten und von den Dienstherren nach Gutdünken oder erst nach einer Gerichtsklage ausgezahlt wird.

Hatte bereits der Franziskanermönch Berthold von Regensburg (1250–1272) in seinen Predigten heftig jene attackiert, die »arbeitenden Leuten ihren verdienten Lohn« abnahmen und Wuchergeld gegen Abarbeit ausliehen, so sah das 14. und 15. Jahrhundert gewiß keine Veränderung zum Guten.

* Wenden wir uns nun den Berufen zu, die nicht unmittelbar mit Handel und Handwerk verbunden sind oder diese nur flankieren. In See- und Fernhandelsstädten, großen Zentren der gewerblichen Produktion, aber auch in mittleren und kleinen, in der Nähe wichtiger Handelsstraßen gelegenen Städten war die Gast- und Herbergswirtin für vielerlei Geschäfte unentbehrlich, ob es sich um Bereitstellung von Bargeld oder Kredit, um die Einlagerung von Waren oder Beschaffung von Transportkapazität handelte. Das Gastwirtsgewerbe vermittelt allerdings kein einheitliches Bild. Die renommierte Herberge bot Wohnmöglichkeiten für einen längeren Zeitraum, sie verfügte über reichliche Lagerräume und Ställe. Bekannte Wirtshäuser dienten den Geschäfts- und Handelspartnern als Treffpunkte, wo sie sich während der Messen und Märkte auch die Freizeit vertrieben. So stieß nach der um 1300 abgefaßten Erzählung des Ruprecht von Würzburg der reiche Verduner Kaufmann Bertram in einem angesehenen Gasthaus von Provins auf eine solche Gesellschaft. Nach vollendeter Mahlzeit, berichtet Ruprecht, habe man, vom Wirt aufgefordert, die Ehefrauen durchgehechelt und den Kaufmann Bertram genötigt, durch eine schlimme Wette die Treue seiner Frau zu beweisen.

Der Betrieb solcher wohlhabenden Wirtshäuser und Herbergen bedurfte unbedingt der Mitarbeit der Wirtin. Ihr Ausscheiden durch Krankheit oder Tod war für den Gast ebenso spürbar wie für den Ehemann und löst Bedauern aus, wie es Martin Behaim in einem Brief vom 17. September 1455 durch seine Mitteilung über das Ableben der Turmeckerin, einer Salzburger Wirtin, an seinen Bruder Lienhart erkennen läßt.

Die Ratswirtshäuser schließlich versammelten in ihren Räumen die Mitglieder des den Rat beherrschenden Patriziats und die Information über innerstädtische Angelegenheiten suchenden Bürger, und man erwartete von deren Wirtsleuten besondere Diskretion. Deshalb mußte sich schließlich die sehr couragierte Ratswirtin der Stadt Erfurt, Katharina Johans, die einem angesehenen Zechschuldner mit Briefen (»scheltbrieffen«) zugesetzt hatte, einem Schiedsspruch der Ratsbeauftragten beugen und für ihr Verhalten öffentlich »in einem siczenden Rathe« entschuldigen. Der Vorgang wurde »zcu eynem gedechtnisse« in das Stadtbuch eingetragen, ging es doch um »ere und lumunt« eines Bürgers.

Schlichte Schankhäuser schließlich kamen einfach dem Geselligkeits- und Informationsbedürfnis der Durchreisenden und der Einwohner entgegen.

Die erfolgreichen Wirtinnen der großen Gasthäuser und Herbergen mußten sich in vielen Dingen des Lebens gut auskennen. Neben dem leiblichen Wohl sorgten sie für die Unterhaltung ihrer Gäste, nahmen Informationen über Währungskurs und politische Ereignisse auf und gaben diese an interessierte Gäste weiter. Sie verschafften Kredite, nahmen Pfänder an, vermittelten Geschäfte. Eine solche aktive Wirtin ist die Zwickauer Lehensbürgerin Dorothea Storchin, spätere Frau des »Bastian aus der Müntze«. In einem Brief vom 24. Oktober 1417 bittet sie ein adliger Gast, der nicht zaudert, sie als »ersame weyse frawe« anzusprechen, um Vermittlung eines Kredits. Noch deutlicher faßbar in ihrer vielseitigen Aktivität ist die im Görlitzer Herbergswesen am häufigsten erwähnte Wirtin Bleckerynne. Sie beherbergte die Görlitzer Waidgäste, auch die Ratsgäste, kirchliche Amtsträger und, wenn Notzeiten das erforderten, auch Söldner der Stadt. Görlitz bietet auch noch andere Beispiele reger Wirtinnentätigkeit. Eine zweite große Herberge war in der Hand der Orthey Rorerynne, die vom Rat der Stadt mehrmals Zehrgeldauslösung für Bedienstete des königlichen Hofes empfing und bei der zeitweise 50 Söldner mit 50 Pferden Einquartierung fanden. Auch die »alde rychterin«, wie die vorgenannten gleichzeitig Vorwerksbesitzerin, beherbergte Waidfuhrleute und Söldner.

Die Wirtinnen der bescheideneren Herbergen und Gasthäuser tätigten mitunter zur Aufbesserung ihrer Einkünfte Handelsgeschäfte. Sie sorgten nicht nur für die Verpflegung und Nächtigung ihrer Gäste. Sie kannten sich auch in medizinischen Dingen aus und mußten in der Lage sein, kleinere Leiden zu behandeln, wie jene Nürnberger Herbergswirtin, von der Johannes Butzbach aus seiner Reisezeit im letzten Jahrzehnt des 15. Jahrhunderts berichtet, daß sie, »eine sehr fromme Frau, seine völlig wunden und heftig schmerzenden Füße vollständig heilte«. Der Klugheit einer böhmischen Herbergswirtin in Karlsbad, bei der er fünf Jahre zuvor Badegäste bedient hatte, verdankte er übrigens auch seine beschleunigte Heimkehr. Ein Nürnberger Kaufmann, der mit seiner Familie in Karlsbad zu einer Badekur weilte, wurde von der angesehenen Frau über die Vermögensverhältnisse Butzbachs gründlich hinters Licht geführt und nahm ihn daraufhin in seinem Reisewagen mit zurück nach Nürnberg. Das völlige Gegenteil einer Gastwirtin zeichnet der Engländer John Gower (um 1330–1408), ein Freund des großen mitteleng-

Frau beim Destillieren.
Holzschnitt, gedruckt bei Johann Zainer, Augsburg 1498.
Aus Albert Schramm, Der Bilderschmuck der Frühdrucke, Bd. V, Leipzig 1922, Abb. 452

lischen Dichters Geoffrey Chaucer (um 1343–1400), in seinem »Mirour de l'Omme«. Er charakterisiert eine zugleich Handel treibende Frau Wirtin so: »Aber um in dem Fall die Wahrheit zu sagen, ... das Handelsgewerbe ist eher Frauensache. Eine handeltreibende Frau ist in ihrem Geiz ein hinterlistigerer Ränkeschmied als ein Mann; noch aus dem kleinsten Krümel schlägt sie Profit und selbst den nächsten Nachbar hält sie an, seine Schuld zu bezahlen. Alle die, die von ihr etwas erbitten, vergeuden nur ihre Zeit, denn sie tut nichts aus Gefälligkeit, wie wohl jeder weiß, der in ihrem Haus trinkt.« [21]

Im Unterschied zu den wohlhabenderen Wirtinnen mußte sich die Schankwirtin häufig ohne Knecht und Magd helfen. Für Marseille z.B. war vom Rat im 13. Jahrhundert festgelegt, daß in den Schänken nur der Wirt oder seine Ehefrau Bier und Wein ausschenken. Wie im südlichen Mitteleuropa, ist die Schankwirtin auch in der Schweiz, in süd-, mittel- und norddeutschen Städten sowie in England anzutreffen. Konflikte gibt es zahlreich zwischen Schankwirten und brauberechtigten Bürgern und Bürgerinnen, da die letzteren das beliebte Getränk bei ihren Häusern ebenfalls anboten.

Die religiöse Erziehung erlaubte die Hinzuziehung eines Arztes nur in Gegenwart wohl beleumundeter Frauen.
Miniatur aus Gerhard von Cremona, Chirurgia, 12. Jahrhundert, Codex Series Nova 2641, fol. 60 r.
Österreichische Nationalbibliothek, Wien

* Die soziale Betreuung und medizinische Versorgung der Stadtbevölkerung war, außer in den englischen Städten mit einer relativ geringen Zahl von Nonnen und religiösen Frauengemeinschaften, zu einem guten Teil Aufgabe religiöser Einrichtungen wie Nonnenklöster und Beginenhäuser. Dennoch blieb auch hier für nicht im Amt der Kirche Stehende, nämlich Ärztinnen, Hebammen, ihre Gehilfinnen und Lehrmägde, Baderinnen und andere, mit der Volksmedizin gut vertraute Frauen, noch genügend zu leisten. Tatsächlich hing von diesen medizinisch Bewanderten die gesundheitliche Versorgung nicht allein der Frauen und Gebärenden, sondern auch der Männer und Kinder nicht wenig ab. Sie waren unentbehrlich, bis in den Klöstern ein relativ starker Anteil medizinverständiger Männer ausgebildet und an den Universitäten ein gut mit theoretischen Kenntnissen versehener Ärztestand herangewachsen war. Von dieser Entwicklung jedoch blieben die Frauen ausgeschlossen. Die Approbation einer universitär ausgebildeten Chirurgin, wie sie Herzog Karl von Kalabrien für Francisca, die Gattin des Mattheus Romano, 1321 erteilte, ist ein Einzelfall, so daß sie für uns hier nicht in Betracht kommt. Das 14. und 15. Jahrhundert erscheint jedoch noch als eine Übergangszeit, in der die Zurückdrängung der Frau aus dem Bereich der medizinischen Versorgung erst allmählich einsetzt. Es ist vor allem in Paris, einem der hervorragendsten Universitätszentren

Westeuropas, wo die medizinische Fakultät, taub gegen jede überzeugende Argumentation, das Praktizieren von erfolgreichen Ärztinnen zu unterbinden sucht. Hier wurde schon 1322 die etwa 30jährige Jacqueline Felicie de Alemania angeklagt, die Verbote nicht beachtet zu haben, die jedem, der nicht im Besitz eines Fakultätsabschlusses und der Genehmigung des Rektors der Sorbonne ist, verweigern, in Paris und Vororten zu praktizieren. Dieses Verbot traf auch eine Jüdin, Johanna Belota, und Margarete von Ypernn. Sie waren als Wundärztinnen bekannt. In Deutschland jedoch genoß eine Reihe von Ärztinnen durchaus öffentliche Anerkennung der Stadträte. 1394 erhielt z. B. die Tochter des zu dieser Zeit schon verstorbenen Stadtarztes von Frankfurt am Main zweimal Vergütungen des Rates für die Heilung verwundeter Söldner. Die mittelalterliche Feldscherin ist auch in der Spiezer Bilderchronik des Schweizer Diebold Schilling festgehalten. Im 15. Jahrhundert werden in Frankfurt am Main 16 Ärztinnen erwähnt. Wie groß ihre Zahl tatsächlich gewesen ist, muß dahingestellt bleiben. Unter ihnen sind vor allem jüdische Ärztinnen und Augenärztinnen erwähnt. 1457 untersagt der Rat einer Jüdin den Aufenthalt. 1492, 1494, 1496 und 1499 dagegen erläßt er einer anscheinend sehr beliebten ortsfremden jüdischen Ärztin das von allen auswärtigen Juden geforderte Nachtgeld. Ihre Bitte, außerhalb der Judengasse wohnen zu dürfen, schlägt man jedoch ab. 1494 ergeht wieder ein Praktizierverbot gegen eine jüdische Ärztin. Eine Ärztin und ein Arztehepaar sind in der zweiten Hälfte des 15. Jahrhunderts in Hildesheim tätig. 1477 erhält hier eine heilkundige Frau für die Versorgung der Verwundeten Vergütung. Die Heranziehung einer Frau, der Tauwaldynne, für die Heilung der »gebrechen« des Stadtschreibers weisen auch die Ratsrechnungen von Görlitz aus. In Köln wird nach Hermann Weinsberg noch um die Mitte des 16. Jahrhunderts eine renommierte Heilkundige mit Erfolg konsultiert.

Diese Beispiele mögen genügen. Allerdings muß dahingestellt bleiben, wieviel an medizinischem Wissen

Hebamme und Gehilfin bei einer Zwillingsgeburt (fol. 41 v.).

Eine Hebamme beaufsichtigt die Nachgeburt (fol. 43 r.). Miniaturen aus Gerhard von Cremona, Chirurgia, 12. Jahrhundert, Codex Series Nova 2641. Österreichische Nationalbibliothek, Wien

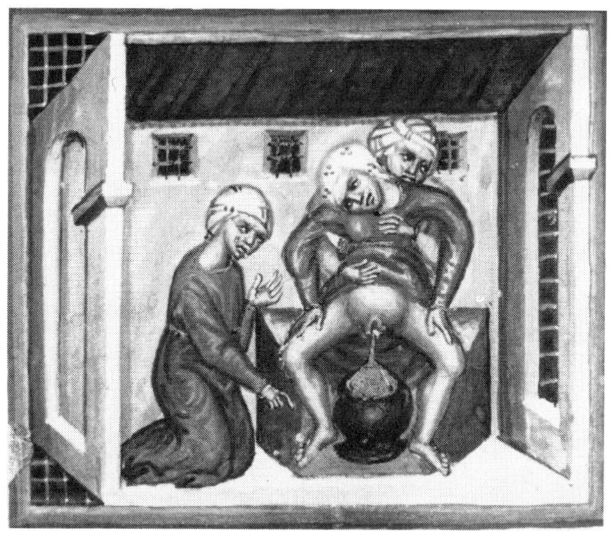

Eine Frau wird gleichzeitig mit Kräutersitzbad und Kräutertrank behandelt. Aus Liber Trotula, 1446–1466, Hs. 593, fol. 15 v°. Stadtbibliothek Brügge

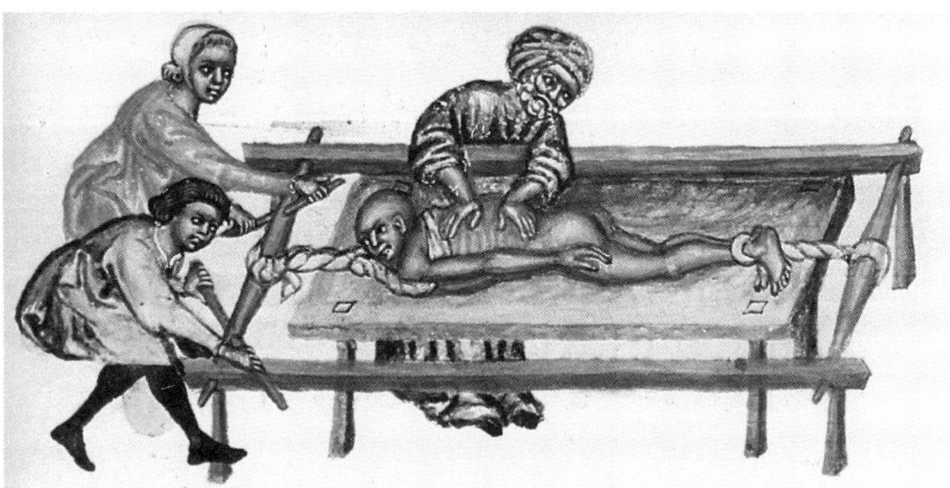

Ein Patient wird unter Mithilfe von Frauen auf einer Streckbank behandelt. Miniatur aus Gerhard von Cremona, Chirurgia, 12. Jahrhundert, Codex Series Nova 2641, fol. 76 v. Österreichische Nationalbibliothek, Wien

von diesen nichtstudierten »Ärztinnen« für die erfolgreiche Behandlung der verschiedenen Krankheiten eingesetzt werden konnte.

Ein Gebiet der Medizin, auf dem die Frau während des ganzen Mittelalters unentbehrlich gewesen ist, war die Frauenheilkunde. Die katholische Kirche verbot es Medizinern einerseits, praktische Untersuchungen an weiblichen Personen vorzunehmen, andererseits war die Scheu der Frauen, sich an einen Arzt zu wenden, aufgrund der von religiösen Vorurteilen geprägten Erziehung außerordentlich groß. Darin liegt ein wesentlicher Grund dafür, daß Frauen sich eher an heilkundige Geschlechtsgenossinnen wandten als an einen Arzt.

In der Frauenheilkunde besaß die Hebamme größte Autorität. Hier hat sich offensichtlich sehr früh die praktische Erfahrung der Hebamme mit dem theoretischen Wissen des Mediziners verbunden. Schon die den Entbindungsvorgang zeigenden Miniaturen in der »Chirurgia« des Gerhard von Cremona (1114–1187) lassen auf eine solche Praxisnähe schließen. [22] Auch die noch in Dunkel gehüllte Entstehung des berühmten mittelalterlichen Werkes über Frauenheilkunde, des »Liber Trotula«, ist im Zusammenwirken von Mediziner und heilkundiger Frau bzw. Hebamme zu vermuten.

Mit hoher Wahrscheinlichkeit trifft eine solche Zusammenarbeit für Flandern zu. Verbindungen zwischen Arzt und Hebamme waren hier nicht unüblich, wie aus den Städten Mons und Gent bekannt ist. Im 15. Jahrhundert entstanden in Flandern eine lateinische und eine volkssprachliche Version des »Liber Trotula«.

Eine englische volkssprachliche Fassung des Werkes ist bereits aus dem 14. Jahrhundert überliefert. Der Verfasser läßt im Vorwort zu dieser Übersetzung die aufklärerische Absicht deutlich erkennen. »Die Frauen in unserem Volke«, schreibt er, »verstehen ihre Muttersprache besser als irgendeine andere . . . und jede Frau, die lesen kann, lese dies den Analphabetinnen vor und helfe ihnen und berate sie bei ihren Gebrechen, ohne die Krankheit den Männern zu offenbaren, (deshalb) habe ich dies gezeichnet und in Englisch geschrieben.« [23]

Frauen setzen Schröpfköpfe.
Miniatur aus Gerhard von Cremona, Chirurgia, 12. Jahrhundert, Codex Series Nova 2641, fol. 62 v.
Österreichische Nationalbibliothek, Wien

Die Bemühungen von Medizinern und Hebammen um die Verbesserung der medizinischen Kenntnisse und die medizinische Versorgung der weiblichen Bevölkerung fand in zahlreichen mitteleuropäischen Städten die Unterstützung der Stadträte. Sie verpflichteten Stadtärzte und erleichterten die Tätigkeit von Hebammen.

Man befreite letztere von städtischen Steuern und Wachpflichten, versorgte sie mit Brennholz, und in manchen Städten wurden ihre Ehemänner vom Wachdienst befreit. Die Entbindungen fanden in der Regel im Haus der Gebärenden statt. Eine Aufnahme in Hospitäler war offensichtlich dem Zufall überlassen. So erklärt sich auch die geringe Kapazität der Pariser Wöchnerinnenstation (office d'accouchées), die im 15. Jahrhundert mit 24 Betten ausgestattet war, in denen die Frauen jeweils zu zweit oder zu dritt mit ihren Säuglingen untergebracht wurden. In einigen Großstädten erhielten die vom Stadtrat unter Eid genommenen Hebammen schon frühzeitig eine regelmäßige Entlohnung. Die Stadt Nürnberg gewährte ihnen 1381 vierteljährlich einen Gulden. In Brügge berechnete man ihren Lohn mit 12 Groschen pro Tag unter Zugrundelegung von 270 Arbeitstagen im Jahr. In anderen Städten bestritten die Hebammen ihren Lebensunterhalt noch längere Zeit von den Spenden der Kindesväter und Geschenken. Das hatte die schwerwiegende Folge, daß manche Hebammen die Frauen aus der städtischen Unterschicht vernachlässigten. Diesen Tatbestand halten die Ulmer Hebammenordnung von 1491 und die Nördlinger Ordnung von 1517 recht deutlich fest. Sie untersagen vor allen anderen Festlegungen streng jeglichen Zusammenschluß der Hebammen, wie er bisher bestand, da diese »veraynigungen dem gemainen Volck zu grossem schaden können sein«. Die Hebammenordnungen sicherten dem Stadtrat mehr Einfluß auf die Behandlungsmethoden und suchten die Versorgung der Frauen durch sachkundige Hebammen zu gewährleisten. Deshalb forderten sie auch ein Annahmeexamen vor dem Stadtarzt und erfahrenen Frauen der Stadt. Den bei der Geburt anwesenden Lehrhebammen und Hebammengehilfinnen wurden die Geldgeschenke, die sie von der Familie der Wöchnerin erhielten, gesichert, der Hebamme jedoch untersagt, diese Gelder »einzustreichen«. Aufmerksamkeit schenkten die Festlegungen auch der sorgfältigen Ausbildung der Gehilfinnen, die von ihren eigentlichen Pflichten, der Versorgung der schwangeren Frauen, nicht zu sehr durch Arbeiten im Hause der Hebamme abgehalten werden durften.

Gleichzeitig sahen aber die Stadträte in den Hebammen auch ein städtisches Aufsichtsorgan und forderten von ihnen strengen Bericht über moralische Delikte. Derartige Hebammenordnungen sind auch in Regensburg 1452, in Heilbronn im 15. Jahrhundert, in Nürnberg am Ende des 15. Jahrhunderts, in Konstanz 1525 in Kraft gesetzt worden. Für eine Reihe von anderen Städten trat an ihre Stelle nur ein erweiterter Hebammeneid, der die wichtigsten Aufgaben und Pflichten der Hebammen zusammenfaßte. Das betrifft z.B. Colmar im 15. Jahrhundert und Würzburg 1480.

Die sozialen Aufgaben der Bürgerinnen bestanden außerdem in der Pflege von Findelkindern und jungen Waisen im eigenen Haus oder in Waisen- und Findelkindhäusern. Eine Vorstellung von dieser wichtigen Tätigkeit geben Belegungszahlen für das Waisen- und Fundenhaus von Ulm. Im 15. Jahrhundert lebten darin im Jahr durchschnittlich 120 bis 150 Kinder. Nach der Ordnung von 1491 fanden nur Kinder Aufnahme, deren Eltern schon zehn Jahre in der Stadt ansässig gewesen waren. 1503 wurde diese Frist auf 20 Jahre erweitert. Frauen waren außerdem tätig in der Pflege alter und kranker Mitbürger, in der Krankenversorgung der Spitäler und auch im Bestattungswesen.

Das Bild des spätmittelalterlichen städtischen Lebens bliebe, besonders für die Groß- und Mittelstädte, blaß und unvollständig, fände nicht auch das Bemühen der Bürgerinnen Erwähnung, sich in künstlerisch einschlägigen Berufen zu bewähren. Dieses Streben existierte nicht losgelöst von den Interessen der Familie. Die Mitarbeit der Frau und der Kinder im Beruf des Mannes war nicht auf den Handel und das Handwerk beschränkt. Sie war auch in der Buchillumination, im Schrift- und Schulwesen, in verschiedenen städtischen Ämtern vorhanden, setzte hier allerdings voraus, daß die Frauen und Mädchen ein gewisses Maß an Bildung erwerben konnten. Man verpflichtete Privatlehrer, besonders Geistliche ohne Pfründe standen dafür zur Verfügung, oder die Eltern nahmen sich selbst der Erziehung und Ausbildung der Töchter intensiver an. Verdienste um die Allgemeinbildung der Mädchen erwarben sich auch Beginenhäuser und Nonnenklöster.

12 Die gekrönte, als Tempeljungfrau dargestellte Maria arbeitet mit Weberschiffchen und Webschwert an einem Wirkrahmen. Szenen aus dem Marienalltag prägten die Mentalität der mittelalterlichen Frauen.
Fenster mit Maria als Tempeljungfrau, um 1350/60, aus Straßengel bei Graz. Österreichisches Museum für angewandte Kunst, Wien

Folgende Seiten:

13 Angehörige der frommen Laiengemeinschaft der Humiliaten arbeiten mit Trittwebstuhl und Garnrad. Miniatur aus der Historia ordinis Humiliatorum, um 1421, Codex 301 fol. 3 r. Biblioteca Ambrosiana, Mailand

14 In einer Tischlerwerkstatt bedient eine Frau den Blasebalg. Miniatur aus dem Codex des Baltazar Behem, 1505, Tafel 14. Universitätsbibliothek Kraków

15 Schwere körperliche Arbeit wie das Erzwaschen verrichteten im Bergbau auch Frauen.
Tafelgemälde von Hans Hesse, Die Erzwäscherin, 1521, Annaberger Bergaltar, Ausschnitt. St.-Annen-Kirche, Annaberg-Buchholz

Folgende Seiten:

16 Eine Gebärende mit Hebamme und Hebammengehilfin.
Inkunabel aus Alexis Guillaume, Passe-temps de toute homme, Paris, von Antoine Verard, 1505, Velin 2249. Bibliothèque Nationale, Paris

17 Eine Schwangere wird zur Beschleunigung der Geburt mit Koriander behandelt. Die Hebammen tragen runde Hauben, zwei Gehilfinnen bemühen sich ebenfalls um die Frau.
Aus Pseudo-Apuleius, De herbarium virtutibus, Codex Vindobonensis 93, fol. 102 v. Österreichische Nationalbibliothek, Wien

18 Die Wöchnerin erhält von der Hebamme einen Trank, eine Gehilfin versorgt das Kind.
Gemälde von Hans Süß von Kulmbach, Geburt Mariä, 1510/11. Museum der bildenden Künste, Leipzig

19 Während zwei Frauen einen Leichnam versorgen, werden im Hintergrund Almosen zum Seelenheil des Verschiedenen verteilt.
Miniatur aus einer Handschrift um 1430, Ms. latin. 1158, fol. 137. Bibliothèque Nationale, Paris

Car sur noz piedz ne nous tenons
Et nul lieu nallons ne venons
Et ne vsons de vertu humaine
Jusqua long temps et a grant paine

Du cry de lenfant haultement
Et des douleurs denfantement

Pour la misere de nature
Demõstrer toute creature
Humaine crie a sa naissance
Cest de douleur vraye cougnoissance

placebo domino. ps.
ilexi quoniam ex
audiet dominus
uocem orationis mee.

sur la iiij.e Journee
parquoy ie dy selon mon iugement
que lomme qui selon vertu veult
viure ne doit pour songe delais
ser a faire les biens par lui pro
posez ne faire aussi choses perverses
ne mauuaises combien que les
songes semblent estre fauorables
a bien ou a mal faire et quilz se
blent conforter par aucuns argu
mens a nul desquelz len ne doit
croire et ainsi par opposite bone chose
nest mie adiouster foy a tous songes
mais laissons atant de songes et
venons a compter de nre xxxvi.e
nouvelle
Cy apres sensuit au long le texte
de la xxxvi.e nouvelle comptee par
pamphile sur la iiij.e iournee dont
philostrate est roy
En bresse une cite de
lombardie fu autrefois
ung noble homme ap
pelle sire noirde pont
carraire qui entre ses autres enfans
auoit une fille nomee andriole
ieunne et assez belle et a dont
non mariee Andriole senamou
ra dun sien voisin appelle gabriot
iouuencel de basse condition mais
plain de bonnes meurs bel de corps
et plaisant Andriole a laidance dun
varlet de la maison de son pere
fist tant que gabriot ne feust pas
seulement soy estre ame de la fille
mais mesmement gabriot fu me
nez au soulas de
par maintes fois en ung beau ver
gier qui estoit de sire noir pere de
la iouuencelle Et afin que autre

20 Frauen, nach der Kleidung möglicherweise Beginen, werden von der Stadtwache aufgehalten, als sie einen scheinbar leblosen Mann abtransportieren.
Miniatur eines flämischen Meisters aus »Androlla und Gabriel«, um 1440, Ms. 5070, fol. 164 v. Bibliothèque de l'Arsenal, Paris

21 Die wassertragende Magd rechts im Bild bedient die Liebenden.
Miniatur aus Guilbert de Metz »Richard et Catelle«, spätes 14. Jahrhundert, Ms. 5070, fol. 116. Bibliothèque de l'Arsenal, Paris

Folgende Seiten:

22 Köchin vor dem Herd. An der Wand hängt der Blasebalg, das Fenster ist rautenförmig verglast.
Gemälde des Meisters des Schottenaltars, Christus vor Kaiphas, um 1470, Ausschnitt. Benediktinerabtei zu den Schotten, Wien

23 Bürgerinnen und Mägde im städtischen Alltag, die Mägde tragen Lasten auf dem Kopf.
Gemälde von Marx Reichlich, Heimsuchung Mariens, um 1515, Ausschnitt. Österreichische Galerie, Wien

24 Küche in einem Bürgerhaus mit Herd, offenem Feuer und Rauchabzug. Küchenmagd und Bedienerin unterscheiden sich durch ihre Kleidung. Beide tragen keine Haube, sie sind also unverheiratet.
Gemälde des Meisters des Schottenaltars, Geburt Mariens, um 1470, Benediktinerabtei zu den Schotten, Wien

25 »Pfaffendirnen«, Konkubinen und Haushälterinnen des Klerus, werden 1405 in städtischen Gewahrsam genommen. Für ihre Freilassung konnte der Rat von den Geistlichen klingende Münze erwarten.
Miniatur aus Diebold Schilling, Spiezer Bilder-Chronik, 1485, Tafel 239. Stadt- und Hochschulbibliothek, Bern

Do man zalt von gottes gebúrt / m / ccc / xl iar / warent
vil pfaffen dirnen im lande / Nu hetten die von
Bernn die gernn von inen getan / Do meinten die
priester man hette iro dirnen nit ze straffen noch
von inen ze wisen / Do gebutten die von Bernn
den pfaffen dirnen allen von inen ze gan / By
einer pene / do wichen si etwas ziters von inen
und hielten das nit lang / Do hies man die selben
alle vachen und wurden in die kefien geleit do
nu der zitglocken turn ist / Ze stund kamen et
lich priester und verbúrgeten die iren uss / die aber
nit us kamen / denen ergieng es als harnach stat

26 Hirtin, die – nach der städtischen Kleidung zu schließen – auch in städtischen Diensten stehen könnte. Tafelbild von Giovanni Santi, Maria mit dem Kind; von einem Hirtenmädchen verehrt, und der hl. Sebastian, zweite Hälfte 15. Jahrhundert, Ausschnitt. Staatliches Lindenau-Museum, Altenburg

27 Im Heeresaufgebot der Berner zieht eine Marketenderin, mit einer Hellebarde ausgerüstet, mit. Miniatur aus Diebold Schilling, Spiezer Bilder-Chronik, 1485, Tafel 145. Stadt- und Hochschulbibliothek, Bern

So man zalt von gottes geburt M/ ccc/ xlij jare hat der junger Graf von Safoy gros krieg mit etlichen welschen herren ennent kurwach an der leiteren / Und von siner bitt wegen santen im die von Bern ein gros hilf mit einer paner / Und was venner Niclaus von diespach / Also zugen die von Bern zu im wol viertzig mile / Aber bald darnach santen si im hilf gen Sant German wider Lion hin in / damit hand dannocht die von Bern einer herschaft von Safoy vast gedienet in welsch land und tatent das gern wann er inen vor mals ouch geholfen hat da si von aller menglichem verlassen warent

28 Unter den Almosen empfangenden Bettlern in der hinteren Hälfte befindet sich auch eine Frau.
Miniatur aus den Grandes Chroniques de France, 15. Jahrhundert, Ms. fr. 2609, fol. 230 v. Bibliothèque Nationale, Paris

29 Der Illuminator benutzt die Geschichte vom Trojanischen Pferd, um die Schrecken des Krieges und seine Gefahren für Frauen und Kinder darzustellen.
Buchmalerei in einer Version des Orosius, Das Trojanische Pferd, um 1390/1410, Ms. fr. 301, fol. 147. Bibliothèque Nationale, Paris

30 Durch das Zingeltor kommen auch Frauen nach Rostock, gleichzeitig verlassen andere im Reisewagen die Stadt.
Vicke-Schorler-Rolle, 1578/1586, Ausschnitt. Stadtarchiv Rostock

31 Einblick in die Lebensbedingungen der Malerinnen im Spätmittelalter geben Darstellungen wie diese. Zweifellos wurden Tochter oder Ehefrau eines Malers auch zu Hilfsarbeiten wie Grundieren oder Ausmalen herangezogen.
Miniatur aus Ms. fr. 12420, fol. 92 v., 1402, Bibliothèque Nationale, Paris

Cy apres sensuit lystoire
de yrene femme de cra

A savoir mon
se yrene fut fe
me greque ou
se par aage vel
qui longue
ment certain
nest pas toutevoies on croit
mieulx quelle fut greque et

nies comme bien parees homo
nees comme nobles comme pu
issantes et a plusieurs grans
dommages et plusieurs gñs
prouffis de ceqi si sont venus
et ensuis. Et pour certai
ie maudiroie lorgueil qui de
ce qi est ensui. se par les fem
mes ou leurs prieres la fran
chise rommaine ne demou
rast. Mais la liberalite
du senat trop grande et trop
excessiue et la demeure par
tant de siecles moult domma
geuse ne puis loer. Car
contemptes de mendie dons
eussent este. Et bien p.
vray sembloit tresgrant cho
se du temple fonde et enrichi
a femmine fortune. Mais
que puet ce estre le monde est
feminin et les hommes sont
femmins. Car pour cer
tain ce qui a este contraire
aux hommes et les choses inu
proffitables que le grant a
age si a destruittes ná peu des
truire ne a priuer le droit aux
femmes que garde ne la peut
tresfort et vertueusement.
Les femmes adonques
a veturie rendirent loenges
et honnourerent son nom
et sa merite toutes les fois
que leurs cheueux quelles
ont moult chiers de pourpre et
dor sont atournez et que les
hommes quant elles passent
se lieuent contre elles et que
a elles oyseuses grans substã
ces seulent venir de ceulx qui
meurent.

Cy sensuit de thamar la
tresnoble paintresse fil
le d[illegible] rubriche.

Thamar en so
temps et en so
aage fut tres
noble paintre
resse et se il est
ainsi que le
grant temps nous ait oste
moult grandement de la sou
uenance de sa vertu et de son
bien. Toutesvoies son
noble nom par la cause de so
artifice encore oster ne nons

32 Die Künstlerin malt ein Marienbild. Sie verfügt über eine Gehilfin. Miniatur aus Ms. fr. 12420, fol. 86. 1402. Bibliothèque Nationale, Paris

33 Eine das Selbstporträt malende Frau. Die schlichte Arbeitskleidung läßt auf eine berufsmäßige Malerin schließen. Miniatur aus Ms. fr. 12420, fol. 101 v., 1402. Bibliothèque Nationale, Paris

34 Rechts unten im Bild Frauen in einer Kapelle, wie sie in einem Nonnenkloster denkbar ist.
Illustration des Psalters 67, Ms. lat. 8846, fol. 114, 13. Jahrhundert.
Bibliothèque Nationale, Paris

* Positiv auf die städtische Mädchenbildung wirkte sich zweifellos die verstärkte Gründung weltlicher Schulen aus. Ende des 13. Jahrhunderts gab es in Flandern und Paris schulische Einrichtungen, die der städtischen Oberschicht ermöglichten, ihren Töchtern außerhalb des Elternhauses eine immer notwendiger werdende Elementarausbildung in Lesen, Schreiben und Rechnen zukommen zu lassen. So wurde die spätere Äbtissin des Zisterzienserinnenklosters Nazareth, die Patriziertochter Beatrijs van Tienen, mit sieben Jahren zu den Lehrern der »freien Künste« in die Schule gegeben. Zuvor hatte sie schon bei ihrer Mutter, einer »Kauffrau« des frühen 13. Jahrhunderts, Unterricht genossen. Auch die flandrische Zisterzienserin Ida Lewenis (geb. 1260) erhielt ihre Bildung in einer weltlichen Schule, die Jungen und Mädchen aufnahm. 1320 gestattete in Brüssel Herzog Johann von Lothringen die Öffnung von fünf Schulen für die Grundausbildung von Mädchen. Diese Stadt hatte schon länger neben der Knabenschule eine »kleine«, hier im Sinne von niedere, nur eine Grundausbildung in der Muttersprache vermittelnde Schule besessen. Paris verfügte im ausgehenden 13. Jahrhundert über die stattliche Zahl von 21 Schulmeisterinnen, Vorsteherinnen solcher niederen Mädchenschulen. Sie unterstanden der Aufsicht des Kantors von Nôtre Dame, der auch die Unterrichtsgenehmigungen zu erteilen hatte. Daneben existierten in Paris im 14. Jahrhundert noch niedere Schulen mit einer aus Jungen und Mädchen gemischten Schülerschaft. Erst 1357 wurde ihre Trennung angeordnet.

An diese Tatsache der Aneignung eines Wissensminimums durch Frauen und ein sicher in der führenden städtischen Oberschicht auch vorhandenes Streben nach einer darüber hinausgehenden, tieferen Bildung konnte offensichtlich der französische Kronjurist und politische Publizist Pierre Dubois († nach 1321) in seiner als Friedensprogramm gefaßten Schrift »Über die Wiedergewinnung des Heiligen Landes« (»De recuperatione terrae sanctae«) anknüpfen. Sein Programm enthält auch eine Bildungsreform. Dabei ist für diesen dem Bürgertum entstammenden Reformer typisch, daß er die Ausbildung der Mädchen mit einbezieht. In der Absicht, die führende Rolle Frankreichs gegenüber allen anderen europäischen Mächten, Byzanz und dem Orient zu sichern, arbeitet Dubois einen detaillierten Plan für die Ausbildung von Knaben und Mädchen vom 4. oder 6. bis zum 16. beziehungsweise 18. Lebensjahr aus. In internatsähnlichen Einrichtungen (konfiszierten Ordenshäusern der Templer oder Johanniter) sollten danach 100 oder mehr Schüler und Schülerinnen zusammengefaßt werden. Der Plan hob die Beschränkung der Mädchen auf die Grundausbildung auf. Wie die Knaben, hatten die Mädchen sich danach gründlich die lateinische Sprache und eine andere Fremdsprache anzueignen. Der Unterrichtsplan sah die Einführung in die Naturwissenschaften, besonders in die Medizin und Chirurgie, sowie die Vermittlung pharmazeutischer Kenntnisse vor.

Für England gibt es wenig Zeugnisse über den Zugang von Mädchen zu niederen Schulen. Das läßt auf stärkere private Initiativen schließen, denn der Schreiber des englischen »Liber Trotula« im 14. Jahrhundert rechnete ja damit, daß des Lesens kundige Engländerinnen seine medizinischen Ratschläge weitergeben würden. Auch in Italien verpflichteten die wohlhabenden Stadtbürger häufig Privatlehrer für die Ausbildung ihrer Töchter.

Eine große Zahl von Bürgern, vorwiegend wohl das mittlere Bürgertum, ließ ihre Söhne und Töchter in niederen Schulen vor allem das Lesen lernen. (Wenn Villani 1338 für Florenz 8000 bis 10000 Schüler und Schülerinnen nennt, dann haben diese Zahlen allerdings nur als Hinweis auf eine große Menge zu gelten.)

In Deutschland und der Schweiz sind die Anfänge des privaten und des – im Sinne der Einflußnahme der Stadträte – öffentlichen Schulwesens bis an die Wende vom 14. zum 15. Jahrhundert zurückzuverfolgen. Um 1400 verlieh der Stadtrat von Memmingen eine bereits bestehende Mädchenschule einem gewissen Martin Huber, der beeiden mußte, sich zur Zufriedenheit des Rates zu verhalten und keine Knaben zu unterrichten. Noch sah man auf eine strenge Trennung der beiden Geschlechter in der Schule. In Emmerich unterstand die Mädchenschule 1445 zwar formell noch der Kirche, die das Recht hatte, die Lehrerinnen zu bestätigen oder zu verwerfen, aber das Vorschlagsrecht hatte der Stadtrat. Er konnte auch bei Einspruch des Dekans und des Kapitels gegen seine Kandidaten neue Vorschläge unterbreiten, bis Übereinstimmung erzielt wurde. Die Bamberger Schulordnung von 1491 verlangte von den deutschen Schulmeistern und Schulfrauen, also Lehrern und Lehrerinnen der niederen Schulen (man findet dafür auch die Begriffe Lehrfrau oder kindemeisterin), daß sie miteinander verehelicht sein sollten. Ausdrücklich schrieb diese Schulordnung vor, nur die Lehrfrauen dürften Unterricht erteilen, die wirklich »gelehrt«, das heißt ausgebildet seien, um den Kindern Lesen, Schreiben, Singen und allgemeine, in der Moral und Ethik der katholischen Theologie begründete Normen zu vermitteln.

Wie wir aus dem Wanderbüchlein des Johannes Butzbach wissen, war Nürnberg wie Bamberg wegen seiner höheren Schulen Anziehungspunkt für Schüler auch aus anderen Städten. Nürnberg scheint am Ende des 15. Jahrhunderts dazu zahlreiche niedere Schulen beherbergt zu haben. Aus einem chronikalischen Bericht über das Singen der Nürnberger Schulkinder beim Besuch Kaiser Friedrichs III. geht zweifelsfrei hervor, daß sowohl Lehrer (die »deutschen Schreiber«) als auch Lehrerinnen (Lehrfrauen) Kinder beiderlei Geschlechts unterrichteten: »Im Jahr 1487 gingen die deutschen Schreiber mit ihren Lehrknaben und Lehrmädchen, desgleichen auch die Lehrfrauen mit ihren Mädchen und Knaben auf die Feste Nürnberg in die Kapelle der Burg mit ihrem deutschen Gesang und sangen darin und gingen danach in den Burghof hinaus und sangen um die Linde.« Die vom Kaiser als Belohnung ausgegebenen Gulden zog der Nürnberger Rat von den »deutschen Schreibern« und »Lehrfrauen« wieder ein, was auf ein enges Abhängigkeitsverhältnis des Lehrpersonals vom Rat der Stadt schließen läßt. Der Kaiser, dem diese Härte des Rates wohl zu Ohren gekommen sein muß, verlangte am folgenden Sonntag, alle diese Schulkinder beisammen zu sehen. »Und danach, am Sonntag, kamen nach der Predigt um viertausend Lehrknaben und Mädchen in den Graben unterhalb der Feste, denen gab man Lebkuchen, Fladen, Wein und Bier.« [24] Stellt man die für das Mittelalter bekannte maßlose Übertreibung bei der Beschreibung großer Mengen in Rechnung, so deutet der Bericht jedenfalls auf eine stattliche Zahl von Schulkindern und einen gewissen Stolz des städtischen Chronisten auf das blühende, anerkannte Nürnberger Schulwesen hin.

Auch in der sächsischen Tuchgewerbe- und Bergbaustadt Zwickau bestand spätestens seit dem frühen 15. Jahrhundert eine vom Rat beaufsichtigte niedere Schule. Am Beginn des folgenden Jahrhunderts gründeten hier wohlhabende Bürger zur stärkeren Förderung des Schulwesens ihrer Stadt eine Schulbrüderschaft. Unter ihren mit Geldspenden engagierten Mitgliedern finden sich Frauen seit 1518. Aus diesem Umstand, aber auch aus der Tatsache, daß Zwickauer Bürgerinnen im 15. Jahrhundert nicht nur Briefe und Quittungen schrieben, sondern in der Lage waren, eigenhändig Testamente zu entwerfen und sogar auszufertigen, darf man auf eine sorgfältige Unterweisung der Mädchen und Frauen in den Elementarfächern schließen.

Neben den geistlichen oder vom Bürgertum geförderten niederen Schulen gab es für Töchter weniger wohlhabender Einwohner eine weitere Möglichkeit, das für ihr Berufsleben nötige Grundwissen zu erwerben. Im 14. und 15. Jahrhundert entstanden zahlreiche sogenannte Winkel- oder Beischulen. Hier erteilten Frauen, ohne einen anderen Auftrag als den der Eltern, Unterricht im Schreiben, Lesen und Rechnen. Das war z. B. der Fall in Straßburg, Frankfurt am Main, Augsburg, Überlingen, Speyer, Stuttgart, Hamburg, Lübben, Breslau, Bern, Zürich und Basel. Von Hans Holbein d. J. ist ein Werbeschild für einen Schulmeister und eine Schulmeisterin in Basel mit folgendem Text erhalten: »Wenn jemand hier ist, der gern deutsch lesen und schreiben lernen will auf die kürzeste Art, die man sich nur denken kann, wodurch jeder, der vorher nicht einen Buchstaben kannte, schnell und bald die Grundlagen begriffen hat, womit er dann selbständig aufschreiben und lesen lernt, was jederman ihm schuldig ist; und wer so ungeschickt ist, daß er es nicht lernen kann, den will ich ganz umsonst unterrichtet haben und keinen Lohn dafür nehmen, er sei, wer er wolle, Bürger oder Handwerksgeselle, Frau oder Jungfrau. Wer Bedarf dafür hat, der komme nur herein und er wird gegen einen geziemenden Lohn unterrichtet werden. Die jungen Knaben und Mädchen aber (werden zusammen) nach dem Fronfasten (wieder aufgenommen), wie es der Brauch ist. 1516.« [25] Mitunter erteilten, wie in Straßburg, Krämerinnen nebenberuflich Unterricht. Auch alte Frauen nahmen sich der Unterweisung im Lesen, Schreiben und Rechnen an, z. B. in Hamburg. Daß die Schulmeisterin unter Umständen – vermutlich wegen der größeren Praxisnähe des von ihr vermittelten Wissens – für den Lehrer der höheren Schule zur Konkurrenz werden konnte, legt ein Vertrag zwischen dem Schulmeister der hohen Schule zu Überlingen mit der dortigen Lehrerin von 1456 nahe. Damit der erstere keinen Schaden davon hat, daß manche Bürger ihre Kinder bei der Wantzenrutinin, so heißt die Lehrerin, unterrichten lassen, muß diese sich verpflichten, für jeden Knaben im Jahr einen gewissen Betrag an ihn abzuführen.

Aufschluß über die Entlohnung des Lehrpersonals an den städtischen niederen Schulen gewährt die Brüsseler Schulordnung von 1320. Danach dürfen Lehrer und Lehrerin gleichermaßen von jedem Kind jährlich 12 Schilling gültiger Münze annehmen. Davon ist aber dem als eine Art Schulaufsicht eingesetzten Obermeister ein Drittel abzuführen.

Wenn hier nur von der Elementarausbildung der Mädchen die Rede war, so bedeutet das nicht, daß den Mädchen generell und überall die Aneignung höheren Wissens und der Besuch der Lateinschule verwehrt gewesen ist. In Brüssel konnten nach der Schulordnung von 1320 Eltern mehrerer Söhne und Töchter die Mädchen mit in die hohe Schule schicken. Ob die Beibehaltung des vorgeschriebenen Wissenslimits für Mädchen auf diese Weise aufrechtzuerhalten war, ist zu bezweifeln. Sicher ist, daß im wallonischen Valenciennes Mädchen und Knaben gemeinsam die Lateinschule besuchten. In Emmerich gewährleistete der Vertrag von 1445 offensichtlich den Zugang von Mädchen zur höheren Schule. Doch gibt es keine Hinweise auf praktische Auswirkungen. Die Zahl gründlich gebildeter, wissenschaftlich und politisch interessierter Frauen, die nicht dem geistlichen Stand angehörten, ist in allen europäischen Ländern, selbst in Italien, außerordentlich gering geblieben. Diese wenigen Frauen erhielten, wie schon Heloise, die Schülerin, Geliebte und Frau des berühmten Theologen und Philosophen Peter Abaelard (1079–1142), ihre Ausbildung gewöhnlich auf privatem Wege, durch Privatlehrer oder Familienangehörige.

Als Motivation für die in den bedeutenderen städtischen Zentren des Spätmittelalters verstärkte Aneignung des Schreibens, Lesens und Rechnens auch durch Mädchen – fast ist man versucht, von einer spätmittelalterlichen Alphabetisierungskampagne zu sprechen – stehen im Vordergrund die Bedürfnisse des städtischen Alltags mit seinen ständig wachsenden Anforderungen an Handel und Gewerbe, Verwaltung und Fürsorge.

Die aufgeschlossene Haltung auch gegenüber einer Elementarbildung der Mädchen war eine entscheidende Voraussetzung nicht nur für die aktive Beteiligung der Städterinnen am Handel auf allen Ebenen und ihre Verselbständigung im Handwerk, sondern auch für die Ausübung wichtiger Aufgaben im Interesse der Stadtgemeinde. Vielleicht war sich auch die Jüdin Sarah in Görlitz dieses Zusammenhanges bewußt, als sie 1388 ein ihrem Glaubensgenossen Isaac überlassenes Haus zur erblichen jüdischen Schule bestimmte.

* Da die Anforderungen an Lehrer denen entsprachen, die an den deutschen Schreiber gestellt wurden, nimmt es nicht wunder, daß im 15. Jahrhundert Frauen auch als

Schreiber tätig waren. Eine der ältesten Nachrichten über berufsmäßige weltliche Schreiberinnen stammt aus Basel, wo 1297 eine Frau Irwina gegen Entgelt Urkunden kopiert. Im 14. und 15. Jahrhundert sind in dieser Stadt mindestens zwei weitere Schreiberinnen tätig. Frauen üben diesen Beruf auch in Köln, Esslingen, Nürnberg und Augsburg aus. Die Esslinger Schreiberin Mechthild, in der zweiten Hälfte des 14. Jahrhunderts, war mit einem Tuchscherer verheiratet. Über eine andere Esslingerin, die Schreiberin Adelheid, eine unverheiratete Frau, ist bekannt, daß sie nicht nur Vermögen und Grundbesitz hatte, sondern auch eine Wirtschafterin beschäftigte, also über günstige Arbeitsbedingungen für ihren Beruf verfügte. Das traf gewiß auch für die Augsburgerin Clara Hätzler zu, die von 1452 bis 1476 mit einem eigenen Schreibatelier bezeugt ist. In Nürnberg weisen die Totengeläutbücher der St.-Sebald-Pfarrei für die Jahre von 1452 bis 1476 eine Spezialisierung aus. So gab es dort fünf Schreiberinnen, eine Guldenschreiberin, drei Gerichtsschreiberinnen, drei Losungs- oder Steuerschreiberinnen und zwei Ratsschreiberinnen. Möglicherweise handelt es sich mit Ausnahme der Guldenschreiberin, die für den Einzelauftrag entlohnt zu werden schien, bei allen anderen um Schreiberinnen, die im Dienst des städtischen Rates standen. (Das trifft jedenfalls dann zu, wenn die fünf Schreiberinnen wie die »deutschen Schreiber« zugleich als Lehrerinnen der niederen Schulen tätig waren. Letzteres ist sehr wahrscheinlich, da den 14 Schreiberinnen im Totengeläutbuch nur drei Lehrfrauen gegenüberstehen.)

Besonders groß war die Zahl der in städtischen Diensten stehenden Frauen in Köln. So beschäftigt das Hochgericht eine Schreiberin (Schryverse) und eine Taxatorin für Gerichtspfänder. Die Heranziehung von gerichtlich vereidigten Frauen als Taxatoren war in Köln sehr häufig. Um 1460 sind allein acht namentlich bekannt. Ihnen, den sogenannten keufferssen oder Handelsfrauen, oblagen die Schätzung von Hinterlassenschaften und Pfändungen sowie die Veräußerung der Pfänder in ihren Ständen nahe der Münze und die Ablieferung der Erträge an das Gericht. Als städtische Angestellte galten auch die vereidigten Maklerinnen. Sie nahmen Waren auf Lager, um sie für Auftraggeber, meist fremde Kaufleute, zu veräußern. Seit der zweiten Hälfte des 14. Jahrhunderts bis zum Ende des folgenden Jahrhunderts waren in Köln mehr als zehn Frauen selbständig mit der Erhebung von Zöllen und Wegegeldern betraut. Weitere Zöllnerinnen und Wegegelderinnen sind für die sächsische Bergbaustadt Freiberg im 15. Jahrhundert, für Frankfurt am Main am Ende des 14. Jahrhunderts und für Augsburg sowie für Innsbruck im 16. Jahrhundert überliefert. Abgesehen von Nürnberg, wo die Frau des Zöllners mit ihrem Ehemann vereidigt zu werden pflegte, also offensichtlich nur zur Gewährleistung eines reibungslosen Ablaufs unterstützend oder vertretend an der Zollerhebung beteiligt war, beziehen sich die anderen Erwähnungen auf eine selbständige Ausübung des Amtes. Dabei konnte die Zollpächterin die Arbeit an einen Sohn delegieren. Es war aber umgekehrt der Fall möglich, daß die Zöllnerin für einen Zollpächter arbeitete. Beide Fälle treffen z. B. für Köln zu. Mitunter erwähnen die Quellen auch, daß eine Zöllnerin oder Wegegelderin beraubt wurde oder Tätlichkeiten ausgesetzt war, wie in Freiberg in Sachsen und in Köln.

Ganz andere Töne sind dem Bericht eines Augsburger Ratsherrn über die Arbeit der dortigen Zöllnerin zu entnehmen, der um die Mitte des 16. Jahrhunderts verfaßt worden ist. »Wir haben uns auf dem Land erkundigt«, heißt es dort, »und erfahren, daß des Jägers Ehefrau ein gutes Lob habe und sie richte (als Zöllnerin) mit ihren guten Worten mehr aus, während man zuvor viel Zank und Uneinigkeit gehabt habe. So hält sie sich auch gegen den Zöllner des Bischofs unnachgiebig, wenn der eine Neuerung (zugunsten seines Herrn – E. U.) einführen will, und will solches nicht gestatten.« [26] Eine Tätigkeit im Dienste der Stadtgemeinde, die Frauen mitunter ebenfalls anvertraut wurde, war das Amt der konzessionierten Salzhändlerin und Salzmesserin (Salzmuter, Salzcherin). So sah das 1376 aufgezeichnete

Stadtrecht von Pettau 24 Salzhändlerinnen für den Ort vor. Auch in Koblenz lag der städtische Salzhandel in Frauenhand. Gleiches gilt für den städtischen Getreidehandel in Straßburg. In Marseille verwalteten, wie bereits dargestellt, das Amt der städtischen Getreidehändler Ehepaare. In weiteren städtischen Ämtern trifft man die schon früher erwähnte Wechslerin, die Steuereinnehmerin, die für Findelkindangelegenheiten zuständige Findelmutter, die Feld- oder Schlaghüterin, Pförtnerin, Turmwächterin, Stadtschlosserin, Stadtpfeiferin, die Fronbotin, die Stadthirtin. Eine Reihe von weiteren Aufgaben erfüllen Mann und Frau gemeinsam, z. B. die Verwaltung des Brückenamtes, der Stadtwaage, des städtischen Hospitals, des Gefängnisses, des städtischen Kaufhauses, des Rathauses.

* Frauen in einem künstlerischen Beruf sind in Frankreich, Deutschland und den Niederlanden bei den Illuminatoren, die den Abschriften wertvoller Bücher durch die Gestaltung der Initialen und der Buchleisten eine künstlerisch anspruchsvolle Note gaben, erwiesen. Das ist gewissermaßen Fortsetzung einer alten Tradition der Frauenklöster, nahm seinen Anfang aber ganz im Bereich des städtischen künstlerischen Schaffens, wo der Meister wie selbstverständlich auf die Mitwirkung der Frau und der Kinder zurückgriff. So ein Pariser Buchmaler, der am Ende des 13. Jahrhunderts eine Schule für Buchmalerei in Paris mit Unterstützung von Tochter und Schwiegersohn eröffnete, war der Meister Honoré. Die Namen von Tochter und Schwiegersohn sind nicht überliefert. Auch der Pariser Künstler Jean le Noir im 14. Jahrhundert hat seine Tochter in die Kunst der Illumination eingeführt. Eine weitere Buchmalerin, die sich gleichzeitig als Gastwirtin ernährte, begegnet uns um 1292 in der Pariserin Thomasse. An der Wende vom 13. zum 14. Jahrhundert sind in Paris weitere Illuminatorinnen tätig. Hohes Lob spendet Christine von Pisan, die berühmte Schriftstellerin, einer Illuminatorin: »Ich kenne eine Frau namens Anastasia. Sie beweist im Herstellen von Vignetten für illustrierte Bücher und von Landschaftsszenen für Märchen soviel Können und Geschick, daß in ganz Paris, wo solche Dinge sehr beachtet werden, keiner es versäumt, sie zu loben. Auch gibt es niemand, der so zart und fein in Gold malt wie sie, und keine Arbeit wird höher geschätzt als ihre, so kostbar und einmalig sind die Bücher, die sie mit eigener Hand erschafft.« [27] Weitere Beispiele von Buchmalerinnen sind aus Köln – hier handelt es sich um ein in diesem Beruf tätiges Ehepaar – und aus Lille für das 14. Jahrhundert sowie aus Bologna schon für 1271 bekannt. In Brügge richtete die weltliche Miniaturenmalerin Grietkin Scheppers eine Werkstatt in einem Kloster ein. Eine weitere Brüggerin, Elisabeth Scepers, führte 1476 nach dem Tod ihres Lehrers gemeinsam mit dessen Ehefrau seine Werkstatt weiter und erwarb im selben Jahr auch die Mitgliedschaft in der Künstlergilde ihrer Stadt.

Bürgerinnen west- und südwestdeutscher Städte betätigen sich ebenfalls in der Kleinkunst. Hier sind Kartenmalerinnen, Briefdruckerinnen, Puppenmalerinnen und Bildschnitzerinnen tätig. Die in Kopien antiker Werke nicht selten anzutreffende Darstellung von Malerinnen an ihrer Staffelei, die ganz im spätmittelalterlichen städtischen Milieu beheimatet ist, legt nahe, daß sich Frauen auch an größere Kunstwerke gewagt haben. Vorrang hatte aber offensichtlich die Unterstützung in der Werkstatt des Vaters oder Ehemannes, wo sie für Hilfsarbeiten wie Grundieren, Ausmalen usw. herangezogen wurden.

Ein weiter Bereich künstlerischer Betätigung blieb außerhalb jeglicher Anerkennung durch die Stadträte und die städtische Oberschicht. Dabei ist vor allem an die Schauspielkunst, an die musische Beschäftigung überhaupt zu denken. Nur ganz wenige Musikantinnen und Sängerinnen fanden offiziell Beachtung, wie die Sängerin und Harfenistin, die Wenzel I., König von Böhmen, an seinen Hof holte, die Kirchensängerin, die im 15. Jahrhundert vom Görlitzer Rat eine tägliche finanzielle Anerkennung erhielt, oder hier und da eine Stadtpfeiferin. Die große Mehrzahl der musisch veranlagten Frauen, darunter Tänzerinnen, Akrobatinnen, Flötistinnen, Fiedlerinnen, Harfenistinnen, Pfeiferinnen, Lauten- und Zimbelschlägerinnen, Schellenträgerinnen, Radleierspielerinnen, mußte ihren Lebensunterhalt unter den »Fahrenden« suchen, war verfemt und Verfolgungen als Zauberinnen und Hexen ausgesetzt. Zahllose dieser als »Schadenstifterinnen« angesehenen Diffamierten kamen so ums Leben.

Gaukler auf der Wanderschaft.
Kolorierter Holzschnitt eines anonymen Künstlers, Einblattdruck um 1450. Herzog Anton Ulrich-Museum, Braunschweig

* Damit nähern wir uns dem düsteren Thema, daß zahlreiche Frauen in den großen und mittleren Handels- und Gewerbestädten ihren Lebensunterhalt als Prostituierte bestritten. Minutiöse Untersuchungen über die Prostitution in Florenz im 15. Jahrhundert haben ergeben, daß die Insassinnen der Bordelle sich zu einem großen Teil aus Auswärtigen und Ausländerinnen rekrutierten. Was diese Frauen dazu veranlaßt hat, ihr Leben auf diese Weise zu fristen, ist den Quellen selten zu entnehmen. Sicher war es den Bordellbesitzern und ihren Agenten im Ausland leichter, den Frauen ein »süßes Leben« vorzugaukeln oder sie mit Betrug zum Verlassen ihrer Heimat zu bringen. Für viele spätere Prostituierte gab es jedoch gar keine Alternative, nämlich dann, wenn Verwandte, Pflegeeltern und mitunter selbst Elternteile Töchter von Kind auf für diesen »Erwerb« preisgaben. Die für diese Seite des städtischen Lebens noch viel zu wenig ausgewerteten Gerichtsbücher geben darüber Aufschluß. So werden nicht nur in dem europäischen Handelszentrum Florenz Frauen gerichtlich belangt, weil sie ihre Töchter »arbeiten« lassen, auch die Gerichtsbarkeit der thüringischen Mittelstadt Mühlhausen straft eine Einwohnerin, weil sie ihre halbwüchsige Tochter ins Frauenhaus geschickt hat. Gegen einen Vater schreitet der Rat dieser Stadt ebenfalls ein, da dieser seine minderjährige Tochter einem Fremden ins »Ehebett« gibt. Auch über die Bestrafung solcher Bordellbesitzer, die Kinder zur Prostitution verleiten, berichtet die städtische Chronistik.

Über die Prostitution ist viel unter dem vordergründigen Aspekt der toleranten Einstellung der Kirche dazu und der juristisch-sozialen Sonderstellung der Prostituierten geschrieben worden. Hohe Einnahmen mancher »Hübschlerinnen«, die es verstanden, Zusammenkünfte des hohen weltlichen und geistlichen Adels wie Reichstage und Kirchenkonzilien zu nutzen, fanden ebenso Beachtung wie die brutale Verteidigung ihrer Privilegien gegen »wilde« Konkurrenz. Unter diesem Blickwinkel wird das ganze Elend dieser Frauen bagatellisiert. Gelegentliche Strafen gegen Bordellbesucher wegen Mißhandlung der Frauen sprechen eine ebenso deutliche Sprache wie die Tatsache, daß z. B. der Besuch des Gottesdienstes – Frauen nutzten diese Gelegenheit tatsächlich zur Flucht – in Begleitung des Bordellbesitzers und seiner Knechte erfolgte. Dort, wo die Prostituierten größere Freiheit genossen, sorgten entsprechende Statuten der Zünfte und Verordnungen der Stadträte für den sozialen Abschluß dieser Frauen. Dazu gehörten Kennzeichnung ihrer Kleidung und Ausschluß von städtischen Vergnügungsstätten sowie Verdrängung aus dem Stadtbild durch Zuweisung bestimmter Wohngegenden am Rande der Stadt. Die Haltung der Stadträte zur Prostitution war ungeachtet ihres Einschreitens in Fällen des Mißbrauchs von minderjährigen Mädchen, die das zwölfte Lebensjahr noch nicht erreicht haben, bejahend. Die Räte förderten die Einrichtung von Bordellen, von denen es in größeren Städten in der Regel mehrere gab, und ordneten ihre Kontrolle an, die z. B. in den österreichischen Städten der Scharfrichter ausübte. Die Ursachen sind komplexer Natur. Eine wichtige Rolle spielte die ökonomische Seite. Einnahmen aus diesen Einrichtungen gehörten zum festen Bestandteil des städtischen Haushalts, aber auch des Gewinnkontos mancher Bürger. Deshalb galt ihre ständige Sorge der Unterbindung der heimlichen, unkontrollierten Prostitution und des Zuhälterwesens, soweit es sich nicht unter städtische Kontrolle bringen ließ. Einnahmen aus Frauenhäusern und Frauenhäuser selbst waren z. B. auch Gegenstand von Stiftungen an religiöse Einrichtungen und wurden selbst von Nonnenklöstern, wie dem Esslinger Frauenkloster zum Kreuz Sirnau, angenommen, das 1433 aus zwei Stuttgarter Frauenhäusern einen Jahreszins von einem Pfund Heller erhebt, der allerdings bei Gelegenheit wieder weiter veräußert wurde. Neben Gewinnabsichten hegten Bürger und Stadträte wohl den Gedanken, ihre eigenen Ehen und Familien vor dem Adel, zölibatären Geistlichen, fremden Kaufleuten und Schülern zu schützen. Die großzügige Ausstattung und Einbeziehung der Prostituierten bei Anwesenheit des Königs und seines Gefolges in den Reichsstädten und die etwas freiere Gestaltung ihrer Lebensverhältnisse in den Residenzstädten und bedeutendsten europäischen Handelsmetropolen ist vor diesem Hintergrund zu sehen. Die Stadträte waren außerdem darauf bedacht, einen gewissen Ersatz für die Ehehinderung vieler Gesellen und Knechte durch die Zünfte und den einzelnen Meister zu bieten. Den Ehemännern war im Spätmittelalter das Betreten der Frauenhäuser verboten. Sie nutzten, soweit es sich um vermögende Bürger handelte, die abhängige Stellung der Mägde und in den Mittelmeerländern der Haussklavinnen aus, um sich für Mißehen und sexuelle Fehlerziehung der Ehefrau zu entschädigen.

Versucht man rückblickend das breite, in viele Richtungen weisende Spektrum der weiblichen Berufstätigkeit im Spätmittelalter in Beziehung zu setzen zur Ausgangslage vor dem Beginn der kommunalen Bewegung, dann darf man feststellen, daß die vier Jahrhunderte von der zweiten Hälfte des 11. Jahrhunderts bis zum Vorabend der frühbürgerlichen Revolution eine entschiedene Festigung der Stellung der Frau innerhalb des Einkommenerwerbs der Familie gesehen haben.

Die Anforderungen des spätmittelalterlichen Wirtschaftslebens an die Extensivierung und Intensivierung des Handels führten auf allen Ebenen zur Einbeziehung der Frauen in die Handelsgeschäfte der Familie, aber auch zu ihrer Verselbständigung, wo durch Krankheit oder Tod des Ehepartners, durch sein Verlassen der Familie sowie fachlich-wirtschaftliche Unfähigkeit und Unzuverlässigkeit der Familienbetrieb in Gefahr geriet oder zusammenbrach.

Eine abweichende Entwicklung bot sich im Handwerk, das vor allem den gesteigerten Ansprüchen des Warenexports und des Handels mit Gütern des Massenbedarfs zu entsprechen hatte. Durch die verstärkte Arbeitsteilung zwischen Herstellung der Waren und Verkauf wurden die Meistersfrauen und Mägde für den Verkauf der erzeugten Waren immer unentbehrlicher. Die zunehmende soziale Differenzierung in und zwischen den Zünften nötigte aber auch Frauen aus dem

Eine Prostituierte in Sizilien, die einem jungen Kaufmann sein Geld abgenommen hat, leiht es ihm für Handelsgeschäfte wieder aus.
Aus Albert Schramm, Der Bilderschmuck der Frühdrucke, Bd. IV, Leipzig 1921, Abb. 2908

Handwerk, sich einen Nebenverdienst zu suchen oder Lohnarbeit anzunehmen.

Schließlich war mit der erworbenen wirtschaftlichen Selbständigkeit eines, wenn auch begrenzten Kreises von Bürgerinnen das Heraustreten aus dem engen Rahmen des eigenen Hauses in den gesamtstädtischen und sogar teilweise überlokalen Wirtschaftszusammenhang einerseits und in die Stadtgemeinde andererseits verbunden. Förderung erhielten die betreffenden Frauen durch den genossenschaftlichen Charakter der Gilden und Zünfte, der die Einbindung der ganzen Familie ermöglichte.

Diese Feststellungen lassen sich noch bedeutend erhärten, wenn man die Rolle der Frau im städtischen Wirtschaftsleben auch unter dem Aspekt der Vermögensentwicklung betrachtet, ihres Anteils am beweglichen und unbeweglichen Besitz, ihrer Fähigkeit, nutzbringend im Sinne kaufmännischer und handwerklicher Vermögensentwicklung damit umzugehen. Eine entscheidende Voraussetzung für die vielseitige, fast modern anmutende Einbeziehung zahlreicher Städterinnen in das Berufs- und Wirtschaftsleben der Groß- und Mittelstädte war die wesentliche Erweiterung ihrer Bildungsmöglichkeiten im Spätmittelalter. Die Zulassung von Mädchen zu einer schulischen Grundausbildung ermöglichte jetzt Töchtern des mittleren städtischen Bürgertums, deren Eltern sich für sie bisher keinen Privatunterricht oder Besuch einer Klosterschule leisten konnten, den Erwerb eines Wissensminimums.

Die Frau im Stadtrecht, in Ehe und Familie

Die vorausgegangenen Kapitel beschäftigten sich ausführlich mit den Möglichkeiten der Städterin, im Wirtschaftsleben eine selbständige Position zu erwerben, obwohl dies nur für einen bestimmten Teil der Einwohnerinnen zutraf, der zudem entsprechend der Bedeutung des jeweiligen Wirtschaftszentrums noch sehr veränderlich war.

Diese Aufmerksamkeit für eine quantitativ nicht zu überschätzende Gruppe – die Zahl der Mägde, Tagelöhnerinnen, Lohnarbeiterinnen war im Spätmittelalter bedeutend größer – ist gerechtfertigt, da sich gerade hier die neuen Potenzen der Stadtgemeinde in bezug auf die Veränderung der Lebensverhältnisse der Städterinnen am deutlichsten profilierten.

Für alle in irgendeiner Weise am Handel beteiligten Frauen wurden Besonderheiten der Rechtsstellung sichtbar. Das waren vermögensrechtliche Vergünstigungen, wie sie das Handelsgeschäft erforderte. Ihr Geltungsradius reichte von Italien über die Schweiz, Frankreich, Deutschland, Flandern, Dänemark bis nach England. Erwähnt wurde auch bereits, daß selbständig wirtschaftende Frauen im Spätmittelalter Bürgerrecht erwerben konnten. Diese letztgenannte Besonderheit deutete zugleich auf erhebliche Abweichungen von der im ersten Kapitel skizzierten früheren Rechtslage der Frauen hin. Es liegt nahe, nunmehr nach weiterreichenden, die Rechtsstellung der Städterin ganz allgemein betreffenden Veränderungen zu fragen, die sich in den Städten des vollentfalteten Feudalismus seit dem Ende des 13. Jahrhunderts vollzogen haben. Wie weit reichte der Spielraum für eine Veränderung der Rechtsstellung der Frauen nach der vollen Ausbildung des mittelalterlichen Städtewesens, und wie wirkte er sich auf ihr soziales Ansehen und ihre Rolle in der Ehe aus?

* Es soll nicht verschwiegen werden, daß es schon für eine einzige Stadtlandschaft kompliziert ist, bezüglich der Rechtsstellung der Städterin ein einigermaßen geschlossenes Bild zu gewinnen. Bedeutend schwieriger noch ist dieses Unterfangen für ein Land und erst recht für die führenden Staaten Europas im Mittelalter. Wenn im folgenden die Erkenntnisse für den deutschsprachigen Raum durch Beispiele aus anderen europäischen Ländern ergänzt werden, so können das nur Bausteine sein, die auf Parallelentwicklungen oder Besonderheiten in den angrenzenden Ländern hinweisen.

Die große Schwierigkeit, diese rechtsgeschichtlichen Vorgänge und Verhältnisse richtig zu bewerten, besteht in folgendem: Die in den europäischen Städten geübte Rechtspraxis basiert einerseits auf geltenden Rechtstheorien, wie sie an den Fakultäten gelehrt wurden, andererseits auf Aufzeichnungen regional geübter Rechtspraxis, wie sie z. B. in Deutschland der Sachsen- und der Schwabenspiegel beinhalten. Ist in Italien und Südfrankreich bei der Ausformung des hochmittelalterlichen Rechts der Einfluß des römischen Rechts beträchtlich, so in Deutschland der des fränkischen und des sächsischen Volksrechts. Die Stadtrechte beschränkten sich aber nicht auf die einfache Übernahme geltender Theorien und in den Rechtsbüchern erfaßter Erfahrungswerte einer regional weit verbreiteten Rechtspraxis, sondern schmolzen lokale gewohnheitsrechtliche Überlieferung ein. Das ist mitunter selbst dann der Fall, wenn das bereits ausgearbeitete Recht einer Stadt an eine andere weiter verliehen wird, was bekanntlich sehr häufig vorgekommen ist. So wächst, trotz einer gewissen konzentrierenden Wirkung von Stadtrechtskreisen (Städte, die sich am Recht einer Stadt mit bedeutender Rechtstradition orientieren), die Variationsbreite für die Entscheidung von grundlegenden Fragen an. Aufgrund des weitgehend nicht kodifizierten Privatrechts nehmen selbst nach der stärkeren Durchsetzung des römischen Rechts Gewohnheits- und Vertragsrecht breiten Raum ein.

Mit dem in Stadtrechts-, Stadt- oder Statutenbüchern niedergeschriebenen Recht hat man also keineswegs einen zuverlässigen Schlüssel für die in der jeweiligen Stadt geübte Praxis in der Hand. Abgesehen von den Möglichkeiten der subjektiven Auslegung der Gesetze, bleibt gerade in der Behandlung von vermögensrechtlichen Fragen der Modifikation durch individuelle vertragliche oder testamentarische Regelungen breiter Raum offen. Sie sind insbesondere durch das Testierrecht gesichert, das die städtische Gerichtsbarkeit als unverletzbaren Bestandteil der persönlichen Freiheit der Stadtbewohner gewährleistet.

Man kann also kein einheitliches Bild erwarten. Es lassen sich daher auch lediglich dem Stadtrecht innewohnende progressive Tendenzen für die Veränderung der Rechtsstellung der Frau herauskristallisieren. Mitunter sind das Bestandteile im Feudalismus allgemein geltenden Rechts, die sich unter den Bedingungen städtischen Lebens nur ungehinderter realisieren können.

* Da man trotz aller Ehehindernisse, wie Einschränkungen für die Heirat der Gesellen, Diener und Knechte durch Zünfte und Brotherren sowie die Ehelosigkeit der Geistlichkeit, davon ausgehen kann, daß der größte Teil der Städterinnen eine Ehe einging, soll vor allem die Rechtsstellung dieser Ehefrauen beleuchtet werden. In Abwandlung der frühfeudalen Rechtsverhältnisse hat sich mit der außerordentlich schleppenden, schrittweisen Durchsetzung des kirchlichen Eherechts seit dem 12. Jahrhundert mehr oder weniger formal das freie Zustimmungsrecht der beiden zukünftigen Ehepartner zur Eheschließung in den Städten durchgesetzt. Ausdruck dafür ist die formlose Eheschließung vor dem Priester, der die Hände der Brautleute symbolisch ineinander legt. Diese sparsame Zeremonie – sie wird erst im 16. Jahrhundert durch feierlichere Formen der Eheschließung abgelöst – findet vielerorts vor der Kirchentür statt. Dadurch wird die Öffentlichkeit der Eheschließung unterstrichen und die Ehe beweisbar. Das war eine Notwendigkeit, die sich aus der Durchsetzung des kirchlichen Eherechts ergab, denn der verkündete Grundsatz der freien Einwilligung führte zu zahlreichen geheimen Ehebündnissen. Dabei hat zumindest anfänglich wohl eine wichtige Rolle gespielt, daß Eltern und Verwandte nicht bereit waren, darauf zu verzichten, in der Eheschließung in erster Linie eine Angelegenheit von Familieninteressen zu sehen.

Die Praxis der geheimen Eheschließungen brachte eine Gefährdung der von der katholischen Kirche vertretenen Einehe mit sich und bedeutete für die kirchliche Ehegerichtsbarkeit keine geringe Belastung. Einige Zahlen können das verdeutlichen. In Canterbury wurden 78 Eheverfahren vom November 1372 bis Mai 1375 um die Anerkennung einer heimlich geschlossenen Ehe durchgeführt. Einundvierzig derartige Prozesse mit dem Ziel der Legalisierung einer geheimen Verbindung konnten 1384 bis 1387 in Paris festgestellt werden. Einhundert von 200 Eheverfahren, die 1350 in Augsburg durchgeführt wurden, hatten das gleiche Ziel. Etwa Dreiviertel der Klagenden waren Frauen, die von solchen geheimen Ehen ja auch in der Regel durch Defloration und Schwangerschaft den Hauptschaden hatten. In Regensburg klagten 1490 sogar nicht weniger als 119 Frauen auf Legalisierung einer Verbindung, Schadenersatz oder Alimentenzahlung. Im Unterschied zu den englischen und französischen Beispielen verzichteten die zugunsten der Kläger ausgefallenen Urteile der geistlichen Gerichte von Regensburg und Augsburg auf jegliche Verpflichtung der Eheleute zur kirchlichen Weihe des Ehevollzuges. Offensichtlich befürchtete man erheblichen Widerstand von seiten der Eltern, Verwandten, Meister oder Dienstherrschaft gegen den Eheschluß. Die Stadträte stellten sich fast immer gegen die ohne Zustimmung der Eltern, Verwandten und Dienstherren geschlossenen Ehen und ebenso auch gegen die immer noch vorkommenden Raub- oder Entführungsehen. So verordneten die französischen Stadtrechte von Alès und Metz, daß die Frau ohne den Rat der Eltern oder Vormünder keinen Gatten nehmen kann. In nicht wenigen Stadtrechten wurden selbständig von den Partnern vereinbarte Ehen mit harten, hauptsächlich erbrechtlichen Benachteiligungen gerügt: mit völliger Enterbung z.B. im Brünner und Leutkirchener Stadtrecht, mit Vorenthalt des Erbes, solange die Eltern leben, ein Jahr Stadtverweis und einer Geldstrafe von zwei Mark in Mühlhausen/Thüringen. In Brünn und Krakau galt allerdings, daß die Tochter nur bis zum 25. Lebensjahr mit Zustimmung verehelicht werden mußte. Über dieses Alter hinaus erhielt sie Handlungsfreiheit und wurden Strafen wegen eigenwilligen Eheschlusses unwirksam.

Die feste Verwurzelung nicht legalisierter Ehen geht auch aus den Verordnungen des Straßburger Stadtrechts von 1322 hervor. Danach wurden alle, die zu Straßburg und in seiner Bannmeile (burgban) »offentlich zur unee sitzen«, aufgefordert, die Ehe einzugehen. Diejenigen, die dazu nicht bereit waren, weil einer von beiden oder

Eheschluß vor dem Priester in Gegenwart von Zeugen. Holzschnitt, gedruckt bei Günther Zainer, Augsburg 1477. Aus Albert Schramm, Der Bilderschmuck der Frühdrucke, Bd. II, Leipzig 1920, Abb. 710

beide bereits zuvor anderweitig eine Ehe eingegangen waren, sollten voneinander lassen und Güterteilung vornehmen, wie sie der Rat im einzelnen vorschrieb. Von den gemeinsamen Kindern wurden in der Scheidung dem Mann zwei Teile und der Frau der dritte Teil zur Erziehung und Versorgung übergeben. Wer sich aber dieser Forderung des Rates widersetzte, mußte mit der Beschlagnahme seines halben Vermögens rechnen, »umb des willen, des solich sunde vermitten werde«. [28] Gleichzeitig sah sich der Straßburger Rat veranlaßt, gegen die gröbste Form offener Bigamie vorzugehen, indem er dem Mann, der seiner Frau eine andere in das Haus setzt, fünf Jahre Stadtverweis androhte. Dieses Gebot betraf auch die Beifrau. Männern und Frauen, die eine schon geschlossene Ehe verheimlichten und einem anderen Partner die Ehe gelobten, drohte das Ausstechen der Augen. Daß sich trotz dieser schweren Strafandrohungen nicht legalisierte Ehen sehr hartnäckig hielten, beweist im Falle von Straßburg ein Übereinkommen, das 1411 zwischen Meistern und Rat getroffen wurde und das allen denjenigen, die bis zum folgenden Sonntag das Konkubinat nicht aufgaben, mit der Anwendung der im Stadtbuch festgehaltenen Strafen drohte. Fälle verheimlichter Erstehen oder offener Bigamie sind auch in anderen Groß- und Mittelstädten nicht allzu selten. Das ist insofern nicht verwunderlich, als sie ja nahtlos an die alte Tradition der Friedelehe anknüpfen können. Die aus der Rechtspraxis ihrer Zeit erwachsenen Zusatzstatuten des Mühlhausener Reichsrechtsbuches von 1351 liefern dafür ein interessantes

Gegenseitige Einwilligung zum Eheschluß in Anwesenheit des Königs. Mann und Frau ahmen die Bestätigungsgeste des Königs nach und bekunden damit, daß sie sich seinen richterlichen Anordnungen unterwerfen. Miniatur aus einer französischen Übersetzung des Codex Justinianeus, Anfang 14. Jahrhundert, Ms. 392, fol. 66 v. Bibliothèque Municipale, Orleans

Beispiel. Sie erläutern, wie sich die Frau aus solch einer Verbindung durch einfache Erklärung gegenüber dem Partner unter Zeugen lösen kann, was durchaus den Gepflogenheiten der Friedelehe entspricht. An anderer Stelle ist ein Neujahrsgeschenk erwähnt, das bei Strafe von einem Pfund Heller und vier Wochen Gefängnis nur dem Gesinde und einer »frideln« zusteht. Wie sehr die heimliche Eheschließung, die für die ärmere Stadtbevölkerung, Mägde, Gesellen und Knechte mitunter die einzige Chance für ein Zusammenleben bot, in den vermögenden Schichten nicht nur die Interessen der Familien, sondern auch der Frauen selbst gefährdete, zeigt sich sehr deutlich im ehelichen Vermögens- und Erbrecht.

* Im ehelichen Güterrecht, das Vermögens- und Erbrecht einschließt, galt in ganz West- und Mitteleuropa der Alleinverfügungsanspruch des Ehemannes als Grundsatz des feudalen Familienrechts. Für seine Verbreitung haben die italienischen Rechtsgelehrten des 13. Jahrhunderts und im deutschen Sprachraum die Rechtsbücher dieser Zeit, vor allem der Sachsen- und der Schwabenspiegel, eine sehr wesentliche Rolle gespielt.

Beide Bücher lieferten wichtige Grundlagen für zahlreiche deutsche Stadtrechte. Der Sachsenspiegel hatte vor allem für jene Städte Vorbildwirkung, die sich dem Magdeburger Recht anschlossen, der Schwabenspiegel für die oberdeutschen Städte. Es lohnt sich daher, zunächst zu resümieren, wie sich der Alleinverfügungsanspruch des Ehemannes im ehelichen Güterrecht in diesen weit verbreiteten Rechtsquellen darstellt. Generell ist eine Vormundschaft des Mannes über die ihm angetraute Frau zu konstatieren (Ssp. III, 45, § 3). Sie bedeutet zuallererst Vermögensvormundschaft. »Wenn ein Mann ein Weib nimmt, so nimmt er«, heißt es in der entscheidenden Rechtssatzung (Ssp. I, 31, § 2), »in seinen Besitz all ihr Gut zu rechtmäßiger Vormundschaft. Deswegen kann kein Weib ihrem Mann eine Gabe geben von ihrem Grundeigen oder von ihrer fahrenden

Frau in einem Zuber, einen Becher leerend. Ein Mann musiziert daneben.
Holzschnitt, gedruckt bei Johann Blaubirer, Augsburg 1481.
Aus Albert Schramm, Der Bilderschmuck der Frühdrucke, Bd. XXIII, Leipzig 1943, Abb. 727

Habe ...« Die Vormundschaft ist auch gültig bei Ehen mit Männern aus einem niederen Stand. »Sei auch ein Mann seinem Weibe nicht ebenbürtig, er ist doch ihr Vormund und sie ist seine Standesgenossin und tritt in seinen Rechtsstand ein, wenn sie in sein Bett geht«. (Ssp. I, 45, § 1) Bei Verwitwung erhält die Frau allerdings ihren alten Rechtsstand zurück. Folgender Text unterstreicht das Entscheidungsrecht des Ehemannes in Vermögensangelegenheiten: »Ein Weib kann auch ohne ihres Mannes Erlaubnis nichts von ihrem Gut vergaben, noch Grundeigen verkaufen, noch Leibgedinge auflassen, weil er mit ihr im Besitz sitzt«. (Ssp. I, 45, § 2)

Erbrechtlich standen der Frau nach Sachsenspiegelrecht die Vorratshälfte, die Aussteuer und die vom Ehemann nach der Hochzeitsnacht empfangene Morgengabe zu. Letztere konnte aus Vieh oder auf Lebenszeit übereignetem Grundeigentum (Leibgedinge) bestehen. Als mögliche Bestandteile der Aussteuer werden genannt: »Alle Schafe und Gänse, Kästen mit gewölbten Deckeln, alles Garn, Betten, Pfühle, Kissen, Leinenlaken, Tischlaken, Tücher, Badelaken, Becken und Leuchter, Leinen und alle weiblichen Kleider, Fingerringe und Armreifen, Kopfputz, Psalter und alle Bücher, die zum Gottesdienst gehören, Sessel und Kisten, Teppiche, Vorhänge und Wandteppiche und alles Bandzeug. Dies ist, was zur Frauenaussteuer gehört. Noch ist mancherlei Kleinkram«, schreibt der Verfasser, »was darein gehört, nenne ich es auch nicht besonders, wie Bürsten und Schere und Spiegel«. (Ssp. I, 24, § 3)

Auch nach dem Recht des Schwabenspiegels steht der Frau beim Tod ihres Mannes Erbrecht an Morgengabe und Leibgedinge sowie die Rückgabe der von ihr eingebrachten Güter zu (Schwsp. § 26). An die Stelle der Aussteuer tritt jedoch das Erbrecht am gesamten beweglichen Vermögen (»fahrende Habe«). Soweit gemeinsam erarbeitetes mobiles Vermögen vorhanden war, hatte die Frau auch darauf ein gewisses Anrecht. Allerdings mußte sie, wenn der Ehemann keine andere testamentarische Verfügung hinterlassen hatte, bei vorhandenen Kindern diese fahrende Habe mit ihnen teilen (Schwsp. § 5a).

Die Vermögensvormundschaft ist im Schwabenspiegel schon geringfügig abgemildert, da die Zustimmung der Ehefrau zu bestimmten Verfügungen des Ehemannes eingeholt werden mußte (Schwsp. § 34). Dabei dürfte es sich, der weit verbreiteten Rechtspraxis zufolge, um Grundstücksveräußerungen gehandelt haben. Der Frau ist hier auch bereits eingeräumt, daß sie mit einem selbstgewählten Vormund um in die Ehe eingebrachte Vermögenswerte prozessieren darf, wenn der Ehemann mit diesen Gütern leichtfertig umgeht (Schwsp. § 76).

Selbst einige Sonderfälle sind in den Rechtsbüchern zugunsten der Ehefrauen geregelt. So schützt z.B. der Sachsenspiegel die Witwe, die ein Kind trägt, in ihrem vollen Eigentum bis zu dessen Geburt (Ssp. III, 38, § 2). Im Falle der gerichtlichen Scheidung behält die Frau Vorratshälfte, Aussteuer und Leibgedinge (Ssp. III, 74).

Priester und Frau im Block. Die Gefahr des Ehebruchs mit einem Geistlichen war besonders groß, da er als Seelsorger auf die Psyche der Frau Einfluß nehmen konnte.

Randzeichnung aus einer Kopie der Smithfield Decretals, frühes 14. Jahrhundert, Ms. Roy, 10 E IV, fol. 287 r. British Museum, London

Letzteres bleibt ihr darüber hinaus auch dann bewahrt, wenn der Mann wegen eines Verbrechens sein Vermögen verliert (Schwsp. § 21).

Die rechtmäßig verheiratete Frau war trotz der Vormundschaft des Ehemannes nach dem Inhalt der Rechtsbücher also vermögens- und erbrechtlich bis zu einem gewissen Grade abgesichert. Außerdem stand sie im Falle einer Schwangerschaft nicht noch unter dem zusätzlichen moralischen Druck der in heimlicher Ehe lebenden Frau.

⁂ Wie bereits erwähnt, verarbeiteten die Stadtrechte das in den Rechtsbüchern Überlieferte in Verbindung mit lokaler Tradition.

Das Lübecker Stadtrecht von 1294 sichert der Frau das in die Ehe Eingebrachte, den Brautschatz. Bei kinderlosen Ehen erhalten die nächsten Erben des Ehemannes die Hälfte des darüber Vorhandenen. Nach dem Magdeburger Recht verbleiben bei der Witwe die »Gerade« und das eingebrachte Gut. Liegenschaften des Mannes und bewegliches Gut fallen an dessen leibliche Verwandte. Das älteste Stadtbuch der Reichsstadt Mühlhausen von 1220 sichert gleichfalls den Grundbesitz der Familie des verstorbenen Mannes, die Ehefrau durfte aber das Familiengut auf Lebenszeit nutzen. Dieses Miterberecht der Verwandten erhält sich auch noch in den Stadtrechten des 14. und 15. Jahrhunderts, so in Regensburg. Nach Abzug des von der Frau in die Ehe Eingebrachten, des Hausrates und des Schmucks, erhält hier die Kirche ein Drittel des Nachlasses, und zwei Drittel desselben fallen an die Verwandten. In Konstanz erhält seit 1472 die Verwandtschaft des Verstorbenen ein Drittel des ehelichen Vermögens. Das Stadtrecht von Straßburg sichert den Verwandten des Verstorbenen halbes Erbe. Freie Verfügung über das Gesamterbe wird in kinderlosen Ehen der Frau dagegen z. B. durch die Stadtrechte von Ulm und Göttingen zugestanden.

Waren Kinder vorhanden, galt im allgemeinen für Mann und Frau gleichermaßen, daß der Überlebende aus der Erbmasse die persönliche Ausstattung nehmen darf, die Frau die »Gerade«, der Mann das »Hergewäte«. Das waren sein Leibgewand, sein persönlicher Harnisch, alle Waffen, Kleider und Panzer. Während das »Hergewäte« nur geringen Modifizierungen unterworfen war, konnte die Frauenausstattung von Stadt zu Stadt variieren. Alles übrige Gut fiel zu gleichen Teilen an den überlebenden Ehegatten und die Abkömmlinge des Verstorbenen. Eine Unterscheidung zwischen Kindern erster und zweiter Ehe war dabei nicht üblich. Die Aufteilung des Erbes wurde vorgenommen, wenn die Kinder mündig wurden (Knaben in der Regel mit 12 bis 14 Jahren, Mädchen mit 11 bis 12 Jahren) oder heirateten, mitunter auch erst, wenn sie das elterliche Haus verließen, manchmal Jahre nach der Vermählung. Die Stadtrechte legten aber mitunter ausdrücklich fest, daß vor einer erneuten Eheschließung des verwitweten Elternteils die Güterteilung mit den Kindern vorgenommen werden muß oder spätere Besitzveränderungen nur mit Zustimmung der Kinder oder ihrer Vormünder durchgeführt werden dürfen.

Weitgehend aufrechterhalten blieben in den Stadtrechten die Ehe- und die Vermögensvormundschaft des Mannes. So weist z. B. das Mühlhausener Reichsrechtsbuch die Geschlechtsvormundschaft des Mannes und seiner nächsten Verwandten in der strengen Form aus, nach der als Vormund der Witwe der leibliche Sohn des Verstorbenen, auch wenn er aus einer anderen Ehe stammt, fungieren kann. Die Vormundschaft des Ehemannes über die Person und das Vermögen der Gattin erhielt sich auch in Magdeburg und Lübeck. Das hatte weitreichende Folgen, da diese beiden Städte zu Mutterstädten ausgedehnter Stadtrechtskreise, über die Grenzen des mittelalterlichen deutschen Staates hinaus, geworden sind. Für manche Städte, wie für Schlettstadt, Göttingen, München, Esslingen, Brackenheim, Nürnberg, Konstanz, Hamburg, ist die Vormundschaft des Ehemannes dagegen nur noch als eine vermögensrechtliche zu erkennen. Eine Rechtsmitteilung der Reichsstadt Esslingen für das württembergische Brackenheim von 1280 faßt die Tatsache kurz und treffend zusammen. Hiernach »konnte der Mann all das, was er und seine Frau hatte ... (sie haben Kinder oder nicht) und er ›reiten und gehen mag‹, Eigen, Lehen oder fahrendes Gut geben, wem er wollte und Lust hatte. Weder die Frau noch das Kind noch die Erben hatten ein Beispruchsrecht.«[29]

Die Zahl der Stadtrechte mit prinzipiell abweichenden Satzungen scheint äußerst gering zu sein. So ist lediglich für Köln, Regensburg und München unter den bedeutenderen deutschen Großstädten die Vormundschaft des Ehemannes nicht festgestellt worden, während sie für Ulm, Göttingen, Konstanz fraglich bleibt.

Kaum Aufschlüsse geben die Stadtrechte über die Ehescheidungen, die weitgehend in die kirchliche Kompetenz übergegangen sind und nur in wenigen deutschen Städten, so in Göttingen, Zwickau und Erfurt während des 15. Jahrhunderts, unter vermögensrechtlichen Aspekten mitunter vor dem Rat behandelt wurden.

Es ist festzustellen, daß die Mehrheit der Stadtrechte spätestens im 14. und 15. Jahrhundert den Ehefrauen ein nennenswertes Witwenerbteil (ein Drittel, die Hälfte, zwei Drittel des Gesamterbes) sicherten. Bei Ehen mit Kindern gestatteten sie der Mutter im Falle der Nichtwiedervermählung auch die Nutzung der Kindererbteile, zumindestens bis zu Mündigkeit der Kinder. Das ist zweifellos eine Regelung zugunsten dieser Frauen; denn sie sind dadurch Mitnutznießer des während der Ehe gemeinsam Erarbeiteten oder dazu Erworbenen. Witwen aus vermögenderen Familien wurde so beim frühen Tod des Ehemannes eine auskömmliche Lebenshaltung ermöglicht, die in vielen Fällen durch den Erwerb von Leibrenten zusätzlich abgesichert werden konnte. Die vaterlose Familie verfügte damit auch über die Mittel für den Schulbesuch oder die Lehre der Kinder, hauptsächlich der Jungen. In manchen Fällen wurde auf diese Weise auch der Frau die Aufnahme einer selbständigen Berufstätigkeit erleichtert. Andererseits behalten die Stadtrechte, mit wenigen Ausnahmen, die Vormundschaft des Ehemannes bei. Das mußte im städtischen Alltag zu schwerwiegenden Problemen führen. Wie sollte die Ehefrau eines Kaufmanns während der häufigen Abwesenheit ihres Ehemannes rechtskräftig Vertretungsaufgaben für diesen übernehmen? Wie konnte die Frau eines Handwerkers zumindestens auf dem Nahmarkt den Absatz der erzeugten Waren bewerkstelligen, wenn sie nicht in der Lage war, selbständig Schulden einzufordern und notfalls einzuklagen? Wie sollte sich die gering bemittelte Leineweberin mit Garn versorgen, wenn ihr ohne Vormund nicht zugebilligt wurde, einen bestimmten Kredit aufzunehmen? Wie konnte sich die Ehefrau eines beliebigen Stadtbürgers im Interesse der Familie als Anlegerin von Kapital zu günstigen und sicheren Zinssätzen beteiligen, ohne jegliche Vermögensvollmacht? Wie schließlich konnte die Herbergswirtin mit solchem Handikap Waren ihrer Gäste einlagern und Geschäfte vermitteln oder Pfänder beleihen?

Es mußten Lösungen gefunden werden. Das war ein generelles Problem in weiten Teilen Europas. Da es hierbei jedoch spezifisch städtische Probleme des Vermögensrechts zu lösen galt, handelten die Stadträte weitgehend auf sich gestellt und schlugen in ihrer Rechtspraxis sehr verschiedene Wege ein.

So setzte sich z. B. in Basel in der zweiten Hälfte des 13. Jahrhunderts das volle Verfügungsrecht der Frau über Liegenschaften aus der Morgengabe des Mannes durch. Die gleichzeitige Anerkennung des gemeinsamen Vermögensrechts der Eheleute (Gesamthandvermögen) führte dagegen nicht zu gleichberechtigtem Erbanteil der Ehefrau. Ihre durchgängige Heranziehung zur Mitbezeugung der gemeinsamen Rechtsgeschäfte kann nicht darüber hinwegtäuschen, daß auch bei Gesamthandvermögen die Vorherrschaft des Ehemannes weiterbesteht. Nach den Gepflogenheiten des Basler Stadtrechts erbt der Mann zwei Drittel, die Frau aber nur ein Drittel der Erbmasse. Das betrifft auch das in der Ehe gemeinsam Erworbene.

Nach dem Wiener Gesamthandrecht gehört der Frau die Hälfte des Erbes. Das müßte z. B. zwischen 1368 bis 1388 etwa die Hälfte der in der Wiener Innenstadt gelegenen Häuser betroffen haben, die als Ehegattenhäuser angenommen werden. Aber weder in Wien, noch in Basel, in norddeutschen Hanse- oder in mitteldeutschen Großstädten war das die durchgängige Praxis des Erbvorganges und der Nutzung des Ehegattenvermögens.

Für die Bildung von Frauenvermögen, über die ihre Inhaberinnen mehr oder weniger ausgeprägte Verfügungsgewalt erhielten, spielten im Spätmittelalter Eheverträge (Eheabreden), Grundbesitz- oder Leibrentenüberschreibungen und testamentarische Verfügungen durch den Ehemann oder leibliche Verwandte der Ehefrau eine wichtige Rolle. Eheverträge hatten für Familien mit großem Vermögen oder gesteigertem Sozialprestige besonderen Wert. Nicht selten gehörte der künftige Ehegatte einer sozial gehobenen Schicht des Städtebürgertums an, z.B. den mit feudalem Lehensbesitz ausgestatteten Bürgern (Lehensbürgern), den Ratsämter bekleidenden Familien, Pfännergeschlechtern, Bergbauunternehmern, und seine Familie suchte durch die Verheiratung des Sohnes mit einer reichen Erbin aus dem mittleren Bürgertum ihre finanzielle Lage noch günstiger zu gestalten oder eine momentane finanzielle Krisensituation zu überwinden. Die Familie der Braut wird aber gerade in einer derartigen sozialen Konstellation auf die vermögensrechtliche Sicherung der Tochter Wert gelegt haben.

Über eine solche Ehestiftung gibt eine nachträgliche Zeugenbefragung der Zwickauer städtischen Richter Auskunft. Danach hatte sich in der »Ehestiftung« zwischen Frau Anna und Jorg Montzer sein Bruder Hanß Montzer gegenüber der zukünftigen Schwägerin vermögensrechtlich in folgender Weise verpflichtet: Wenn ihr ehelicher Mann sich nicht »zur narunge (Erwerb des Lebensunterhalts – E.U.) fertigen adir schicken worde«, so wolle er der Frau aus seinen eigenen Gütern 200 Rheinische Gulden verschaffen und ihr übereignen, daß sie sich während ihres Lebens »baßer erneren mochte«. Diese Verpflichtung wurde 1487 von den befragten Ratsmitgliedern und Bürgern mit ihrem Eid bestätigt.

Die Eheverträge, wenn sie zwischen sozial gleichgestellten Partnern geschlossen wurden, vermochten eine gewisse vermögensrechtliche Unabhängigkeit der Eheleute voneinander zu sichern. Dieser Aspekt kommt z.B. in dem 1483 geschlossenen Vertrag für die »junckfrauw« Elspeth Rauhenperger von Salzburg und den Wiener Bürger Blasius Ennglhartsteter zum Tragen. Die Vereinbarung legt zunächst Mitgift (Haimsteuer) und Morgengabe (Widerlegung) fest. Nach Wiener Eherecht betrugen die Mitgift einer Bürgerstochter gewöhnlich »drew hundert pfund pfennig guter lanndeswährung« und die Morgengabe 250 Pfund. Alles andere Gut, was die Frau über die Mitgift hinaus in die Ehe einbringt, soll der Ehemann in hergebrachter Weise innehaben, nutzen und genießen. Aber als entscheidende Neuerung von großer Tragweite wird das Nutzungsrecht des Ehemannes in folgender Weise eingeschränkt: Er muß gewährleisten, daß seine Ehefrau mit ihrem Gut nach eigenem Ermessen verfahren kann, ob sie es verkauft, versetzt, stiftet oder verschenkt, gleich wer der Empfänger ist, »ohne Ennglhartsteters, ihres Mannes, seiner Erben und irgendeines Einmischung und Behinderung«. Das gleiche Recht wird danach auch dem Mann zugesichert. Andere Eheverträge, Testamente, Vermögensüberschreibungen und vor allem eine unübersehbare Menge von Leibrentenverträgen, ausgestellt für Eheleute gemeinsam oder die Ehefrau allein, sicherten der Frau außerdem über das allgemein übliche Drittelerbe hinaus zusätzliche Vermögenswerte. Abgesehen von den schon erwähnten Leibrenten konnten das zusätzliche Liegenschaften, eine einmalige Bargeldsumme, Schmuck, Edelmetallgeräte und -gefäße oder andere Sachwerte sein. In manchen Testamenten erhält die Ehefrau auch statt des Drittelerbteils ein halbes Erbe zugesprochen, wird sie als Mutter auf Lebenszeit gegen Erbansprüche der Kinder gesichert oder bei Einsetzung als Gesamterbin der Einspruch der Verwandten des ausstellenden Ehemannes ausgeschlossen. Zur vollen gegenseitigen Erbverschreibung scheint es vor allem in solchen Ehen gekommen zu sein, wo beide Eheleute selbständig oder in Arbeitsteilung zwischen Herstellungs- und Verkaufsbereich tätig waren, im Handwerk. Es verwundert daher nicht, daß derartige Erbverfügungen in ausgesprochenen Fernhandelszentren, in Lübeck, Bremen, Stralsund, relativ selten vorkommen und überhaupt das Verwandtenerbteil hier besonderen Stellenwert behält. Der Zusammenhalt der Verwandtschaftsfamilie ist aufgrund des wirtschaftlichen Aufeinanderangewiesenseins über die Grenzen einer Stadt und selbst eines Territoriums hinaus beim Handelsbürgertum stärker als bei den Handwerkern. Für letztere hat die neuere Forschung auf die Kurzlebigkeit der Familienbetriebe hingewiesen, die sich durch die Gesellenwanderung im Spätmittelalter noch verstärkt.

Von zahlreichen spätmittelalterlichen Städten sind Beispiele der teilweisen Vermögensverfügung von Ehefrauen aus dem Stadtbürgertum überliefert. Das trifft für Erfurt, Halle, Magdeburg, Halberstadt, Eger, Bamberg, Görlitz, Wien, Sterzing, Basel ebenso zu wie für Genua, Venedig, Nürnberg, Regensburg, Köln, Lübeck, Bremen, Gent und viele andere Städte. Diese Beispiele sind nicht identisch mit der Zahl der Frauen, die selbständig Handel treiben oder einen Handwerksberuf ausüben. Sie reichen weit darüber hinaus. Etwas weniger intensiv scheint diese Entwicklung in England und in Dänemark eingesetzt zu haben. Wie schon festgestellt, war die selbständige weibliche Berufstätigkeit in England nur dadurch zu realisieren, daß die Handel treibende Ehefrau rechtlich als unverheiratete Person betrachtet wurde. Allerdings scheint die mündliche Beauftragung der Ehefrau zu bestimmten vermögensrechtlichen Geschäften durch den Ehemann auch hier eine gewisse Bewegungsfreiheit eröffnet zu haben. In Italien, wo die römische Rechtstradition die Ehegewalt des Mannes als Familienoberhaupt besonders nachdrücklich betonte, wird die Teilverfügungsgewalt der Ehefrau über Familienvermögen durch Sondervermögensrecht abgesichert. Solches Sondervermögen konnte aus Teilen der Mitgift und Erbschaften jeglicher Art bestehen. Die zunehmende Verfügungsgewalt der Frauen über ehelichen Besitz erleichterte ihnen die Beteiligung an Vermögenstransaktionen auf dem städtischen Rentenmarkt, an Handelsgeschäften und mitunter die selbständige Berufsausübung.

* Volle Vermögensverfügung und die Freiheit, Rechtsgeschäfte selbständig durchzuführen, besaßen nach den Stadtrechten in der Regel unverheiratete Frauen und Witwen. Gewisse Ausnahmeregelungen werden gegenüber dieser Personengruppe nur dann wirksam, wenn die Stadträte eine Abwanderung von Vermögen durch Erbverschreibungen in geistliche Hand oder in die Gewalt von Auswärtigen, die nicht Bürgerrecht haben, befürchten. So verfügt z. B. der Dortmunder Rat, daß Witwen und elternlose Jungfrauen nur dann einen Vormund erhalten, wenn es dem Rat oder den Verwandten im Interesse der Bewahrung des Vermögens und zum Nutzen der Erben nötig erscheint. Ähnlich verhält sich der Straßburger Rat gegenüber städtischen Grundbesitzerinnen. Im Stadtrecht von 1322 verfügt er, allen unverheirateten Frauen und Witwen, die »Eigengut« haben, gut beleumundete Männer aus der Verwandtschaft als Vögte zu geben. Erbberechtigte Verwandte schieden jedoch aus. Für den Fall, daß unter den leiblichen Verwandten dafür keine geeigneten Personen vorhanden sind, so heißt es weiter, soll der Rat ihnen Vögte geben. Diese Vögte, quasi Vormünder, haben darauf zu achten, daß kein Geldvermögen aus Leibrenten und Grundbesitz abgezogen und zum einfachen Verbrauch genutzt wird. Den betreffenden Frauen sollen nur Zinserträge ihrer Vermögen zur Verfügung stehen. In besonderen Härtefällen stand der Jungfrau oder Witwe das Recht zu, sich an die Ratsgremien zu wenden.

In der Regel aber konnten Frauen ohne Vormund oder mit einem selbstgewählten Rechtsvertreter, in den sich der Vormund im Laufe des 14. Jahrhunderts umgewandelt hatte, Verträge abschließen, Grundbesitz und Hauseigentum erwerben oder veräußern. Darunter befanden sich Mühlen und Mühlenanteile, Ziegeleien und

Die Bürgerin und Kauffrau Elizabeth Honiß läßt 1470 ihr Testament durch den öffentlichen Notar rechtskräftig ausfertigen. Links unten das Notariatszeichen. Urkunde Nr. 1122. Stadt- und Kreisarchiv Mühlhausen/Thüringen

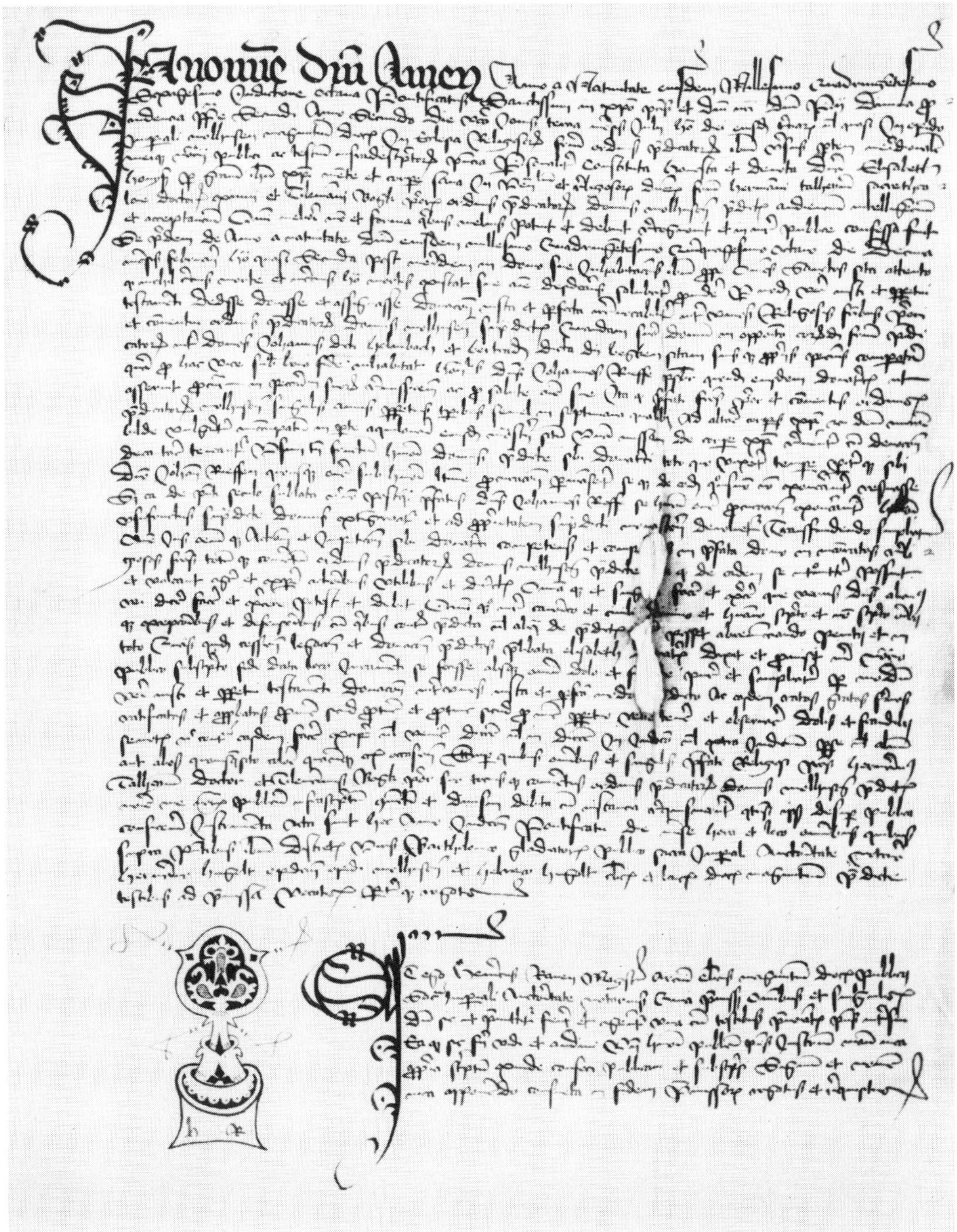
In nomine domini Amen

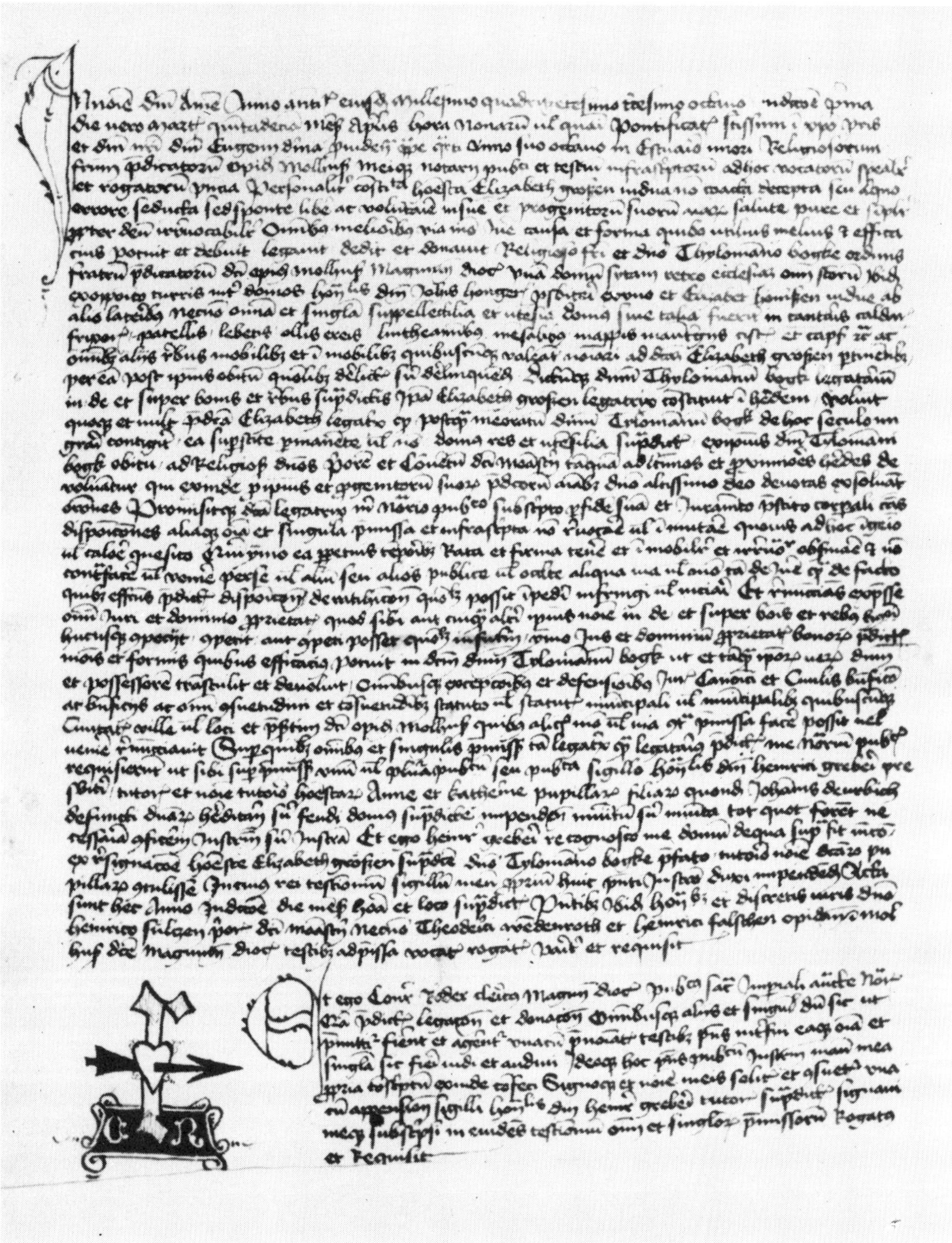

In ihrem 1438 abgefaßten Testament stiftet die Bürgerin Elisabeth Großen in Mühlhausen den Bettelmönchen des Dominikanerordens ein Haus hinter der Allerheiligenkirche. Urkunde Nr. 849. Stadt- und Kreisarchiv Mühlhausen/Thüringen

Kaufbuden. Frauen empfingen auch Nutzungsrechte verschiedenster Art als Frauenlehen (auf Lebenszeit) oder als Mannlehen (vererbbar). Dazu gehören Renten auf städtische Ämter, Zoll- und Gerichtseinnahmen, Anteile an der städtischen Münze, Bergwerksanteile, Solbrunnen, Wiesen- und Ackerland, Baumgärten u.a. Testamente vermitteln einen guten Eindruck von den Vermögenswerten, über die Erblasserinnen verfügten. Für viele andere soll hier der Inhalt des Testaments der Zwickauer Bürgerin Anna Truhenschmidt von 1469 resümiert werden. Dieses Testament ist in seiner Art nur insofern ein herausragendes Beispiel, als es selbständig abgefaßt und eigenhändig geschrieben wurde, was dem Bildungsstand der Bürgerinnen dieser auf allen Gebieten vorwärtsdrängenden Bergbau- und Tuchgewerbestadt entspricht. Dieses Testament bestätigt indirekt das auch in Zwickau geltende Drittelerbrecht. Die Verfasserin bezieht sich mehrfach auf das von ihrem Mann erhaltene Drittelerbe. Neben der im voraus ausgezahlten Familie ihres verstorbenen Sohnes Paul mußte eine Tochter Maidalen, die als Witwe mit drei Mädchen und drei Knaben allein dastand, bedacht werden. Diese Tochter, der die Ausführung der Testamentsbestimmungen unter Vormundschaft zweier Bürger obliegt, erhält einen Jahreszins von 20 Gulden, den Anna für 1200 Gulden beim Nürnberger Rat erworben hat. Falls diese Tochter wieder heiraten sollte, ist der Schwiegersohn von der Nutznießung des Zinses ausgeschlossen. Maidalen, die als Testamentsvollstreckerin zur Tilgung etwa vorhandener Schulden verpflichtet ist, erhält auch das gesamte verbleibende Erbe. Eine weitere Tochter Martha ist wie der Sohn bereits verstorben. Sie hat 500 Goldgulden zum Erwerb einer Leibrente von jährlich 25 Gulden beim Nürnberger Rat erhalten. Ihren Kindern werden aus Annas Erbe noch 300 Gulden zugeteilt, die ebenfalls als Leibzins anzulegen sind. Die Erblasserin rechnet allerdings damit, daß der Nürnberger Schwiegersohn das schon vorausgezahlte Erbe leugnen wird. Ihre wenig gute Meinung über ihn läßt auch die Bestimmung durchblicken, daß die der Tochter mitgegebene Bettenausstattung zurückgefordert wird und Bestandteil der endgültigen Erbteilung nach dem Tode der Erblasserin sein soll.

Entsprechend dem ihr zur Verfügung stehenden Gesamtvermögen sind die Stiftungen an die Bruderschaft der Tuchmacher, der Krämer, des Heiligen Leichnam, an den großen Kaland von Zwickau sowie an die Nürnberger Franziskaner, die sich zwischen zwei Gulden und 30 Gulden belaufen, gering. Wie die Familie dieser Zwickauer Bürgerin Leibrenten in Nürnberg erwirbt, so haben Bürgerinnen zahlreicher anderer Städte übrigens zum Teil beachtliche Summen beim Rat der Stadt Zwickau angelegt. Sie treten durch ihre im Zwickauer Ratsarchiv liegenden Quittungen aus der Anonymität. Darunter befinden sich Bürgerinnen von Nürnberg, Eger, Freiberg, Oschatz, Eisleben, Rochlitz, Leipzig, Halle und Zwickau selbst.

Als ein erheblicher Hindernis für die Vermögenskonzentration städtischer Familien erwiesen sich die schon erwähnten nachteiligen Bestimmungen der Stadtrechte für überlebende Ehepartner, die sich wiederverehelichen wollten. Erbvergünstigungen für die Frau fielen bei »Verrückung des Witwenstuhles«, wie man die Wiederverehelichung in den Testamenten umschrieb, gewöhnlich weg. Das gemeinsam bewohnte Haus mußte mitunter für die durch einen oder mehrere Vormünder vertretenen Kinder geräumt werden. Am häufigsten aber trat die Herabsetzung der Witwe auf Kindeserbteil ein. Der Grundsatz, daß Kindeserbrecht übriges Erbrecht bricht, war weit verbreitet. Besonders lästig für die produktive Nutzung der in den wohlhabenden Familien vorhandenen Geldmittel war die in zahlreichen Stadtrechten fixierte Verpflichtung zur erbrechtlichen Abfindung der Kinder des verstorbenen Ehegatten vor einer neuen Eheschließung und die Beschränkung des Überlebenden auf Kindeserbteil. Das mußte sich natürlich auch auf das Eheverhalten der Stadtbürger auswirken. In der Mühlhausener Chronik von Tilesio Ende des 16. Jahrhunderts steht dazu folgendes: »Im Jahre 1336 ist hier zu Mühlhausen in der alten Willkür das beschwerliche Statut in Geltung gekommen, nach dem Vater oder Mutter von ihren Gütern nicht mehr als Kindeserbteil nehmen durften. Dadurch wurde mancher Mann an den Bettelstab gebracht. Viele wurden auch dadurch abgehalten, sich wiederum zu verehelichen.«[30]

Diese Vererbungspraktiken könnten zu einem guten Teil Ursache für das zumindestens leichtfertige Verhalten gegenüber Neugeborenen, gerade in wohlhabenden Familien, gewesen sein. Bekanntlich wurden Kleinstkinder nicht selten Ammen anvertraut, bei denen keine Gewähr einer sorgfältigen Pflege bestand. Dadurch erhöhte sich die Säuglingssterblichkeit noch. Die Erbteilung zugunsten der Kinder vor einer Wiedervermählung war nicht geeignet, das Interesse der vermögenden Familien an einer großen Kinderzahl zu fördern. Im Alltag der Handwerkerfamilien dagegen, wie er sich z.B. in der sächsischen Textilgewerbestadt Chemnitz darstellt, nutzten der Stiefvater oder die Stiefmutter das ererbte Barvermögen der Kinder offensichtlich für notwendige betriebliche Ausgaben. Sie verschrieben dann den Kindern dafür ein Stück Ackerland oder ein Häuschen zur Sicherheit und um dem Stadtrecht Genüge zu tun.

* Die Mehrzahl der unverheirateten oder verwitweten Frauen – ihre Zahl wird nicht gering veranschlagt – besaß für die Stadträte wegen der Nutzung ihrer Vermögen im städtischen Haushalt Interesse. Nach neueren Untersuchungen betrug der Anteil weiblicher Haushaltungsvorstände an der Zahl der städtischen Steuerzahler 8 bis 38 Prozent.

Als Angehörige einheimischer Familien waren diese Frauen indirekt am Bürgerrecht ihrer Väter oder Ehemänner beteiligt gewesen. Nach einem weit verbreiteten Gewohnheitsrecht ging das Bürgerrecht der verstorbenen Ehemänner auf die Witwen über, selbst in England, wo den Frauen zwar der Eintritt in die Gilden erlaubt, aber der selbständige Erwerb des Bürgerrechts kategorisch versagt wurde. In seltenen Fällen forderten die Stadträte die Eidleistung der Witwen und der mündigen Kinder. Im Schlettstadter Stadtrecht wird gefordert, daß die Witwen von Ausbürgern binnen eines Monats nach dem Tod des Ehemannes ihr Bürgerrecht empfangen, danach erhalten sie das Recht nur noch »als ob sii nie burgerin were worden«, was sicher bedeutet, ohne jede Vergünstigung. Das Straßburger Stadtrecht von 1322 scheint sich mehr an junge Haushaltsvorstände zu wenden. Hier werden Mann und Frau im Alter von 20 Jahren zur Beschwörung des Bürgerrechts aufgefordert, wenn sie mit ihrer Hauptwohnung und ihrem wertvollsten Immobilienbesitz in der Stadt ansässig sind, gleich, ob sie bei Vater, Mutter oder Verwandten Wohnung haben. Offensichtlich trägt dieses Statut mit der Verpflichtung zum Leisten des Bürgereides dem Umstand Rechnung, daß junge Ehepaare häufig noch Jahre unter dem Dach der Eltern wohnen und alleinstehende Frauen häufig bei Verwandten leben. Damit ist die im Spätmittelalter beträchtliche Zahl ständig den Städten zuströmender, unverheirateter, verwitweter oder auch aus unerträglichen Ehen geflüchteter Frauen noch nicht erfaßt. Dazu zählen keineswegs nur unvermögende Frauen und Mägde, Ammen, Fahrende, sondern häufig auch solche, die über ausreichendes Vermögen verfügten, um sich mit Handel oder Handwerk selbständig zu ernähren. Diese Frauen waren nach Stadtrechten mittelalterlicher Groß- und Mittelstädte des deutschen Sprachraumes zum selbständigen Bürgerrechtserwerb geradezu verpflichtet. Dieser Tatbestand ist im Zwickauer Stadtrechtsbuch des 14. Jahrhunderts eindeutig formuliert.

Danach ist der Bürgerrechtserwerb Bedingung, wenn eine begüterte Frau, ohne die Absicht, eine Ehe mit einem Bürger oder Bürgerssohn einzugehen, in die Stadt zieht. Geschieht der Umzug der Ehe wegen, erhält sie das Recht des Mannes, »wenn sie in sein Bett tritt«. Entsprechend formuliert auch das Rechtsbuch der Stadt Mühlhausen/Thüringen. Das schon in anderem Zusammenhang erwähnte Stadtrecht von Schlettstadt aus dem letzten Drittel des 14. Jahrhunderts fordert von jedem, der in die Stadt kommt, um hier Wohnung zu nehmen und seßhaft zu werden, daß er im Monat nach dem Zuzug Bürger oder Seldener (minderberechtigter Einwohner, persönlich freier Hintersasse) wird, um der Stadt zu dienen und gehorsam zu sein. Jedermann, »man oder wip«, soll sich auch in einer Zunft binden und in ihr dienen. Das Dienen bezieht sich offensichtlich auf die durch die Zünfte organisierte Stadtwache und die Stadtverteidigung. Allen denen, die dieser Aufforderung nicht nachkommen, soll in keiner Notlage Hilfe werden, durch Recht, Freiheit oder Gewohnheit der Stadt Schlettstadt. Die Stadt Miltenberg erhebt von Männern und Frauen, die das Bürgerrecht der Stadt erwerben wollen, drei Gulden oder eine Armbrust im selben Wert, fördert aber ein rasches Wachstum ihrer Bürgerschaft, indem sie allen Fremden, die in Bürgerfamilien einheiraten, diese Gebühr erläßt. Aus einer Vereinbarung von Lindau und Isny geht hervor, daß die beiden Städte Eigenleute zu Bürgerinnen aufnehmen und damit dem Grundsatz »Stadtluft macht frei« folgen. Wenn aber mit dem Zuzug der Frau in ihre Stadt eine Eheabsicht verbunden ist, dann gilt, daß die Betreffende sechs Wochen und zwei Tage im Bürgerrecht der Partnerstadt gesessen haben muß. Das gilt übrigens umgekehrt auch für den Mann.

Der Bürgerrechtserwerb war mit der Übergabe des Aufnahmegeldes und mit der Leistung eines Eides verbunden. Mit der Aufnahme in das Bürgerrecht begannen auch für die Frauen die Pflichten der Steuerzahlung und der Leistung von Wach- und Verteidigungsdiensten. Letztere waren durch Stellvertreter oder eine besondere finanzielle Vergütung ablösbar. Eine solche Sonderregelung für Städtebürgerinnen ist z. B. für Erfurt überliefert. 1357 beurkundet der Rat, daß er die Bürgerinnen Gysela von Mittelhusen und Ermengard von Ilmene für

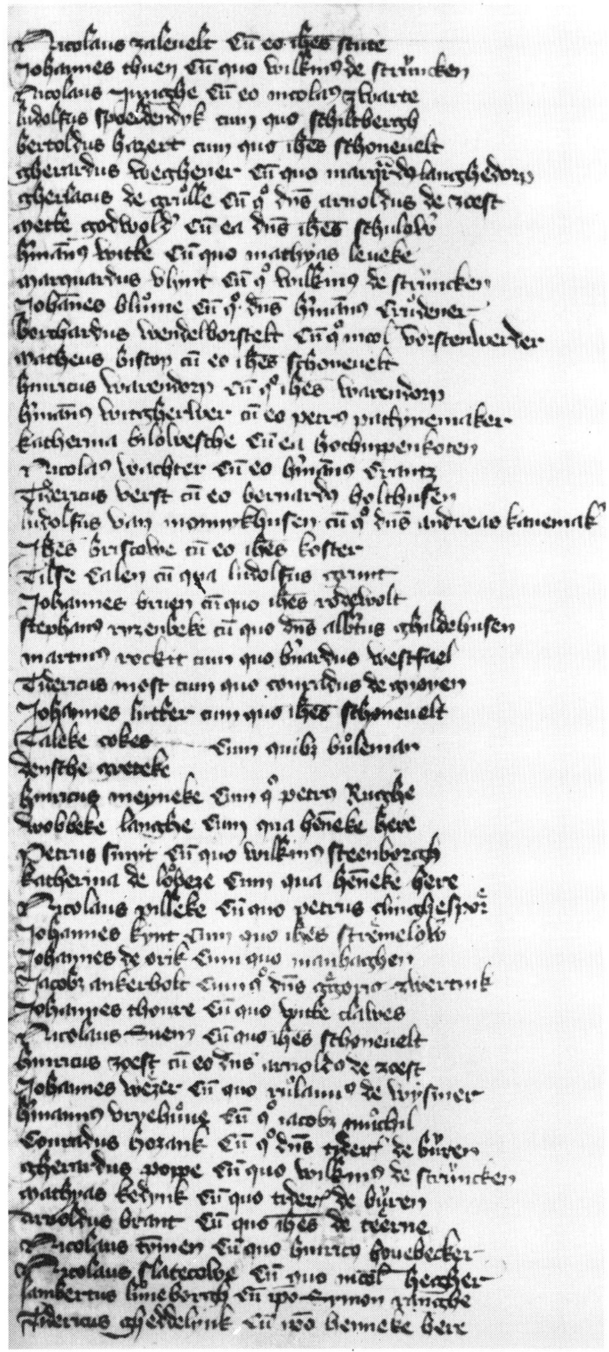

Bürgerbücher der Stadt Stralsund verzeichnen Bürgerrecht erwerbende Frauen, so Tilse Calên, Wobbeke Langhe, Katherina de Lobeze.
Ausschnitt des zweitältesten Bürgerbuches der Hansestadt Stralsund 1349–1571, fol. 33b (1385). Stadtarchiv Stralsund

die Zeit ihres Lebens und Wohnens in Erfurt von allem »Geschoß, Ungeld, Wachtdienst auf der Mauer und allen anderen Diensten, welche die Bürger schuldig sind, befreit, weil sie der Stadt 19 Pfund und 6 Schilling Pfennige jährlichen Zins geschenkt haben«.

Die Bürgerbücher, die alle neuen, in das Bürgerrecht Aufgenommenen erfassen – sie sind z. B. überliefert für Soest, Lübeck, Köln, Frankfurt am Main, Freiberg/Sachsen, Berlin, Stralsund, Dortmund, Straßburg, Nürnberg, Dresden, Görlitz, Memmingen, Northeim, Emmerich, Fulda, Reval –, lassen unschwer erkennen, daß es sich bei dem Bürgerrechtserwerb durch Frauen keineswegs um zu vernachlässigende Einzelfälle handelt. Einige Zahlen können das verdeutlichen. Die Soester Bürgerannahme-Liste von 1302 bis 1449 enthält die Namen von 5623 in der Stadt verbliebenen Bürgern, davon sind 345 Frauen, also mehr als sechs Prozent. Auch in Stralsund weisen die Zahlen von 1370 bis 1373 über fünf Prozent aus. In Köln sind 1356 bis 1399 nur drei Prozent der Neubürger Frauen, im 15. Jahrhundert werden es noch weniger. Straßburg nimmt 1452 dann acht Prozent und 1459 schließlich neun Frauen von 79 Bewerbern auf. Dem stehen aber auch Jahre gegenüber, in denen der Anteil von Frauen unter einem Prozent liegt oder in denen keine Aufnahmen erfolgen.

Von der großen Zahl der Nur-Einwohnerinnen (medeburgerinne, medewohnerinne) heben sich die mit selbständigem Bürgerrecht durch ihre bevorrechtete Stellung ab, obwohl sie von der Ratswahl ausgeschlossen sind. Sie können Rechtsgeschäfte durchführen, Verträge abschließen, als Bürgen, Gerichtszeugen, Testamentsvollstrecker und mitunter auch für Kinder und Enkel als Vormünder handeln. Sie dürfen gerichtliche Klagen zur Sicherung ihres Vermögens und zur Schuldeneintreibung vor fremden Gerichten in anderen Städten, ohne Vormund, mit der Unterstützung des Rates ihrer eigenen Stadt führen. Diese Hilfe des Rates kommt vielfach auch bei Rechtsgeschäften, wie sie im städtischen Alltag häufig auftreten, bei der Abwehr von Prozessen gegen Stadtbürgerinnen vor geistlichen Gerichten, bei Vermögensveruntreuungen durch den Ehemann sowie Eheverträgen und -gelöbnissen zur Geltung. Verträge in Vermögensangelegenheiten schließen z. B. Bürgerinnen von Mühlhausen/Thüringen, Zwikkau, Görlitz und Stralsund. Als Bürgen bei Aufnahmen ins Bürgerrecht treten 1370 bis 1382 in Stralsund Frauen elfmal in Erscheinung. In Nürnberg ist das vergleichsweise von 1302 bis 1448 nur zehnmal der Fall. In Zwickau, Mühlhausen/Thüringen und Stralsund werden Frauen als Zeugen in Erbschafts- und Eigentumsangelegenheiten befragt. Von den weiblichen Gerichtszeugen in Pfandschaftsangelegenheiten war schon im vorigen Kapitel die Rede. Als Testamentsvollstreckerinnen begegnen uns Ehefrauen z. B. in Zwickau, Regensburg, Wiener Neustadt, Köln und London. Die Vormundschaft der Mutter oder Großmutter über Kinder und Enkel kommt in Freiberg, Chemnitz, Zwickau, Halle, Görlitz, Nürnberg und als Norm, nicht wie in den genannten Städten als Ausnahme, im gesamten französischen Perigueux vor.

Die zum Teil sehr bedeutenden Vermögen von Städterinnen verschaffen ihnen außerdem auch Steuervorteile, da bei der Gewährung hoher privater Kredite an den Rat oder bei Übergabe von begehrten Stadtlehen Steuerbefreiungen für mehrere Jahre erwirkt werden konnten. Letzteres trifft z. B. auf die Witwe Hermans von Levede zu. Diese Goslarerin verzichtet 1373 für die nächsten vier Jahre auf allen rückständigen Zins, der ihr in der Vogtei zusteht. Dafür soll sie für diesen Zeitraum, sofern sie in Goslar wohnen bleibt, steuerfrei sein und außerdem in jeder Woche einen Schilling Goslarischer Pfennige erhalten. Derartige Beispiele sind auch aus Görlitz und Lübeck bekannt.

Seite 121:

**35 Erste Seite des dritten Stralsunder Stadtbuches, in dem zahlreiche Besitzüberschreibungen an oder durch Frauen eingetragen sind.
Liber de hereditatum venditione et resignatione, 1385–1418, fol. 1. Stadtarchiv Stralsund**

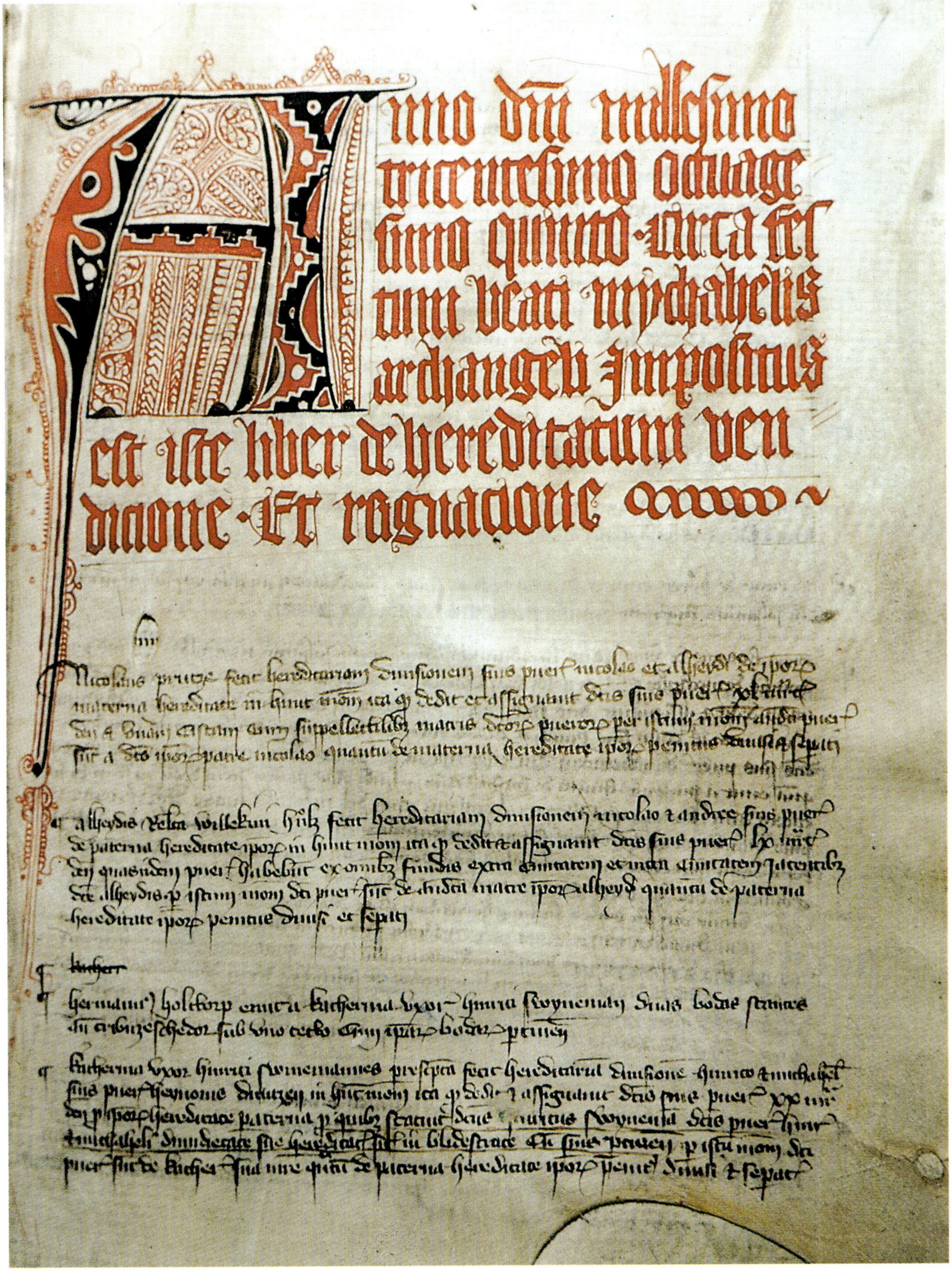

Anno dñi millesimo tricentesimo octuage simo quinto · circa fes tum beati Mychahelis archangeli impositus est iste liber de hereditatum ven dicione · Et resignacione

36 Ehebrecher werden nach dem sächsischen Recht lebendig begraben und gepfählt. Miniatur aus dem Zwickauer Stadtrechtbuch, 1348. Stadt- und Kreisarchiv Zwickau

37 Mitbürger zerstören die Wohnstätte eines Übeltäters, der eine Frau entführt hat. Miniatur aus dem Zwickauer Stadtrechtsbuch, 1348. Stadt- und Kreisarchiv Zwickau

38 Eine Frau leistet vor dem Grazer Stadtrichter ihren Eid. Gemälde eines unbekannten Meisters, Stadtrichterbild, 1478, Ausschnitt. Stadtmuseum Graz

Deus in adiuto
rium meum in
tende.
Domine ad adiuuan
dum me festina.
Gloria patri et filio ⁊ spi

45 Alltägliche mütterliche Fürsorge in einer bewegten Szene.
Gemälde eines unbekannten Künstlers, Die Heilige Sippe,
1510–1520. Museum für bildende Künste, Budapest

46 Bildnis einer jungen Italienerin.
Gemälde von Sebastiano Mainardi, Brustbild einer jungen Frau,
um 1500. Staatliches Lindenau-Museum, Altenburg

47 Szenen aus der römischen Geschichte auf einer Truhe, wie sie in den Häusern der städtischen Oberschicht anzutreffen war. Truhenbild von Nicolo Giolfino, um 1530. Staatliches Lindenau-Museum, Altenburg

48 Interieur eines italienischen Bürgerhauses: Maria sitzt auf einer Truhe, links daneben ein Lesepult, rechts im Alkoven das Bett.
Tafelbild von Barnaba da Modena, Verkündigung an Maria, erste Hälfte 15. Jahrhundert, Ausschnitt. Staatliches Lindenau-Museum, Altenburg

49 Gebräuchlicher Schrank eines städtischen Haushalts mit Zinnenkranz und Maßwerkfüllung.
Gemälde des Meisters von Maria am Gestade, Verkündigung an Maria, um 1460, Ausschnitt.
Redemptoristenkirche Maria am Gestade, Wien

50 Zum Interieur eines wohlhabenden Bürgerhauses gehören hier eine Truhe und ein Majolikakrug. Vor dem Seitenteil einer Bank mit Maßwerkfüllung stehen »Trippen«, Holzsohlen mit Lederriemen, im Vordergrund eine geöffnete Schatulle.
Gemälde des Meisters von Maria am Gestade, Verkündigung an Maria, um 1460, Ausschnitt.
Redemptoristenkirche Maria am Gestade, Wien

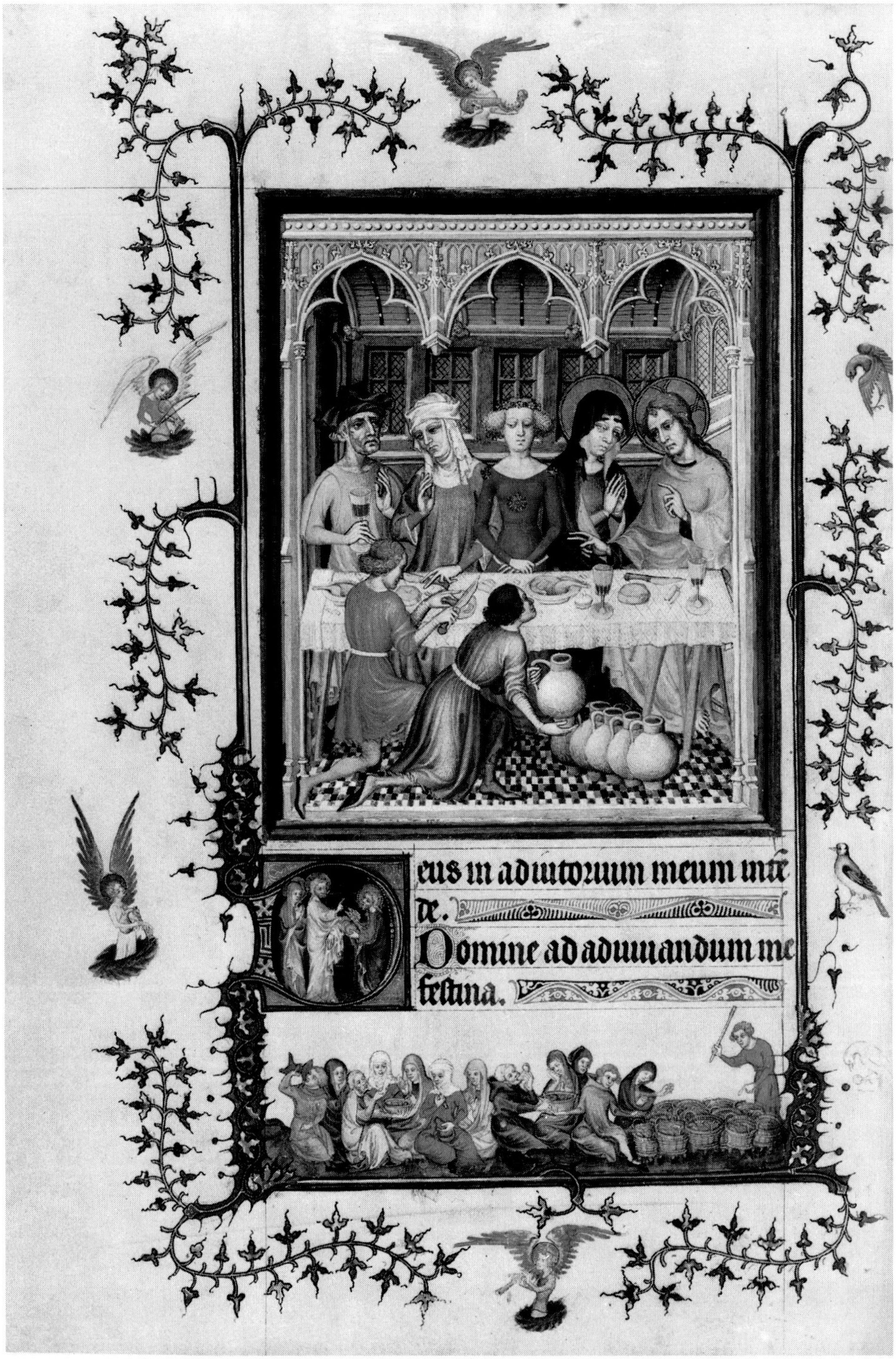
eus in adiutorium meum inte
de.
Domine ad adiuuandum me
festina.

51 Gastmahl französischer Stadtbürger. Der Illumination zugrundegelegt ist das Motiv der Hochzeit von Kana. Eine Magd hebt einen der Krüge. Am unteren Rand werden Arme gespeist. Miniatur des Parement-Meisters (Werkstatt), spätes 14. Jahrhundert, Nouv. acq. lat. 3093. Bibliothèque Nationale, Paris

52 Interieur eines Schlafgemachs: ein breites Holzbett mit dem obligaten Holzsims, ein Fußbänkchen, eine kleine Holztruhe. Miniatur »Ehevollzug« aus Ägidius Colonna, Der Trojanische Krieg, in der Version von Martinus Opifex, 1445/50, Hs. 2273, fol. 18 r. Österreichische Nationalbibliothek, Wien

53 Die heilige Dorothea ist modisch geschmückt, mit Hörnerfrisur, zarter Goldkette, elegantem Kragen und perlenverziertem Einsatz des Oberkleides.
Gemälde des Meisters des Rottalerepitaphs, um 1500. Alte Galerie am Landesmuseum Joanneum, Graz

54 Die Maria begleitenden Frauen sind nach der Mode der städtischen Oberschicht in der zweiten Hälfte des 15. Jahrhunderts gekleidet. Beachtenswert ist der aus Bändern kunstvoll haubenartig gelegte Kopfschmuck der mittleren Person.
Gemälde des Meisters des Schottenaltars, Vermählung Mariens, um 1470, Ausschnitt. Benediktinerabtei zu den Schotten, Wien

55 Das Marienbild vermittelt zahlreiche Details eines wohlhabenden Bürgerhauses: die Bettstatt mit seitlichen Vorhängen, davor Truhe und Kastentisch. Die Kleidung ist aus feinen Stoffen.
Gemälde des Meisters des Eggelsberger Altars, Geburt Mariens, 1481, Ausschnitt. Schloßmuseum, Linz

56 Die vornehme Kleidung Marias und Josephs unterscheidet sich wenig von der des knieenden Königs. Die Szene des Marienlebens ist im Milieu der städtischen Oberschicht angesiedelt.
Tafelbild des Lübecker Marienaltars, um 1500, Ausschnitt. Marienkirche, Parchim

57 Vergnügen der Bürger mit Bad und Tanz im Grünen. Monatsbild Mai aus der Sammelhandschrift HS 3085, fol. 4 r., um 1475. Österreichische Nationalbibliothek, Wien

58 Zu den Pflichten der Ehefrau gehört es, den Mann zur Zahnextraktion zu begleiten. Federzeichnung aus einem Schachzabelbuch, Codex poet., 1467. Landesbibliothek, Stuttgart

Oder ob sy wurt gewar
Vnd sy es verswieg so gar
Lang das sie jms seitte nie
Vor scham Jch müß sagen hie
Von einer die tet der vnglich
Als Jch hort wan Jch
An dem büch mit fant
es wart mir von sagen erkant
Ein bischafft wie ein frowe jren man dar
zů broht das er liesz den fierden zan vsz brechen

59 Behandlung des Wasserkopfes bei einem Kind.
Miniatur aus Gerhard von Cremona, Chirurgia, 12. Jahrhundert, Codex Series Nova 2641, Buch 2, fol. 17 r. Österreichische Nationalbibliothek, Wien

Wie die Bürgerbücher erkennen lassen, wurde das Bürgerrecht in Zeiten der wirtschaftlichen Prosperität mit großem Bedarf an Arbeitskräften für bestimmte städtische Berufe auch als demographischer Hebel eingesetzt und an weniger bemittelte Neuankömmlinge, darunter Frauen, gratis verliehen. Mitunter ist aber ebenso das Bestreben der Räte ersichtlich, die letzten Finanzreserven durch die Erhebung des vollen Bürgergeldes auch von den in die Stadt ziehenden Mägden zu erschließen. Zweifellos war diese Praxis mit Härten für die Betreffenden verbunden.

Insgesamt gilt jedoch für das Bürgerrecht, was schon für das Vermögensrecht festgestellt werden konnte: Es gibt der Handlungsfähigkeit zahlreicher Städterinnen im Alltagsleben den notwendigen Rückhalt, gleich ob es sich um das durch den Ehemann vermittelte und quantitativ kaum zu erfassende oder um das selbständig erworbene Bürgerrecht der unverheirateten Frauen handelt. Das gilt in der Regel natürlich nur für die Frauen aus der patrizischen Oberschicht oder aus dem wohlhabenden mittleren Bürgertum. Nur diese konnten den von den Stadträten gesetzten – territorial sehr verschiedenen – Bedingungen für die Gewährung des vollen Bürgerrechts nachkommen und die daran gebundenen Verpflichtungen wie pünktliche Steuerzahlung und Leistung von Wach- und Verteidigungsdiensten durch entlohnte Stellvertreter erfüllen.

Ohne in diesem Rahmen auf die besonderen Lebensverhältnisse der jüdischen Frauen in den europäischen Städten näher eingehen zu können, sei erwähnt, daß auch sie geschäftsfähig waren. So gehörte die Jüdin Adasse – sie ist 1348 auch Inhaberin eines Schuldbriefes über 71 Mark – zu den Hauptgläubigern der Stadt Görlitz. Jüdische Witwen in Graz waren an einem Finanzkonsortium beteiligt. In Wien unterhielten zwei jüdische Frauen eine öffentliche Wäscherei mit Lohnarbeiterinnen. In Mühlhausen/Thüringen handelte eine Jüdin mit dem Rat einen Vergleich für sich, ihren Mann und ihre Erben über Güter aus, die den Juden abgenommen worden sind.

* Will man von der Stellung der Frau im städtischen Recht, in Ehe und Familie einen Eindruck gewinnen, der den Alltag im Spätmittelalter möglichst getreu einfängt, so darf die Frage nicht ausgelassen werden, was aus dem eingangs festgestellten Schutz der Person geworden ist.

In seinem »Wanderbüchlein« schildert Johannes Butzbach eine Szene, die sich zwischen seinem sonst sehr umgänglichen Stiefvater und seiner Mutter abspielte. Anlaß war der Entschluß des Johannes, sich wieder dem Studium zuzuwenden. »Der Vater«, schreibt er, ». . . freute sich nicht wenig darüber und legte mir gleich das Geld für die Reise zurecht. Fünf Gulden gab er mir. Weiter wußte er, daß die Mutter von dem Hillig (Mitgift – E. U.) her einen schönen Gulden ihr eigen nannte; mit dem hatte er sich ihr verlobt. Mit aller Gewalt verlangte er den für mich heraus. Die Mutter aber wollte ihn nicht hergeben, statt dessen hatte sie hinter dem Rücken des Vaters mir einen anderen Gulden zukommen lassen.

Darüber entspann sich zwischen beiden ein heftiger Streit, der damit endete, daß er die Mutter prügelte und an den Haaren riß. Als ich das sah, warf ich mein Gepäck und das Geld hin und eilte zusammen mit Bruder und Schwester der Mutter zu Hilfe. Es gelang mir, sie unter seinen Füßen wegzuziehen . . . Inzwischen legte sich der Zorn des Vaters. Nun zu sich gekommen, hielt er es vor Gewissensbissen nicht mehr aus. Er eilte durch die Stadt und suchte mich. Als er mich gefunden hatte, bat er mich in seiner Herzensangst, meinen Vorsatz um Gottes Willen nicht aufzugeben. Auch möge ich ihm die Schuld, in die er gefallen sei, weil er mir gut sein wollte, verzeihen . . . Damit händigte er mir den durch Schläge erpreßten Gulden aus, den ich des lieben Friedens wegen auch annahm, um ihn anschließend der Mutter, die mich an das Schiff begleitete, heimlich wieder zuzustecken.« [31]

Diese sich im Milieu keineswegs mittelloser Handwerker abspielende Szene ist kein Ausnahmefall. Gerichts- und Bruchbücher spätmittelalterlicher Städte enthalten unzählige Urteile wegen Frauenmißhandlung durch den Ehemann, seine Blutsverwandten und auch durch familienfremde Personen. Die Klagen der Frauen oder ihrer Verwandten reichen von Bedrohung mit dem Messer und unzumutbaren Schlägen über Verstoßung der Ehefrau bei Nacht und Nebel, rohe Behandlung durch die Verwandten des Ehemannes, Eindringen Fremder in das Familienhaus bis hin zu vorsätzlicher Tötung der Ehefrau. Andererseits sind auch Klagen keineswegs selten, daß Frauen den Ehemann töteten.

Die Situation in der Strafgerichtsbarkeit charakterisiert den vorhandenen Widerspruch zwischen den Leistungen der Städterin einerseits und dem zähen Fortleben patriarchalischer Eheauffassungen andererseits. Ihre Ursachen sind in der Rechtstradition und, wie später noch aufzuzeigen sein wird, im religiösen Denken zu finden. Jene Stadtrechte, in denen sich der Grundsatz der vormundschaftlichen Gewalt des Ehemannes lange unverändert erhalten hat, gestanden ihm das daraus abgeleitete Züchtigungsrecht zu und schränkten es lediglich manchmal durch das Verbot eines Übermaßes an Schlägen ein. Die negativen Folgen der Ehevormundschaft äußerten sich in der Rechtspraxis übrigens mitunter auch so, daß der Ehemann die Tilgung von Schulden durch das Versetzen der Frauengerade, des Mantels, des Schleiers, der Kissen und des Schmuckes der Ehefrau vornahm. Für Mühlhausen ist z. B. ein Fall überliefert, wo der einzige Mantel – er gehörte gleichzeitig der Mutter und der Ehefrau – verpfändet worden ist. Besondere Grausamkeit bis hin zum Sanktionieren der Ermordung von Frau und Mann gestand das Recht dem Ehemann bei in flagranti angetroffenem Ehebruch zu. In Dortmund ging man so weit, dem stadtflüchtigen Mann, der seine Frau ermordet hatte, neben seinem eigenen Erbe auch das der ermordeten Ehefrau zu bewahren. Zugleich sind kaum Fortschritte in den Stadtrechtsbüchern aufzuspüren, was den Schutz gegen Vergewaltigung betrifft. Das Klageverfahren blieb nach wie vor für die Frau so nachteilig, daß der Mann dabei fast immer begünstigt wurde. Das nachstehende Statut über Notzucht im Mühlhausener Reichsrechtsbuch war als Rechtsgrundlage für derartige Fälle weit verbreitet. Es trifft folgende Aussage: »Liegt ein Mann bei einer Weibsperson ohne ihre Zustimmung und gegen ihren Willen, ist (es) ihr dann leid, so soll sie sich wehren mit Geschrei, und soll es danach sofort verkündigen mit zerrissenem Gewand und mit gerungenen Händen und mit weinenden Augen und mit zerzaustem Haare.« Wenn diese Sachverhalte gegeben sind, soll der ganze Zug ihr bis zum Richter nachfolgen, »wo immer sie den findet«. [32] Selten dürften sich die geforderten Zeugen, es mußten auf jeden Fall zwei sein, gefunden haben. Außerdem war es für den angesehenen Stadtbürger relativ leicht, jegliche Nachrede mit Hilfe des Rates zum Schweigen zu bringen, während die Frau – meist handelte es sich um eine sozial niedrigerstehende – ihren Ruf bedeutend schwerer schützen konnte.

Was die praktische Rechtsprechung anbelangt, so ist hier zu differenzieren zwischen der Behandlung von Bürgerinnen und von Angehörigen der städtischen Unterschichten, Einwohnerinnen oder Mitwohnerinnen. Die Strafmöglichkeiten – das geht besonders aus der Chronistik und den städtischen Urteilsbüchern hervor – wurden voll zuungunsten der Angeklagten ausgeschöpft, wenn es sich um mittellose Einwohnerinnen handelte. Das ergab sich schon daraus, daß verschiedene Strafen, mit Ausnahme der Todesstrafe, finanziell abzulösen waren. Besondere Grausamkeit – sie kommt übrigens nicht nur gegenüber Frauen zur Anwendung, sondern ist ein Grundzug mittelalterlicher Gerichtsbarkeit – legten städtische Gerichte bei Bestrafung von Dieben, oft unabhängig vom Wert des entwendeten Gutes, an den Tag. So berichten Chroniken von Nürnberg und Augsburg zum Jahr 1461, 1500 und 1503 über die verhängte Todesstrafe des Lebendigbegrabens gegen drei des Diebstahls verdächtige Frauen. Das Gerichtsbuch der Altstadt von Stralsund überliefert analoge Straffälle für 1507 und 1513. Andere Frauen wurden verbrannt oder ertränkt. In Görlitz, Freiberg und Zwickau beschränkte man sich in einigen Fällen von Diebstahl auf lebenslangen Stadtverweis der Frauen. Mit äußerster Härte gingen die städtischen Richter auch gegen Frauen vor, wenn es sich um Gerichtsfälle von politischer Brisanz handelte oder durch die Statuierung eines Exempels abschreckende Wirkung erreicht werden sollte. So wurde 1378 die Dortmunder Bürgerin Agnes von Virbeke als Mitverschworene des der Stadt feindlichen Adels verbrannt.

Was die von manchen Räten in Konkurrenz zur geistlichen beanspruchte städtische Ehegerichtsbarkeit betrifft, so mußte die städtische Rechtspraxis offensichtlich darauf Rücksicht nehmen, daß ungeregelte Geschlechtsbeziehungen in allen Schichten um sich gegriffen hatten. Das Görlitzer Urteilsbuch von 1370 bis 1447 (Liber proscriptionum II) drückte das mit bemerkenswerter Deutlichkeit aus: »Wie man gar weniger elicher leuthe

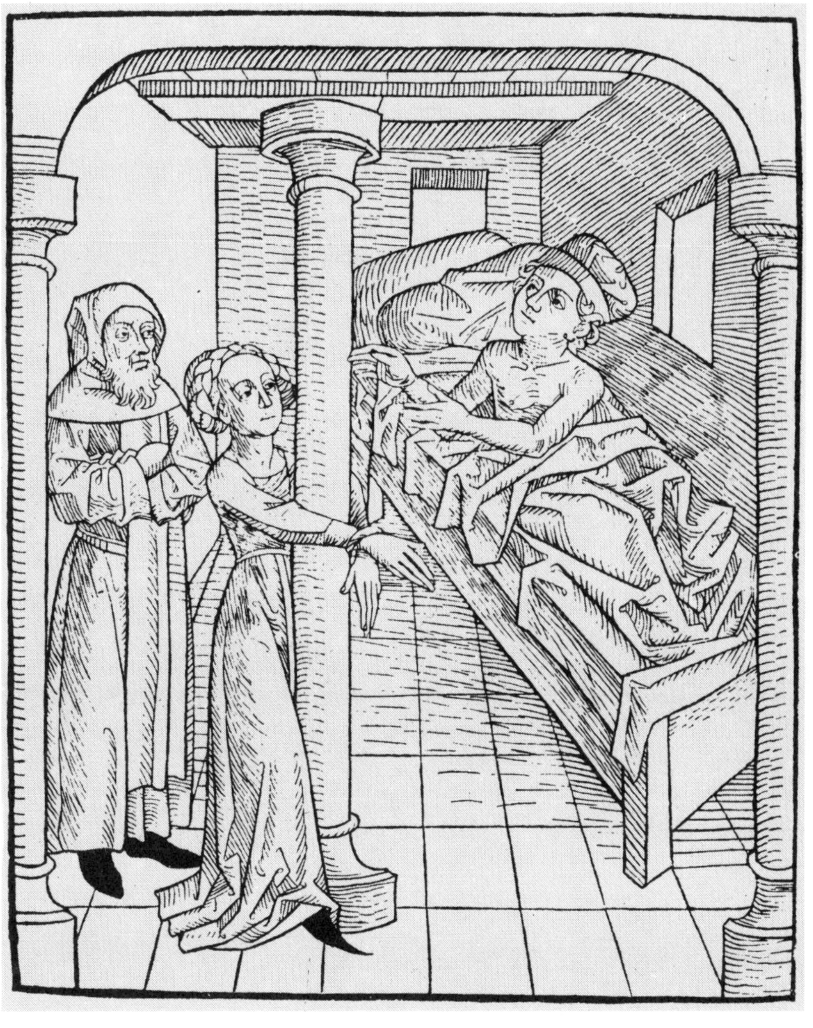

Private Strafung einer Ehebrecherin. Sie hat, an eine Säule gebunden, schlaflos zu verharren, während der Ehemann sich dem Schlaf hingibt. Holzschnitt, gedruckt bei Hans Hauser, Ulm 1483. Aus Albert Schramm, Der Bilderschmuck der Frühdrucke, Bd. VII, Leipzig 1923, Abb. 55

ader kaume 12 par in gancz Gorlicz funde, die nicht am eebroche sessin entcwer (entweder) der man ader das weib; unde sulde man alle ebrecher hie zu Gorlicz uff den prenger seczin, dozu were der nauwe margkt vil zu cleyne unde zu enge«.[33] Derartige Verhältnisse sind wahrscheinlich auch die Ursache für die Festlegung des Regensburger und des Konstanzer Stadtrates im Hinblick auf uneheliche Kinder. In Konstanz kann die Frau, wenn sie ein Kind von einem unverheirateten Mann empfangen hat, diesem das Kind zum Unterhalt übergeben, allerdings ohne gleichzeitige Erbberechtigung des Kindes. In Regensburg hat die Mutter in jedem Fall das Recht, dem Vater ein uneheliches Kind nach einem Jahr heimzusenden. Zweifellos suchte der Rat dadurch den allgemein zahlreichen Kindesaussetzungen zu steuern, die letztendlich den Stadthaushalt belasteten. Unbarmherzig und ohne Berücksichtigung des Partners dabei wurde gegen die Kindesmörderin vorgegangen, die man ertränkte oder verbrannte. Erwiesener Mord am Ehemann zog die Todesstrafe nach sich.

* Spiegelt dieses düstere Bild von den Geschlechter- und Ehebeziehungen, das vor allem aufgrund der Stadtrechte, Gerichts- und Urteilsbücher, aber auch mancher Chroniken gewonnen wurde, den spätmittelalterlichen Alltag tatsächlich annähernd getreu wider? Um darauf eine Antwort geben zu können, muß man andere Zeugnisse, wie literarische, autobiographische und auch Bilddarstellungen, einbeziehen.

Tatsächlich ergibt sich dann, daß den erwähnten negativen Fällen viele Beispiele engen Zusammenhaltens der Eheleute und der Familien gegenüberstehen. Frauen aus dem Patriziat, wie die Ehefrau, Mutter und Schwester des 1398 in Konflikt mit dem Rat geratenen Münchener Chronisten Jörg Kazmair, traten bis zum äußersten für die Erhaltung des Vermögens und des Ansehens ihrer Familie ein. Sie legten sich ihrerseits mit dem Rat an und riskierten, auf dem Gerichtskarren – mit dem aufrührerischen und verleumderischen Frauen vorbehaltenen Pagstein um den Hals – aus der Stadt geschafft zu werden. Die gegenüber dem Rat vorgebrachten Argumente beweisen übrigens, daß die Frauen nicht unter vormundschaftlichem Zwang des Jörg Kazmair handelten, sondern mit dem Strafrecht bestens vertraut waren.

Zahlreiche Verschwör- oder Urfehdebriefe, in denen sich in Haft genommene und durch die Räte abgeurteilte Bürger verpflichten mußten, künftig die Stadt zu meiden und ihren Bürgern für die geschehene Aburteilung keinen Schaden zuzufügen, mußten ausdrücklich auch von der Ehefrau mit beurkundet werden. In manchen Fällen lassen die Urfehdebriefe erkennen, daß die Frau an gegen die Räte gerichteten Aktivitäten mitwirkte und deshalb die Haft teilte. In den innerstädtischen Auseinandersetzungen, die von 1478 bis 1479 in Halle stattfanden, wurden auch dort Ehefrauen der reichen städtischen Oberschicht der Salzpfänner unter Hausarrest gestellt, weil sie mit ihren Männern gegen den Rat aufbegehrt hatten.

Was für die Frauen des Patriziats ausgesagt werden kann, trifft ebenso für die Familien der Zunfthandwerker und Kaufleute zu. Auch in diesem Milieu stehen nicht wenige Frauen fest und selbstbewußt an der Seite ihrer Ehemänner, wenn diese in Vermögens- oder innerstädtische Auseinandersetzungen verwickelt sind. So führt z. B. die Frau des Halberstädter Bürgers Johannes Mauersperling die Auseinandersetzung selbständig vor dem weltlichen Stadtrichter weiter, nachdem ihr Mann in einem Prozeß gegen das St. Paulsstift erfolglos blieb. Gegenstand war ihr Eigentumsrecht an einer Bude beim Friedhof der St.-Martini-Kirche. Wegen Nichtanerkennung des Urteils wurde der Mann obendrein exkommuniziert. Von der Halberstädter Geistlichkeit wird ihr nun dafür selbst die Exkommunikation angedroht.

In der sächsischen Bergbaustadt Freiberg begehren Frauen mehrfach an der Seite des Ehemannes, Sohnes oder der Tochter gegen Zunftmeister und Rat auf. Darunter hebt sich besonders die Familie Deynhard hervor. Von der Deynhardinne heißt es, sie habe den Bürgern in der Ratsstube »ungebührliche« Worte geboten und eine ihrer Waffen nicht zurückgegeben. Auch Reinfried und ein weiterer Deynhard werden mehrmals wegen Ungehorsams und ungebührlichen Worten gegen den Rat gestraft, 1427 z.B. auch der Stiefsohn des Reinfried Deynhard.[34]

In Braunschweig ist die Mitwirkung von Frau und Familie vor allem im Aufstand Ludeke Hollants gegen den Rat von 1487 bis 1499 bewiesen. Nach der Hinrichtung eines maßgeblichen Mitverschworenen, des Krämers Wolter Holthusen, fühlt sich dessen Verräter durch die Frauen einiger Aufständischer derart bedroht, daß er ihren Stadtverweis durchsetzt. Darunter befinden sich »Wolters Holthusen fruw, Ludeken Erekes fruwe myt orer dochter, und Jasper Bossen fruwe und kersten Fluggen fruwe und itlike wiver mere«. Für die Frau des grausamst hingerichteten Holthusen war damit der Kampf aber noch nicht beendet. Sie erhob an der Kurie in Rom Klage wegen ungerechter Tötung ihres Mannes und Enteignung von Haus und Hof. Sie erreichte damit zumindestens, soviel ist überliefert, daß der Rat nach Rom zur Rechtfertigung zitiert wurde.

Koordiniert ist vor allem auch das Handeln der Bürgerfamilien, wenn äußere Feinde die Stadt bedrohen, wie das der Bericht über die Einnahme der Stadt Mainz durch Adolf von Nassau zu erkennen gibt. Weil die Bürgerfrauen den Feind aus ihren Häusern mit Steinen bewarfen und mit heißem Wasser begossen, mußten sie ihre Häuser und die Stadt verlassen nur mit dem, was sie auf dem Leibe trugen.

Als die Bürger von Genua nach dem Reichstag von Roncaglia 1158 einen Angriff Kaiser Friedrichs I. gewärtigten und ihre Stadt in erhöhten Verteidigungszustand versetzten, arbeiteten nach einem Bericht des Cafarus Männer und Frauen Tag und Nacht an den Befestigungen. Nicht weniger deutlich ist ein weibliches Engagement in Notzeiten aus dem Tagebuch eines anonymen Einwohners von Paris aus der ersten Hälfte des 15. Jahrhunderts zu erkennen. 1435 suchten danach Töchter und Frauen Pariser Bürger die Gattin des Regenten, die Herzogin von Burgund, auf und baten um Unterstützung bei der Herstellung des Friedens. Deren Antwort – dies sei auch einer ihrer größten Wünsche – und die Versicherung, der Herzog sei entschlossen, dafür Leib und Gut einzusetzen, läßt darauf schließen, daß die weiblichen Fürsprecher ihr Anliegen überzeugend vorgetragen haben. Der im gleichen Jahr geschlossene Frieden von Arras zwischen dem Herzog von Burgund und König Karl VII. ermöglichte das gemeinsame Vorgehen gegen die englischen Okkupanten und bezeichnet eine Wende im Hundertjährigen Krieg (1337 bis 1453) zwischen England und Frankreich.

Beispiele zeigen, wie Männer bei Rechtsdelikten und Verletzung gesellschaftlicher Normen durch ihre Frauen für diese einstehen. So folgte der Bürger Merten Helbig, ein Meister der Tuchmacherei, in Görlitz seiner Frau, die wegen Diebstahles zwei Jahre zuvor aus der Stadt gewiesen worden war. Ein anderer Görlitzer Bürger oder Mitbürger, der Schneider Frantz Hiller, dessen Frau wegen schlechter Behandlung mit einem Schneidergesellen davongegangen war, nimmt die Frau wieder auf, obwohl er dadurch in schweren Konflikt mit seiner Zunft kommt, die ihn auch ob seiner Handlung ausschließt. Der Kanzler des böhmischen Königs verwandte sich beim Rat der Stadt Görlitz für dieses Ehepaar, daß man es in der Stadt behalten solle, aber die Zunft blieb unerbittlich. Hiller begehrte unterdessen auch gegen den Bürgermeister auf, wurde gefangengesetzt, mußte mit seiner Frau Urfehde schwören und schließlich doch die Stadt verlassen. In Mühlhausen/Thüringen zeugen zu Beginn des 15. Jahrhunderts fünf Bürger und Einwohner in einem Urfehdebrief zugunsten Tile Vorspraches, der wegen einer angeblichen Äußerung, für seine Frau Rache zu nehmen, falls ihr im Stadtgefängnis ein Leid geschähe, vor den Rat geholt worden war.

Derartige, beide Seiten betreffende Beispiele zeugen davon, daß in einem Milieu, in dem Mann und Frau wirtschaftlich und sozial als Partner handeln, auch tiefe menschliche Beziehungen erwachsen können. Die sich hier noch keimhaft zeigende neue Auffassung des Bürgertums von Liebe und Ehe findet ihren adäquaten Ausdruck bei dem englischen Dichter Geoffrey Chaucer, wenn er zu Beginn einer seiner Erzählungen schreibt: »Denn eins, Ihr Herrn, darf ich gewißlich sagen: / Ein Freund muß für den anderen Sorge tragen. / Sonst dauert die Gemeinschaft gar nicht lange. / Die Liebe fügt sich niemals einem Zwange. / Sobald der Liebesgott den Herrscher sieht, / Schlägt er die Schwingen, sagt ade und flieht! / Die Liebe ist so frei wie jeder Geist. / Und ihre Freiheit liebt die Frau zumeist, / Kann Zwang und Unterdrückung nicht vertragen; / Der Mann gleichfalls, soll ich die Wahrheit sagen«. Aufschlußreich für die veränderten Beziehungen der Geschlechter ist ein Kommentar Chaucers zur Griseldis-Erzählung des Klerikers in den »Canterbury Tales«. (Der Griseldis-Stoff steht für extreme Eheherrschaft.) Er fügt hinzu: »Hört noch ein Wort, Ihr Herrn, bevor ich ende. / Erstaunlich wäre es, wenn man zwei bis drei / Griselden jetzt in einer Stadt noch fände, / die willig trügen solche Quälerei.« [35] Sicher ist es auch kein Zufall, daß aus den autobiographischen Mitteilungen der drei aus der städtischen Oberschicht hervorgegangenen Frauen, Christine von Pisan, Helene Kottannerin und Alessandra Macinghi degli Strozzi, ein sehr inniges Verhältnis der Gatten ersichtlich ist.

Christine von Pisan schildert ihren neun Jahre älteren, früh verstorbenen Ehemann als einen äußerst rücksichtsvollen Menschen, der sie nie belogen habe und sie in allen ihren Vorhaben ermutigte. Auch Alessandra Macinghi degli Strozzi läßt in ihren Briefen die Söhne nur Achtung für den nach 13jähriger Ehe verstorbenen Ehemann spüren.

* Wer waren die Frauen, über deren Leben wir recht ausführlich Zeugnis aus ihrer eigenen Feder besitzen? Christine von Pisan, 1364 zu Venedig geboren, ist die Tochter des Mediziners und Astrologen Tommaso di Benvenuto, eines außerordentlich erfolgreichen Bürgers. Dieser hatte einen Lehrstuhl für Medizin an der Universität in Bologna inne. Er folgte einem Ruf des französischen Königs Karl V. (1364–1380) und siedelte im Dezember 1368 endgültig nach Paris über. Christine war wißbegieriger als die beiden kleinen Brüder und wußte mit zunehmendem Alter die Möglichkeiten, sich zu unterrichten, immer besser zu nutzen, die ihr die neue Umgebung bot. Sie lernte Französisch und Latein, beschäftigte sich mit Arithmetik und Geometrie. Zu ihrem besonderen Glück nahm sich ihres Wissensdurstes der königliche Bibliothekar Gilles Malet an, der sie an die von ihm verwahrten Schätze heranführte.

Mit 15 Jahren wurde Christine mit dem königlichen Sekretär Etienne du Castel verheiratet. Durch diese Ehe gehört sie endgültig zu jenen aus der städtischen Oberschicht hervorgegangenen Frauen, die an die Umgebung des königlichen Hofes gebunden sind. Gleichzeitig ist sie eine unüberhörbare Zeugin dafür, wie durch diese Verbindung einzelne Bürgerinnen über den Rahmen einer Stadt hinaus eine sehr aktive Rolle im gesellschaftlichen Leben ihrer Zeit spielen. Christine, durch den frühen Tod ihres Mannes nicht nur in großer Verzweiflung, sondern auch in äußerst mißlichen Vermögensverhältnissen zurückgelassen, beginnt zu dichten, um damit ihren Schmerz einzudämmen. Sie muß wegen der prekären Finanzlage nun auch ihre Kinder Marie und Jean selbst unterrichten. Für sie schreibt sie das »Buch der Klugheit . . .«, das sie auf den Rat eines Freundes dem Herzog von Burgund, Philipp dem Kühnen, für eine ansehnliche Summe verkaufen kann. Es gelingt ihr unter großen Schwierigkeiten, als Schriftstellerin bekannt zu werden und Interessenten für ihre Bücher zu gewinnen. Sie beschäftigt sich mit wichtigen Zeitproblemen, wie in ihrem »Buch über den Frieden«, in dem »Buch über die Stadt der Damen«, in dem sie in die Auseinandersetzung über die weiblichen Fähigkeiten eingreift und sich kritisch mit den Auffassungen von der Minderwertigkeit der Frau befaßt. Sie fordert eine gründliche Bildung für Frauen aller Stände.

Helene Kottannerin, die Witwe des Ödenburger Bürgermeisters Peter Székeles, 1432 in Zweitehe mit dem aus einem Wiener Bürgergeschlecht hervorgegangenen Kammerherrn des Propstes des Stephansdomes verheiratet, war Hofdame der Gemahlin Königs Albrecht II. (1438–1439). Als sich nach dem raschen Tod des Habsburgers 1439 in Ungarn und Böhmen Adelsparteien bemühten, einen eigenen Kandidaten für den Königsthron aufzustellen und die deutsche Herrschaft des eben erst geborenen Habsburgers Ladislaus Postumus ablehnten, verlangte die Königinwitwe Elisabeth von ihrer Hofdame einen großen Dienst. Es ging um nicht weniger, als für ihren nach dem Tod des Königs geborenen Sohn Ladislaus die echten Throninsignien zu rauben, da das die Chancen, den noch nicht drei Monate alten Knaben zum rechtmäßigen König krönen zu lassen und den vom ungarischen Adel als Gegenprätendenten aufgestellten Władisław von Polen auszuschalten, wesentlich erhöhen konnte. Der Coup gelang und stärkte für kurze Zeit die Hoffnung der Habsburger, ihre Thronansprüche durchzusetzen. Der bald darauf erfolgende Tod der Königin sollte diese Hoffnungen jedoch zunichte machen.

Im Unterschied zu dem reichen Werk der Christine von Pisan unterrichtet die Autobiographie der Helene Kottannerin hauptsächlich über politische Verhältnisse und ihre eigene Rolle als vertraute Hofdame der Königin. Von Interesse unter dem Gesichtswinkel der gesellschaftlichen Rolle der Frauen aus dem städtischen Patriziat ist ihre Schilderung der Geburt des Ladislaus Postumus. Zwei ehrbare Witwen aus Ofen waren zur Geburtshilfe geholt worden. Sie hatten eine Hebamme und eine Amme für den Säugling mit ihrem eigenen kleinen Sohn mitgebracht. Die Kottannerin läßt aber keinen Zweifel daran, daß sie selbst schließlich in der Lage war, der Königin beizustehen. Andererseits sprang man mit Witwen aus dem Stadtpatriziat auch hart um. So erfolgte etwas später die Einquartierung des Kindes Ladislaus im Haus der Witwe eines Ödenburger Bürgers ohne vorherige Ankündigung. Die Besitzerin mußte ihr Haus verlassen, ohne irgendetwas von ihrer Habe mitnehmen zu können. Erst auf die Klage des Schwiegersohnes der Witwe hin ordnete Elisabeth an, daß dieser in ihrem Haus kein Schaden entstehen dürfe und ihr eine zumutbare Unterkunft im Hause eines Ödenburger Patriziers geboten werden müsse.

Die dritte der genannten Frauen, Alessandra Macinghi degli Strozzi, ist 1406 in einer Kaufmannsfamilie von Florenz geboren. Sechzehnjährig wurde sie mit Matteo Strozzi verehelicht. Ihr mit hohen städtischen Ämtern betrauter Mann wurde im Verlauf der politischen Auseinandersetzungen von 1433 bis 1434, in deren Folge 1434 Cosimo Medici die Herrschaft in Florenz an sich brachte, in die Verbannung geschickt. Seine Frau folgte ihm mit sieben Kindern. In den beiden Jahren bis zum Tod ihres Mannes verlor sie drei davon. 1436 kehrte die Witwe mit zwei Mädchen, zwei Knaben und erneut schwanger nach Florenz zurück. Als die beiden ältesten Söhne mündig waren, traf auch sie die Verbannung. Nur der jüngste, nach dem Tod des Vaters geborene Sohn verblieb mit seinen beiden Schwestern bis wenig über das Mündigkeitsalter hinaus bei der Mutter, dann forderte ihn der älteste, in Neapel ansässige Sohn zur Unterstützung und zur Ausbildung in das Familiengeschäft. Dieser Trennung der Familie Strozzi verdanken wir die Überlieferung einer reichen Korrespondenz von 72 Briefen der Alessandra aus den Jahren 1447 bis 1469. Die Schriftstücke geben einen tiefen Einblick in das Alltagsleben dieser Frau, die sich in einer außergewöhnlichen Familiensituation mit ihrer ganzen Persönlichkeit, mit Klugheit, Findigkeit und Konsequenz für ihre Familie einsetzt, die ihr persönliches Leid nicht verschweigt, aber es dann tapfer niederringt, um sich ganz der Sorge für die Angehörigen zuzuwenden. Diese Frau ist ständig bemüht, durch eine bescheidenere Lebensführung, geschicktes Steuerverhalten und gelegentliche gewinnbringende Handelsgeschäfte die Reste des Familienvermögens in Florenz zu erhalten und ihren Söhnen einen Neubeginn im Ausland finanziell zu erleichtern. Sie führt komplizierte Verhandlungen zur Vorbereitung der Vermählung ihrer Töchter und hält Umschau nach geeigneten Lehrlingen für das Unternehmen der Söhne. Den Söhnen erteilt sie, wenn nötig, auch briefliche Ermahnungen, stattet sie in häuslicher

Arbeit mit Linnen, Handtüchern, Hemden, modischen Kragen usw. aus, sendet ihnen Leckerbissen. Gleichzeitig verfolgt sie intensivst die Entwicklung der politischen Verhältnisse in Florenz und knüpft Verbindungen zu einflußreichen Personen des Stadtrates, die in der Korrespondenz aber nur verschlüsselt erwähnt werden. Mitunter liest sie dem zweiten, anfänglich seine Lehre etwas leicht nehmenden Sohn in Brügge tüchtig die Leviten, weigert sich auch, ihm extravagante Wünsche zu erfüllen. Vor allem aber redet sie den Söhnen, geleitet von dem Wunsch nach legitimen Enkeln, zu, sich zu verehelichen. Dennoch zeigt sie sich verständnisvoll gegenüber ihren illegitimen Verhältnissen mit Haussklavinnen und sorgt sich um deren Nachkommen. In einem Brief an den ältesten Sohn Philippo schreibt sie voller Verzweiflung wegen der immer wieder neu angebahnten, aber dann doch nicht realisierten Ehepläne: »Ich bete zu Gott, er möge Euch von all der Ängstlichkeit befreien, denn hätten alle anderen Männer so viel Angst vorm Heiraten gehabt wie Ihr, so wäre die Welt längst ausgestorben! Deshalb müssen wir Euch auf die Beine helfen, damit Ihr seht, daß der Teufel nicht so schwarz ist, wie er gemalt wird, und müssen Euch von Eurer Angst erlösen.« Als schließlich die Ehe des Ältesten vollzogen ist und die fünfzehnjährige Schwiegertochter unter ihrem Dach lebt, erweist sie sich als eine verständnisvolle Stütze für die junge Frau und steht ihr in den aufeinanderfolgenden Schwangerschaften treu zur Seite. Wie gewöhnlich in den Familien der städtischen Oberschicht, wird der Säugling Ammen im oder außer Haus übergeben, die man sorgfältig und vorzugsweise unter den Frauen aus der ländlichen Umgebung auswählt. Der Amme entwöhnt, kommt das Kind unter die liebevolle Obhut der Großmutter, denn die junge, gesundheitlich äußerst anfällige Mutter sieht bereits der nächsten Entbindung entgegen. Im Zusammenhang mit den zusätzlichen Belastungen, welche die zweite Niederkunft der Schwiegertochter Fiametta bringt, schreibt sie: »Wenn ich keine andere Unterbrechung in der Arbeit hätte als Alfonso (der Enkelsohn – E. U.), so wäre das schon reichlich genug, das aber geschieht mit Vergnügen. Immer ist er hinter mir her, wie das Küchlein hinter der Henne.«

Bei all ihren Achtung abfordernden Zügen ist Alessandra Macinghi degli Strozzi in ihrem Denken ganz und gar eine Angehörige des wohlhabenden Stadtbürgertums. Das äußert sich kaum gegenüber den Sklavinnen, die auch in ihrem Haus tätig sind. Im Verhältnis zu ihnen, die einen so genauen Einblick in die Familienverhältnisse haben, spielt eher Vorsicht eine Rolle, könnten sie doch etwas über die Familie und besonders die heiratsfähigen Töchter aus dem Haus tragen! Diese Rücksichten fallen aber gegenüber den armen ländlichen Pächtern, die ihre Besitzungen bearbeiten, weg. So schreibt sie 1465: »Piero und Mona Cilio leben zwar noch, sind aber beide kränklich. Für nächstes Jahr habe ich das Gut verpachtet, denn es liegt mir dran, es in rechten Stand zu setzen. Und wenn die beiden Alten nicht sterben, so müssen sie eben betteln gehen. Gott sorge für sie.«[36] Der für das Mutter-Kind-Verhältnis so aufschlußreiche Briefwechsel der Alessandra Macinghi degli Strozzi drängt geradezu, nach der Allgemeingültigkeit der hier enthaltenen Informationen zu fragen.

* Die Überlieferung – das sind Heiligenviten, Gerichtsakten, Testamente, Briefe und Chroniken – vermittelt nur mehr oder weniger zufällige Eindrücke. Ersichtlich ist aber, daß Kinder, selbst wenn sie der städtischen Oberschicht entstammen, es nicht immer so gut haben wie die der jüngeren Strozzi-Generation, die in einer relativ kleinen Familie heranwachsen. Häufig lebt gerade in den Haushalten der städtischen Oberschicht eine größere Zahl von Kindern aus verschiedenen Ehen des Mannes, seltener der Frau. Auch illegitime Sprößlinge des Ehemanns, die meistens schon aus der in der Regel sehr langen Lebensphase vor der Eheschließung vorhanden sind, gehören zum Hause. Ihre Mütter sind in Italien häufig Haussklavinnen, in nördlicheren Gegenden Mägde und Haushälterinnen. In solchen großen Familien, deren Säuglinge gewöhnlich in den ersten beiden

Lebensjahren einer Amme übergeben werden, und in denen ab dem sechsten oder siebenten Lebensjahr für die Knaben schon der Schulbesuch oder die Lehre in einer verwandten oder befreundeten Kaufmannsfamilie beginnt, entbehrt das einzelne Kind dann nicht selten die besondere Zuwendung der Mutter. Diese ist durch das frühe Heiratsalter oft physisch gar nicht in der Lage, sich ihrer Kinder intensiver anzunehmen. Stirbt sie früh, im Kindbett oder häufiger noch durch die physische Überbeanspruchung, dann ist unter Umständen, wenn eine sehr junge Ehefrau folgt, die Chance für eine enge Mutter-Kind-Bindung noch geringer. Das verhält sich kaum anders bei einer Veränderung der Familienverhältnisse durch den frühen Tod des Vaters und die Wiederverehelichung der Mutter. Der Stiefvater beansprucht für sich, seine Geschäfte und eventuell eigene Kinder, die er mit in die Ehe bringt, viel Kraft, so daß die Mutter für das einzelne Kind nicht viel Sorge aufwenden kann. Ältere Geschwister, nahe Verwandte oder Lehrherren nehmen dann im günstigsten Falle den Vertrauensplatz ein. Wenn Johannes Butzbach über seine Kindheit berichtet: »... als die Mutter wieder schwanger war und die Geburt unserer Schwester Margarete erwartete, wurde ich neun Monate nach meiner Geburt ... von der Mutterbrust genommen. Die Tante, welche kinderlos war, nahm mich an Kindes Statt an und hat mich etliche Jahre bis zu ihrem Tode recht liebreich und zärtlich erzogen«,[37] dann dürfte es sich keineswegs um ein Einzelschicksal gehandelt haben.

Trotzdem bestand häufig eine starke Bindung zur Mutter. Zahlreiche Testamente beweisen eine aufmerksame Fürsorge der Söhne für ihre Mütter. Das späte Heiratsalter der Männer wirkte sich im allgemeinen zugunsten der Mutter-Sohn-Beziehung aus. Der Mutter fielen auch schwere Pflichten zu. So bewirkte 1421 die Mutter des in Stralsund grausamst hingerichteten Henneke Behr beim Herzog Magnus von Sachsen(-Lauenburg), daß er sich beim Stralsunder Rat für sie verwendete, um die Freigabe ihres getöteten Sohnes zu erreichen, ihn vom Rad abnehmen und begraben zu können.

In hansestädtischen Testamenten ist neben der Mutter häufig auch die Tante mütterlicherseits (matertera) sehr individuell und sorgsam bedacht. Die dahinterstehende enge persönliche Beziehung des Erblassers wird erkennbar in einem Stralsunder Bürgertestament. Diese Erbregelung von 1346 bedenkt aus der Verwandtschaft neben der leiblichen Schwester nur die Tante und deren beiden Kinder. Die Tochter erhält eine Mark und zwei Kissen, der Sohn eine Mark und eine Kiste, die Tante Leinen, eine Mark und das nötige Geld für eine Pilgerreise nach Aachen. Der Testator vertraut ihr damit ein für sein Seelenheil wichtiges Anliegen an und stellt ihr frei, die dafür notwendigen finanziellen Mittel zu fordern. In einem anderen Stralsunder Testament erhält die Tante einen Pelz – das entspricht andernorts Ammenlohn –

Eine das Kind badende Frau.
Holzschnitt, gedruckt bei Heinrich Laufenberg, Augsburg 1491.
Aus Albert Schramm, Der Bilderschmuck der Frühdrucke,
Bd. XXIII, Leipzig 1943, Abb. 383

Eine Frau fordert das Kind am Laufgerät. Diese mit drei Rädern versehene Gehhilfe war weit verbreitet, z.B. auch in Polen. Holzschnitt, gedruckt bei Heinrich Laufenberg, Augsburg 1491. Aus Albert Schramm, Der Bilderschmuck der Frühdrucke, Bd. XXIII, Leipzig 1943, Abb. 385

und deren Schwester einen guten und einen alten Rock.

Die Erziehung in den Familien der Städtebürger verweichlichte die Kinder im allgemeinen nicht und weckte in ihnen früh den Sinn für die Realitäten des Lebens. Als die kinderlose Frau eines reichen italienischen Kaufmanns aus Prato, Francesco Datini, ihre siebenjährige Nichte für längere Zeit ins Haus nimmt, schreibt der Vater des Kindes: »Es freut mich, daß Tina begierig ist zu lesen. Ich bitte euch, sie zurechtzuweisen und zu strafen, denn ich glaube, daß sie dies braucht.«[38] Neben Tina wächst auch im Hause der Datini das Kind einer Haussklavin auf, erhält eine sorgfältige Erziehung, lernt Lesen und wird schließlich gut verheiratet. Italienische Moralisten, wie Paolo da Certaldo, forderten von den Eltern, ihre kleinen Mädchen alle Aufgaben im Haushalt zu lehren, »Brotbacken, Geflügelreinigen, Mehlsieben, Kochen und Waschen, Bettenmachen, Spinnen und Weben, Seidenstickerei, Leinen- und Wollkleider zuschneiden, Strümpfestopfen und solcher Dinge mehr.»[39] Das waren keine leeren Forderungen. So verkaufte schon im 12. Jahrhundert die zehnjährige Bona aus Pisa selbstgesponnene Seide auf dem Markt.

In den städtischen Mittel- und Unterschichten, wo die Mutter den Säugling selbst nähren mußte, ist die Beziehung zwischen Mutter und Kind eng, aber die physische Anfälligkeit beider wahrscheinlich größer. Sicher waren Familien wie die der heiligen Katharina von Siena, die als 22. Kind eines Färbers geboren wurde, nicht die Norm – die neuere Forschung erwähnt etwa vier Kinder pro Haushalt –, aber die soziale Lage dieser Bevölkerungsgruppen zwang die Mutter ständig, nach einem Nebenverdienst Ausschau zu halten. Einen solchen Nebenerlös brachte auch die Vermietung als Amme. Unter welch bitteren Umständen derartige Verträge häufig zustande kamen, geht aus einem Brief der Frau des schon erwähnten Großkaufmanns Francesco Datini hervor, die sich mit ihrem Mann mitunter für Freunde und Kunden um Ammen bemühte. Sie schreibt: »Sie scheinen wie vom Erdboden verschwunden, denn keine ist mir in die Hände geraten. Und einige, die ich schon in Händen hielt, deren eigene Kinder dem Tode nahe waren, sagen nun, sie seien wieder wohlauf . . . Ich fand eine, deren Milch zwei Monate alt ist. Sie hat mir hoch und heilig versprochen, daß sie, wenn ihr Kind, das dem Tode nahe ist, heute abend stirbt, kommen wird, sobald es beerdigt ist.«[40] Vor allem aber war in den ärmeren Familien für das Kind schon mit vier bis fünf Jahren die Kindheit vorüber, mußte es die jüngeren Geschwister beaufsichtigen, beim Spinnen helfen, für Lohn Gänse hüten, im Haushalt, Garten und im Weinberg Hilfsarbeiten verrichten. Erfüllte es seinen Auftrag nicht richtig, dann wurde die Mutter vor dem Stadtgericht zur Verantwortung gezogen, wie in Mühlhausen/Thüringen die Mutter eines Hütejungen.

Aufforderung an die Eltern, die Kinder streng zu erziehen. Holzschnitt eines unbekannten Meisters, Die schlechte Erziehung. Aus Johann Schwartzenberg, Memorial der Tugend, Augsburg 1535

Wer jungen kinder ſpart dj růt/
Der leben findt man ſelten gůt.
Wann alter hund zů aller friſt/
Nit pändig recht zemachen iſt.
Drumb wölt jr kinder haben eer/
Bey zeit gewent ſy gůtter ler.
Pflegt jr mit zucht vnd rechter trew/
Deß hj vnd dort gewint jr rew.
Wer päſen kinden waich erſcheint/
Der iſt jr aller gröſter feint/
Vnd lacht yetzt deß jr nachmals greint.

* Versucht man, die Stellung der Städterin im Stadtrecht, in Ehe und Familie von der zweiten Hälfte des 11. Jahrhunderts bis zur zweiten Hälfte des 15. Jahrhunderts zu überblicken, so fallen gegenüber der frühkommunalen Phase, während der sich die innerstädtischen Rechtsverhältnisse nur zögernd veränderten, wesentliche Umgestaltungen im Ehe- und Familienrecht ins Auge. Nicht immer spiegeln die Stadtrechtsaufzeichnungen dabei den städtischen Rechtsalltag unmittelbar wider.

Frau in Baseler Tracht. Stich von Hans Holbein d. J. Aus Georg Hirth, Kulturgeschichtliches Bilderbuch aus vier Jahrhunderten, Bd. 1, München 1923

Die von der katholischen Kirche geforderte Konsensehe, welche die Einwilligung der zukünftigen Partner zum Eheschluß voraussetzt, wirkte sich hauptsächlich zugunsten der weniger vermögenden und der armen Stadtbevölkerung aus, da sich deren Brotherren das Zustimmungsrecht zu ihren Heiraten anmaßten, nachdem sie selbst den Ehekonsens des feudalen Stadtherren abgeschüttelt hatten. Für die Kinder der städtischen Oberschicht und des mittleren Bürgertums setzten die Enterbungsstatuten der Stadtrechte erhebliche Schranken für die Durchsetzung von Zuneigungsehen. Sie blieben der Ehepolitik ihres sozialen Milieus weitgehend ausgeliefert. Mitunter versuchten sie das Dilemma durch heimliche Ehen zu umgehen.

Von großer Bedeutung waren für die meisten Städtebürgerinnen, gerade in Anbetracht des sehr jugendlichen Vermählungsalters, die Veränderungen im Familienerbrecht. Der vom Wachstum des Familienvermögens abhängige Erbanteil von zumeist einem Drittel, zuweilen der Hälfte oder gar zwei Dritteln des Vorhandenen, den die Frau nunmehr außer der Aussteuer und Mitgift erhält, stimuliert zusätzlich ihr Interesse an den Geschäften des Ehemannes und honoriert ihre Mitarbeit im Familienbetrieb. Ist der Ehemann auf die Mitarbeit seiner Frau angewiesen, besonders im Handwerk, dann kommt es darüber hinaus häufig testamentarisch zur Einsetzung der Frau in das Gesamterbe.

Die in zahlreichen Stadtrechten und Testamenten anzutreffende Herabsetzung des Frauenerbteils auf Kindeserbteil bei Wiederverheiratung der Witwe stellte in kinderreichen Familien eine stark spürbare Vermögensbeschränkung dieser Frauen dar. Angesichts des Risikos, das eine Wiederverehelichung unter Umständen barg, war das jedoch eine vorausschauende Festlegung zugunsten der Versorgung und Erziehung der Kinder. Sie zwang außerdem die Partner, ihren Schritt gründlich zu überlegen, und wirkte im Sinne einer echten Ehepartnerschaft und Neigungsehe. Zugunsten der Mehrzahl der Bürgerinnen und Einwohnerinnen vollzog sich im Spätmittelalter vor allem die Lockerung der Ehe-

und Vermögensvormundschaft des Ehemannes. In zahlreichen europäischen Groß- und Mittelstädten erhielt die Frau während der Lebenszeit des Ehemannes das Verfügungsrecht über einen Teil des ehelichen Vermögens (Mitgift, Morgengabe, vom Ehemann darüber hinaus übertragener Besitz, Leibrenten, Erbe von Eltern, Geschwistern oder anderen Verwandten, noch zu Lebzeiten übergebene Vermächtnisse), nur ausnahmsweise über das Gesamtvermögen. Über diese Vermögensbestandteile konnte die Frau in ihrem Testament frei verfügen. Wenn es sich um Frauen der städtischen Oberschicht handelte, erwarben diese damit auch Grundstücke, Häuser, Renten und selbst Lehen oder legten ihr Bargeld in Stadtanleihen oder im Großhandel an. In den Familien des mittleren Bürgertums besaßen die Frauen immerhin Mittel, um selbständig Handel mit Kramwaren zu treiben, Gelegenheitsgeschäfte wahrzunehmen, sich mit kleineren Summen auf dem städtischen Rentenmarkt zu beteiligen, die Ausstattung der Töchter, das Zehrgeld des in einer Lehre oder an einer Schule befindlichen Sohnes aufzustocken. Durch diese Vermögensbeteiligung unterschied sich die Lage der Ehefrauen nicht mehr grundsätzlich von der der Witwen oder unverheirateten Frauen, obwohl die letztgenannten unter dem Zwang stärkerer ökonomischer Selbständigkeit handelten und durch die Rechte und Pflichten des selbst erworbenen Bürgerrechts wahrscheinlich den familienübergreifenden Problemen der Gilden und Zünfte sowie der Stadtgemeinde näherstanden. Diese Aussage ist jedoch nicht zu verabsolutieren, da die Teilnahme nicht weniger Ehefrauen an den sozialen und innerstädtischen Auseinandersetzungen ihr wachsendes Interesse am Gemeinwesen erkennen läßt.

Hand in Hand mit der Vermögensbeteiligung der Städterinnen und der Lockerung der eheherrlichen Vormundschaft begann sich die Anerkennung ihrer Fähigkeit, selbständig Rechtsgeschäfte durchzuführen, im Keim zu entwickeln. Das betraf z. B. ihre Mitwirkung als Vertragspartner, als Testamentsvollstrecker, als Vormund, als Gerichtszeuge. Die biographischen Mitteilungen einiger Frauen der städtischen Oberschicht, besonders der Alessandra Macinghi degli Strozzi, veranschaulichen, in welchem Maße eine gründlich gebildete und mit reicher Lebenserfahrung ausgestattete Frau Mittelpunkt einer anspruchsvollen Familie werden konnte.

Es versteht sich, daß diese Fortschritte im Ehe- und Familienrecht kaum jenen ganz jungen Ehefrauen zugute kamen, die – physisch durch aufeinanderfolgende Kindbetten geschwächt – einem Haushalt mit vielen Kindern mehr gegenüber- als vorstanden. Auch für die nicht mit dem Bürgerrecht versehenen Familien der ärmeren Bevölkerung gelten andere Lebensbedingungen. Das Heiratsalter der Mädchen liegt hier vermutlich höher. Der intellektuelle Abstand, wie er zwischen Mann und Frau aufgrund des unterschiedlichen Lebensalters und der unterschiedlichen Bildungschancen beim Patriziat vorhanden ist, fehlt. Die gemeinsame Sorge für den Haushalt und die Kinder läßt bei den städtischen Unterschichten die Ehevormundschaft im Alltagsleben wohl stärker zurücktreten, als aus den Quellen, die hauptsächlich nur Gerichtsurteile und Gerichtsfälle überliefern, ersichtlich ist.

Ungeachtet der positiven Veränderungen für die Mehrzahl der Bürgerinnen und einen Teil der Einwohnerinnen hinsichtlich ihrer Stellung im Stadtrecht, bleibt die Ehevormundschaft des Gatten als Prinzip erhalten, auf das man sich berufen kann, um bereits aufgegebene Vorrechte wieder herzustellen. Sie bleibt bestehen, auch wenn die ökonomischen und sozialen Interessen des Stadtbürgertums in eine andere Richtung weisen. Diese Tatsache erklärt sich teilweise aus der verfestigten Rechtstradition und dem Hang der bürgerlichen Oberschicht zur Nachahmung adliger Lebensweise, wie sie sich in der auf die Erhaltung des Geschlechts (lignage) gerichteten patriarchalischen Ehekonzeption manifestiert. Um den komplexen Ursachen für den genannten Widerspruch weiter nachzuspüren, wenden wir auch der religiösen Begründung der Ehevormundschaft unsere Aufmerksamkeit zu.

Religion und Religiosität

Die Rolle der Städterin in Ehe, Familie, Zunft, Gilde und weiterem Umfeld war nicht allein von den existierenden wirtschaftlichen und sozialen Verhältnissen geprägt. Entscheidenden Einfluß übte die religiöse Wertvorstellung von den beiden Geschlechtern aus.

* Sie war im Christentum nicht von Anfang an einheitlich angelegt. Das ursprüngliche Christentum konnte in der Zeit seiner Verfolgung in nicht geringem Maße mit der Unterstützung von Frauen rechnen. Dementsprechend tragen in der Überlieferung des Neuen Testaments die Beziehungen von Jesus Christus zu den Frauen der urchristlichen Gemeinden Züge einer gleichberechtigten Behandlung gegenüber den männlichen Gemeindemitgliedern. In den Evangelien mitgeteilte Handlungen des Religionsbegründers standen im Widerspruch zu den patriarchalischen Geschlechterbeziehungen seiner Zeit und stießen daher zunächst auch auf das Unverständnis der Jünger; so die Verurteilung der willkürlichen Verstoßung der Frau durch den Ehemann (Mt. 19.1–19.11, Mk. 10.1–10.12); die Rettung der Ehebrecherin (Joh. 8.1–8.11); Billigung der Salbung des Hauptes bzw. der Füße durch eine Frau, ein Recht, das nach der Sitte der Zeit dem Hausherrn zustand (Mt. 26.6–26.13, Mk. 14.3–14.9, Joh. 12.1–12.8, Lk. 7.36–50), oder die Behandlung der Frau als vollwertige Gesprächspartnerin, wie im Bericht des Johannes über die Bekehrung der Samaritaner (Joh. 4.5–4.41). Übereinstimmend erwähnen die Evangelien die zahlreiche Anhängerschaft Jesu unter den Frauen (Mt. 27.55, Lk. 23.55, 24.10 f., Mk. 15.40 f.). Die aktive Rolle weiblicher Gemeindemitglieder ist für die ersten drei Jahrhunderte u. Z. bezeugt.

Als weibliche Autoritäten der frühchristlichen Gemeinden sind die Namen einer Maria von Magdala, Junia, Priscilla und der Paulus-Schülerin Thekla überliefert. Hiermit war im frühen Christentum eine Tradition begründet, die auf die Ausformung des christlichen Frauenbildes eine positive Wirkung haben bzw. auf die man später zurückgreifen konnte.

In der für die Ausgestaltung der das ganze Mittelalter beherrschenden katholischen Theologie so wichtigen Phase des 4. und 5. Jahrhunderts, als sich das Christentum aus einer Religion der Verfolgten in eine Staatsreligion umwandelte, verschwanden aber allmählich frauenfreundliche Ansätze weitgehend. Die Frau wurde, gestützt auf das Pauluswort (1. Kor. 11.5), daß es ihr nur gestattet sein dürfe, verschleiert in der Gemeinde prophetisch zu reden, in die Anonymität gezwängt. Von prägender Bedeutung für das Frauenbild der katholischen Kirche war die vom Neuplatonismus beeinflußte Sicht der beiden Geschlechter durch die Kirchenväter. Danach wurde die Frau mit der Sinnlichkeit, dem Körper, dem Unvollkommenen und Vergänglichen gleichgesetzt, der Mann aber mit der zu Gott strebenden Geistseele. Da der Frau die Schuld für die Erbsünde und ein permanentes Streben zur Beherrschung der männlichen Geistseele zugeschrieben wurde, galt sie als ein sündhaftes, minderwertiges Geschöpf. Das fand auch in der Sexualmoral der Kirchenväter seinen Ausdruck.

Die Schlange trägt einen Frauenkopf als Symbol des sündhaften weiblichen Wesens. Darstellung des Sündenfalls aus Biblia Pauperum, Codex Vindobonensis 1198, fol. 3 r., Ausschnitt. Österreichische Nationalbibliothek, Wien

Die ursprünglich aus der Schöpfungslehre (Gen. 1.26–28) abgeleitete Gleichheit von Mann und Frau (Mt. 19.4 ff., Mk. 10.6 ff.) wird zugunsten einer nach dem asketischen Ideal lebenslanger Jungfräulichkeit strebenden weiblichen Elite aufgegeben. Für die große Zahl der Frauen hatten die Theologen des 4. und 5. Jahrhunderts übereinstimmend die Forderung, dem Mann als dem Haupt des Weibes in allem untertan und gehorsam zu sein. Als Begründung wird, ebenfalls im Unterschied zum ersten Schöpfungsbericht und den entsprechenden Bezügen bei Matthäus und Markus, die Herkunft der Frau aus dem Mann angeführt. Weitere Gründe sind, daß das Weib nicht wie der Mann Ebenbild Gottes sei und Eva mit der Verführung Adams die Sünde in die Welt gebracht habe. Die christlichen Frauen werden ermahnt, ein Leben in Erkenntnis der Erbsünde des Weibes zu führen, die Männer, sich nicht in die Sündhaftigkeit des Weibes verstricken zu lassen. Eine weniger theologische als mehr von praktischen Erwägungen abgeleitete und daher sehr aufschlußreiche Warnung vor der Frau findet sich in der zweiten Hälfte des 4. Jahrhunderts bei Johannes Chrysostomos. Nachdem er mit unverkennbarem Bedauern an die größere Freiheit des Mannes gegenüber den Frauen in der vorchristlichen Zeit erinnert hat, wo es erlaubt war, »zwei Weiber gleichzeitig zu haben« [41] und, ohne sich in die Schuld des Ehebruchs zu begeben, eine ungeliebte Frau zu verstoßen, führt er Argumente an, die es dem Ehemann schwer machen, die christlichen Gebote einzuhalten. Dazu zählt er häusliche Sorgen, den Strudel weltlicher Geschäfte und – im ungünstigen Falle – ein boshaftes, bitteres oder schwieriges Weib.

Sowohl Augustinus als auch Hieronymus empfehlen christlichen Ehefrauen ein asketisches Leben. Was aber die Ehe zum Zwecke der Kinderzeugung und der Hinderung ausschweifenden Geschlechtsverkehrs betrifft, so wird sie von Augustinus, dessen Einfluß auf die mittelalterliche Theologie besonders stark ist, in der Abhandlung »Das Gut der Ehe« mit Nachsicht und Verständnis behandelt. Ja, er räumt der Frau wie dem Mann gemäß der Bibel (Kor. 7.4 ff.) ein Recht ein, »über den Leib des Ehepartners zu verfügen und die Begehrende in den partnerschaftlichen Beziehungen zu sein, wie umgekehrt«.

* In der Zeit der Entfaltung mittelalterlicher Städte hatte sich das theologische Verständnis der Geschlechterbeziehungen bereits voll verfestigt, und zwar zuungunsten der Frau. Einzelne Stimmen, die vergleichsweise frauenfreundliche Überlegungen einbrachten, wie der scholastische Philosoph und Theologe Peter Abaelard (1079–1142), der im Briefwechsel mit Heloise, der geliebten Frau und Mutter seines Sohnes Astrolabus, die im Einverständnis mit ihm ins Kloster eingetreten und Äbtissin des Nonnenklosters Paraklet geworden war, zahlreiche positive Frauenbeispiele aus der Bibel anführt, verklangen ohne nachhaltige Resonanz. Eine solche weniger befangene Haltung kann übrigens auch für Hugo von St. Viktor (1096–1141) und Petrus Lombardus (um 1100–1164) in Anspruch genommen werden, die beide das partnerschaftliche Verhältnis in der Ehe betonten. Bemerkenswert ist die Begründung des Petrus Lombardus. Danach habe Gott die Frau nicht aus Adams Kopf geschaffen, weil sie nicht sein Herrscher sein solle, auch nicht aus seinem Fuß, weil sie nicht sein Sklave sein solle, sondern aus seiner Seite, denn sie solle ihm Gefährte und Freund sein. Peter Abaelard und Hildegard von Bingen (1098 bis 1179) unterscheiden sich in ihrer Auffassung von der Mehrzahl der ausgesprochen konservativen Haltungen zu den Geschlechterbeziehungen u.a. dadurch, daß sie das Sexualverhalten der Menschen nicht rundweg negativ bewerten, sondern in seiner für die Fortpflanzung des Menschengeschlechts biologischen Notwendigkeit.

Die einflußreichsten Theologen des 13. Jahrhunderts, besonders auch Albertus Magnus (1193–1280) und Thomas von Aquino (1225/26–1274), griffen die negativen Äußerungen der Kirchenväter über die Natur der Frau auf und sahen in ihr ein geistig, physisch und ethisch minderwertiges Wesen. Ihre Unterordnung wurde wie bei den Kirchenvätern von der Legende ihrer Herkunft aus dem Mann und ihrer Rolle beim Sündenfall abgeleitet und als strenge Gehorsamspflicht postuliert, alle ihre inner- und auch außerfamiliären Kontakte und Beziehungen erscheinen durch den Mann vermittelt.[42]

Dieses katholisch-theologische Denkschema behielt seine Gültigkeit auch für die mittelalterliche Stadt West- und Mitteleuropas, denn die kommunale Bewegung des Stadtbürgertums hatte die Erringung weitgehender sozial-ökonomischer, juristischer und politischer Freiheiten zum Ziel und als Ergebnis, nicht aber religiöse Umwälzungen. So gab es seitens des Bürgertums vor dem Spätmittelalter kaum Bemühungen, die Ehegerichtsbarkeit in seinen Machtbereich zu ziehen. Die Autorität der Kirche wurde hier weitgehend anerkannt. Aber gerade die kirchenrechtliche Systematisierung der Äußerungen der Kirchenväter über Frau und Ehe, die mit dem Dekretbuch Gratians um 1140 einsetzte, ließ »vorwiegend die negativen Aussagen aus der Patristik zur Geltung kommen; brauchte man sie doch, um Restriktionen und kaum um positive Rechte der Frau zu begründen«. [43]

Die theologisch fundamentierte Abwertung der weiblichen Persönlichkeit trieb ihre Blüten auch in anderen wichtigen ideologischen Bereichen. In der italienischen und altfranzösischen Dichtung reichen Schriften, die sich speziell zum Ziel setzen, die Männerwelt vor den Tücken der Frau zu warnen und negative Beispiele über den Charakter der Frau zusammenzutragen, bis in das frühe 13. Jahrhundert zurück. So verfaßte ein unbekannter italienischer Schriftsteller eine lange Epistel von Belehrungen über die Schlechtigkeit und Falschheit der Frauen (»Proverbia quae dicuntur super natura feminarum«). Zahlreich sind darin die Vergleiche aus dem Tierreich: »Ein störrisches Pferd reite man nicht bei Festen, sondern halte es im Stall oder brauche es als Lasttier . . . Des Schweines, der Katze Natur hoffe keiner zu ändern, keiner aus Wolle Seide zu spinnen. Auch ein Weib mit milden oder mit harten Worten zu ziehen ist vergebliche Mühe ... Der Fuchs hat in seinem Bau mancherlei Ausgänge; wenn der Jäger seiner bereits habhaft zu sein meint, flüchtet das Wild durch den einen hinein und durch den anderen hinaus. So haben die Weiber Ausflüchte und Listen in Fülle bereit ... Der Wolf wechselt im Sommer seine Behaarung, aber seine böse Natur legt er nicht ab. Das Weib tritt manchmal schlicht und fromm wie eine Nonne auf, aber wo es ihr paßt, läßt sie ihrer Neigung plötzlich freien Lauf ... Der Basilisk tötet mit seinem giftigen Blicke; das geile Auge des Weibes macht den Mann zu Schanden und dörrt ihn wie Heu. Es ist ein Spiegel des Teufels; wehe auch dem frömmsten Manne, der oft hinein schaut ... Ein Thor, wer einer Schlange traut; hat doch die Schlange Eva betrogen und ist dafür verdammt, über Steine und Dornen zu kriechen. Kein Mann sollte dem Weibe trauen, seitdem es den Adam betrogen hat, weswegen man es ja auch Haupt und Stirn bedeckt tragen läßt, damit es sich schäme. Weiberliebe ist keine Liebe, sondern nur Bitterkeit; besser würde man sie Schule für Narren nennen.«[44] Dichtungen mit frauenfeindlicher Tendenz sind in Frankreich und der Schweiz anzutreffen bei Peire von Bussignac, Jean de Meung und dem Berner Dominikanermönch Ulrich Boner.

Wie tief das Herrschaftsbewußtsein des Mannes im städtischen Milieu verankert war, ist auch der zur weiblichen Belehrung verfaßten, weniger voreingenommenen didaktischen Literatur des 14. Jahrhunderts zu entnehmen. Selbst ein verständnisvoller Ehemann, »Der Pariser Haushälter« (»Le menagier de Paris«), wie er sich in seiner zur Unterweisung der sehr jungen Ehefrau verfaßten Schrift nennt, fordert von seiner Hausfrau eine Unterwürfigkeit, wie sie der Treue eines Hundes vergleichbar ist. Sie hat alle seine Anordnungen, seien sie nun wichtig oder weniger wichtig, vernünftig oder unvernünftig, in bedingungslosem Gehorsam auszuführen. Auch in der bildenden Kunst fehlen Darstellungen nicht, die die Minderwertigkeit der Frau, ihr sündhaftes Wesen versinnbildlichen.

Abgesehen von der verbreiteten Darstellung des Sündenfalls mit der von der Schlange verführten Eva war die Gestaltung verschiedener Varianten der Verbindung von Frau und Teufel, fast immer bezogen auf die sexuelle Natur der Frau, ein beliebtes Thema.

Ethisch-moralisch ermöglichte die Herabwürdigung der Frau auch den Ausbau der Prostitution durch weltlichen und geistlichen Adel, einzelne Bürger und zahlreiche Stadträte.[45]

Die Kleidung der Heiligen Familie auf der Rückkehr aus Ägypten ist schlicht und orientiert sich an den städtischen Mittel- und Unterschichten.
Darstellung aus Biblia Pauperum, Codex Vindobonensis 1198, fol. 3 r. Österreichische Nationalbibliothek, Wien

* Eine scheinbar alternative Lebensform bot den Frauen im Rahmen der katholischen Kirche das Kloster, denn die völlige Askese, die Überwindung des »Weiblichen« konnte ihre Stellung in der Geschlechterhierarchie erträglicher gestalten. Der Eintritt in ein Frauenkloster war im 12. und 13. Jahrhundert beinahe der einzige Weg, um ein gewisses Maß – und in einigen Konventen auch ein hohes Maß – an Bildung zu erwerben und im günstigsten Falle, wie die deutschen und italienischen Mystikerinnen Hildegard von Bingen, Katharina von Siena, Christina Ebner und Adelheid Langmann, zu persönlicher Anerkennung zu gelangen. Dieser Weg stand jedoch immer nur einer im Verhältnis zur weiblichen Gesamtbevölkerung der Städte kleinen Zahl offen. Man nimmt z. B. noch für die Mitte des 14. Jahrhunderts in England eine Gesamtzahl von nur 3500 Nonnen an. Von den im Spätmittelalter in England bestehenden 111 Frauenkonventen zählten 63 weniger als zehn Nonnen. [46] In Deutschland war der Zustrom zu den Nonnenklöstern im 12. und 13. Jahrhundert stark. Allein dem Bettelorden der Dominikaner unterstanden z. B. in Oberdeutschland neben 49 Männer- auch 63 Frauenklöster. Daneben existierten in diesem Raum zahlreiche, den Franziskanern inkorporierte Frauenklöster. Berücksichtigt man aber, daß ihre Standorte nicht immer die großen städtischen Zentren waren und die Zahl ihrer Insassinnen differiert, so gewinnt man ein annähernd realistisches Bild von der Bescheidenheit ihrer Aufnahmekapazität. Zudem entstammten die Nonnen einem bestimmten sozialen Milieu. Nach den verschiedenen Ordensregeln war den meisten Frauenklöstern eine strenge Klausur vorgeschrieben. Bei den Klarissen z. B. erlaubte man den Nonnen nur einmal in 14 Tagen an das Sprechgitter zu gehen, um in Anwesenheit

Der Teufel auf der langen Schleppe weist auf Eitelkeit und Hoffart hin. Holzschnitt, gedruckt bei Hans Vintler, Augsburg 1486. Aus Albert Schramm, Der Bilderschmuck der Frühdrucke, Bd. XXIII, Leipzig 1943, Abb. 705

einer anderen angesehenen Schwester Besuch zu empfangen, und nur einmal im Jahr durfte das Sprechgitter herabgelassen und die Nonne für die Außenwelt sichtbar werden. Diese strenge Abgeschlossenheit verbot auch den unter Leitung von Bettelorden stehenden Frauenklöstern, ihren Lebensunterhalt mit Bettel zu gewinnen oder aufzubessern. Da aber die Ordensgeistlichkeit bestrebt war, die Wirtschaftlichkeit der Konvente zu sichern, steuerte man die Aufnahme der Frauen so, daß sich ihre Insassinnen aus vermögenden, spendenfreudigen Familien zusammensetzten, die eine zum Einkauf in ein Kloster erforderliche »Mitgift« zur Verfügung stellen konnten. Die unerläßliche Mitgift für die Nonnen der Klarissinnenklöster im gesamten süddeutschen, österreichischen und Schweizer Raum betrug z.B. drei Mark Jahresrente (Gülte) oder 40 Pfund Pfennige, was in der Mitte des 14. Jahrhunderts ungefähr einem Vermögen von 220 Gulden entsprach. [47] Mitunter wurde daneben, wie bei den Klarissen, einigen vermögenslosen Laienschwestern der Eintritt erlaubt. Diese dienenden Schwestern hatten mannigfaltige Verpflichtungen zu übernehmen, um den Nonnen Tag und Nacht Gebet und Kontemplation zu ermöglichen. Auf diese Weise blieb die Mehrzahl der Frauenklöster den Töchtern des Adels und des städtischen Patriziats vorbehalten. Der Adel brachte seine unverheirateten Töchter und Witwen seit dem 12. und 13. Jahrhundert daneben auch in semireligiösen Konventen, religiösen Lebensgemeinschaften ohne Gelübde und Klausurvorschriften, unter.

* In einer Zeit intensiven Landesausbaus durch die großen Feudalherren und der raschen Ausweitung des Handels und der Warenproduktion einerseits, starren Festhaltens mancher Stadtherren an ihren althergebrachten Vorrechten andererseits, die im 12. und 13. Jahrhundert Bewegung und Unruhe verursachten, zeigten sich viele Menschen, darunter auch zahlreiche Frauen, neuen religiösen Lehren gegenüber aufgeschlossen und bereit, ihnen zu folgen.

Vor allem wandten sie sich der in Westeuropa fußfassenden Ketzerbewegung der Katharer, der »Reinen«, zu. Diese Sekte besaß ihre eigentlichen Zentren seit dem Ende der sechziger Jahre des 12. Jahrhunderts in den Städten Oberitaliens und Südfrankreichs sowie entlang der Verkehrswege zwischen diesen Regionen. Versuche, nach England auszugreifen, scheiterten. Die Tatsache, daß Frauen wie Männer durch strenge Befolgung aller Glaubenssätze zum eigentlichen Kern der Sekte, zu den »Vollkommenen« (perfecti), in denen die eigentlichen »Geistträger« gesehen wurden, vordringen durften, ließ auf ein im Vergleich zur katholischen Kirche positiveres Verhältnis der Katharer zu den Frauen schließen. Diese Haltung gewann ihnen unter den Städterinnen zahlreiche aktive Anhängerinnen und Sympathisierende. Aufgabe der »Vollkommenen« war es, ein nach den katharischen Lehren vorbildliches Leben zu führen, die Grundideen der Häresie zu verbreiten und zu predigen. Die Frauen (perfectae) nahmen ursprünglich auch an der Missionierung und Predigt teil. Als sich aber innerhalb der Sekte eine eigene geistliche Hierarchie auszubilden begann, waren sie daran nicht mehr beteiligt. Es gab daher auch keine weiblichen katharischen Diakone und Bischöfe. Dadurch dürfte die Sekte jedoch bei den sympathisierenden Städterinnen kaum an Attraktivität eingebüßt haben. Sie solidarisierten sich mit dem Grundanliegen der Katharer, der Forderung nach einer armen Kirche und der Ablehnung der Reichtum anhäufenden katholischen Kirche. Diese soziale Komponente führte nicht wenige Frauen besonders aus der städtischen Mittel- und Unterschicht auch den Waldensern, einer seit etwa 1177 bestehenden Armutsbewegung, zu, die, durch den Lyoner Kaufmann Waldes ins Leben gerufen, sich noch im 12. Jahrhundert in Südfrankreich, Oberitalien und im Gebiet um Toul und Metz festsetzte und im Spätmittelalter zur Volksreligion ausweitete.

Für die übergroße Mehrzahl der Städterinnen bedeutete jedoch auch die Möglichkeit, sich einer Sekte anzuschließen, keinen echten Ausweg. Nur wenige waren gewillt, sich den Ketzerverfolgungen der katholischen Kirche auszusetzen, für die der Kreuzzug gegen die Katharer in Südfrankreich (1209–1229) ein blutiges Zeichen gesetzt hatte und die nach der Organisation der päpstlichen Inquisition 1231 systematisch ausgriffen. Auch dürften bestimmte Teile der katharischen Lehre, wie ihre Befürwortung der Ehelosigkeit und die Ablehnung der Fortpflanzung, auf die Dauer gerade auf die Bürgerinnen abstoßend gewirkt haben. Ihren ureigensten Lebensinteressen entsprach in dieser Hinsicht viel eher die mit Nachdruck von der katholischen Kirche geforderte, auf die Zeugung der Nachkommenschaft orientierte Einehe.

* Zudem entwickelte die katholische Kirche mit den bereits in anderem Zusammenhang erwähnten Bettelorden der Dominikaner und Franziskaner seit dem frühen 13. Jahrhundert eine Institution, die speziell auf die religiöse Situation in den Städten zugeschnitten war und gerade auf den weiblichen Teil der Bevölkerung starken Einfluß gewann. Besonders die Franziskaner gingen in ihren Predigten auf die Lage der Frauen und die ehelichen Beziehungen ein. Ihr enger Kontakt zu den Menschen ließ sie wichtige gesellschaftliche Übel erkennen und aufgreifen und nicht selten den Nagel auf den Kopf treffen, wie in seinen Ausführungen über die Ehe 1275 Berthold von Regensburg. Er bezieht sich auf die Gewohnheit der Stadtbürger, junge Mädchen von 12 bis 16 Jahren mit Männern zu verehelichen, die »im besten Alter« oder schon an der Schwelle des Greisenalters standen. Diese Gepflogenheit, die davon ausging, daß ganz junge, unberührte Frauen besonders geeignet seien, gesunde, lebensfähige Kinder zu gebären, führte im Alltag dann zu permanenten gesellschaftlichen Schäden. Viele junge Frauen wurden durch häufige Geburten physisch überfordert und starben früh. Die durchschnittliche weibliche Lebenserwartung lag bei 30 Jahren. Die Kinder entbehrten die Fürsorge der Mutter und trugen u. U. psychische Schäden davon. Aufgrund der unterschiedlichen sexuellen Reife von Mann und Frau entstanden Ehekonflikte, die nicht selten zu kriminellen Handlungen, häufiger aber noch zu Verstößen gegen die christliche Ehe- und Sexualmoral führten.

Diese Verhältnisse, die Berthold von Regensburg als Beichtvater kennen mußte, werden auch in der mittelalterlichen Schwankliteratur und in den während des späten Mittelalters unternommenen Bemühungen mancher Stadträte der Großstadt sichtbar, die zahlreichen Kindesaussetzungen zu unterbinden. Der Franziskanermönch greift diesen Mißstand frühzeitig und unerschrocken auf, wenn er formuliert: »Doch will ich euch eines raten, Gott hat es euch aber nicht geboten, ich rate es euch nur mit guten Treuen. Weil wir großen Schaden daran haben und sehen und hören, daß ihr gar junge Kinder alten Männern gebet, darum rate ich euch, daß ihr ein junges dem anderen gebet und ein altes dem anderen.« Und an anderer Stelle geht er in Form von Frage und Antwort auf das Verhältnis der Eheleute zueinander ein: »Bruder Berthold! Nun sagst du, die Frau solle dem Manne untertänig sein, und er ihr Herrscher sein. Das ist auch wahr, du sollst der Herrscher sein, und sie deine Hausfrau; darum sollst du ihr nicht das Haar allezeit ausziehen umsonst und um nichts, und schlagen, so oft dich gut dünkt, und schelten und fluchen und anderes bös behandeln unverdient. Du sollst auch nicht gute Kleider tragen, und sie die schlechten und verächtlichen, du sollst sie gerade so würdig halten wie dich an Kleidern, an Essen und Trinken. Denn sie hat Gott von deinem Herzen genommen, darum soll sie dir nahe sein. Alle die ihres Gemahls nicht pflegen mit reiner Treue am Gut und am Leibe und an der Seele, die haben nichts zu tun mit dem Himmelreich ...«[48]

Seite 165:

60 Die auf dem Rücken des Philosophen Aristoteles reitende Frau rächt sich mit List für die Trennung von ihrem Geliebten.
Detail des Malthererteppichs, Aristoteles und Phyllis, um 1310/1320. Städtische Museen, Freiburg im Breisgau

67 Anbetung des Jesuskindes durch die Heiligen Drei Könige. Gemälde eines unbekannten Künstlers aus Lippova (?), 1510–1520. Museum für bildende Künste, Budapest

68 Maria mit dem Knaben Johannes, das Jesuskind anbetend. Tafelbild von Pseudo-Pier Francesco Fiorentino, um 1460. Staatliches Lindenau-Museum, Altenburg

69 Die Plastik Anna-Selbdritt entstand mit im Auftrag des Großkaufmanns Hans Frenzel (1436–1526). Anläßlich der Erfüllung seines Kinderwunsches stiftete er eine Kapelle. Diese Stiftung betrug 8500 Rheinische Gulden. Außenwand der Annenkapelle Görlitz

70 Maria ist als die Gnadenreiche, die Beschützerin, tief in der Volksfrömmigkeit verwurzelt. Unter ihrem Mantel finden Menschen aller Stände Schutz. Gemälde eines unbekannten Künstlers, Oberösterreich, um 1500. Stiftsgalerie Kremsmünster

Folgende Seite:

71 Unter dem Einfluß der Renaissance deutet sich in der Darstellung der Eva eine neue Wertung an. Die überdimensionale, hoheitsvolle souverän wirkende Gestalt läßt ahnen, daß sie für die links im Bild befindlichen Menschen eine wesentliche Bedeutung hat. Fresko Eva als Stammmutter der Menschen, Südtirol 1475–1485. Filialkirche St. Nikolaus, Klerant (Südtirol)

pierleicken · tot ·

Völlig verfehlt wäre es jedoch, aus diesen Äußerungen auf eine grundsätzliche Umorientierung der katholischen Theologie in bezug auf die Geschlechterfrage zu schließen. Die Eheherrschaft des Mannes ist für den Franziskaner Berthold von Regensburg wie auch für andere zugunsten der Frau im späten Mittelalter eintretende Theologen unantastbar, und Bestrebungen von Frauen, sich selbständig zur Wehr zu setzen, werden verurteilt. Worum es in der Regel geht, ist die Beseitigung der schlimmsten Auswüchse der Ehevormundschaft des Mannes, durch welche die kirchlich sanktionierte Ehe und damit auch ihre geistlichen Fürsprecher in Mißkredit geraten konnten, was erfahrungsgemäß zur Abwendung von Frauen oder zu Bestrebungen, innerhalb der katholischen Kirche neue, schwer kontrollierbare Lebensformen zu entwickeln, führte. Letzteres blieb dennoch nicht aus. Dabei ist vor allem an die etwa um 1200 im nordfranzösisch-rheinischen Raum entstandene Beginenbewegung zu denken.

* Beginen waren wie die Waldenser Teil der nach einer armen, gereinigten Kirche strebenden städtischen Armutsbewegung. Diese Frauen, die aus allen Schichten der städtischen Bevölkerung kamen, schlossen sich zu untereinander selbständigen religiösen Konventen zusammen und lebten nach bestimmten selbst gesetzten Regeln. Ihr gemeinsamer Nenner war das Streben nach einem am Armutsideal orientierten tugendhaften Leben. Ihre materielle Existenz sicherten die Frauen vorwiegend durch textilgewerbliche Arbeiten, Handel, Kranken- und Altenpflege, Magd- und Bestattungsdienste sowie Bettel. Andere lebten von Schenkungen Verwandter oder Förderer. Die Konvente der Beginen unterstanden der städtischen Rechtsprechung, besaßen zum Teil Bürgerrecht und gliederten sich der Stadtgemeinde organisch ein.

Das Beginenwesen als eine religiöse Lebensform für Frauen, die ganz auf ein entwickeltes Städtewesen zugeschnitten ist, breitete sich sehr rasch in einem großen Teil der Städte West- und Mitteleuropas aus. Die Schwestern waren in Nordfrankreich ebenso anzutreffen wie im Rheingebiet, in Sachsen, Thüringen und Böhmen, wobei die Verbreitungsdichte sehr variabel war. Für die großen europäischen Handels- und Exportgewerbestädte Gent, Köln, Basel, Straßburg rechnet man mit mehreren hundert Beginen; konkrete Angaben weisen Mainz 90, Straßburg 160 und Köln 600 Beginen zu. Letztere verteilten sich auf ungefähr 60 Beginenhäuser. Von der großen Zahl der Kölner Beginen beeindruckt zeigt sich schon in der ersten Hälfte des 13. Jahrhunderts Matthäus von Paris: »Und ihre Zahl«, schreibt er, »vermehrte sich in kurzer Zeit so sehr, daß man ihrer in der Stadt Köln und der Umgebung zweitausend fand.« [49] Wie in anderen mittelalterlichen Chroniken sind die Zahlenangaben bei Matthäus von Paris übertrieben, aber sie weisen die Kölner Beginen als eine von den Zeitgenossen zur Kenntnis genommene Bevölkerungsgruppe aus. Mittlere Handels- und Gewerbestädte wie Trier, Speyer, Ulm, Dortmund und die Seestädte Hamburg, Lübeck und Bremen dürften dagegen nur einige Dutzend Beginen beherbergt haben.

Die starke Präsenz der Beginenkonvente in manchen mittelalterlichen Großstädten zeugt von dem Bestreben zahlreicher unversorgter Städterinnen oder solcher, die der Eheherrschaft zu entgehen suchten, alternative Lebensgemeinschaften zu bilden, um ein wirtschaftlich abgesichertes und religiös nicht übermäßig eingeschnürtes Leben führen zu können. Letzteres wurde durch fehlende feste Ordensregeln und sehr individuelle Hausordnungen für die Beginenkonvente erleichtert. Die Häuser entfalteten vor allem in den textilgewerblich orientierten Städten starke Aktivitäten und wurden damit zu einer ernstzunehmenden Konkurrenz mancher Zünfte. Die Härte der Auseinandersetzung um die gewerbliche Tätigkeit der Beginen verdeutlicht z.B. ein Kölner Ratsspruch in den Streitigkeiten zwischen Wappenstickern und Beginen des Schelenkonvents von 1482. Daraus geht hervor, daß die Wappensticker mit Gewalt in den Beginenkonvent eingedrungen sind, um eine Hausdurchsuchung zu erzwingen. Dieser Umstand wird vom Rat zwar als Gewalttat verurteilt, aber gleichzeitig verbietet er den Beginen die Ausübung des Gewerbes der Wappensticker. 1421 waren die Beginen dieses Konvents schon aus der Saartuchweberei ausgeschlossen und auf den Betrieb von sechs Leinenwebstühlen beschränkt worden. Gegen Ende des 15. Jahrhunderts fallen die Kölner Beginen auch unter das für geistliche Einrichtungen allgemein ausgesprochene Verbot des Bestickens von Hüten und des Brauens von Weiß- und Rotbier. Als Pendant zur Beginenbewegung verbreiteten sich in den niederländischen Städten und in Niederdeutschland auch die von Geert Grote (1340 bis 1384) ins Leben gerufenen Gemeinschaften der »Schwestern vom gemeinsamen Leben«. Auch sie widmeten sich der Herstellung von Textilwaren. In Deventer, dem Ausgangszentrum dieser religiösen Bewegung, rechnet man mit etwa 150 Schwestern zu Beginn des 15. Jahrhunderts. Im gleichen Zeitraum lebten und arbeiteten zu Hertogenbos etwa 700.

Neben den stark am Wirtschaftsleben beteiligten Beginen beschäftigte sich eine kleinere, von Haus aus materiell abgesicherte Gruppe mit der Vertiefung in religiöse Fragen. Zu nennen sind die bekannte, fest auf dem Boden der katholischen Kirche stehende deutsche Mystikerin Mechthild von Magdeburg und die Engländerin Margery Kempe oder die 1310 als Ketzerin verbrannte Marguerite Porète, Verfasserin der Schrift »Der Spiegel der einfachen Seelen«. Das betrifft auch jene Beginen, über die 1273 der Franziskaner Simon von Tournai in einem Gutachten äußert: »Es gibt bei uns Frauen, die sich Beginen nennen, und einige von ihnen beherrschen Spitzfindigkeiten und freuen sich über Neuerungen. Sie haben die Geheimnisse der Schriften, die selbst für Leute, die in der heiligen Schrift bewandert sind, kaum zu ergründen sind, in der französischen Volkssprache

Thomas von Aquino begegnet einer Mystikerin, vielleicht einer Begine. Holzschnitt, gedruckt bei Hans Vintler, Augsburg 1486. Aus Albert Schramm, Der Bilderschmuck der Frühdrucke, Bd. XXIII, Leipzig 1943, Abb. 665

interpretiert.« [50] Er fügt hinzu, er habe selbst ein Exemplar einer solchen Bibel gelesen und besessen, die bei Pariser Buchhändlern öffentlich ausliege, und denunziert diese Bibelübersetzung als mit Ketzerei, Irrtümern und Zweifeln behaftet.

Marguerite Porète und die zuletzt erwähnten Beginen sind nicht allein der strengen Beobachtung und Verfolgung ausgesetzt. Das Mißtrauen der katholischen Kirche, mit dem sie die Ausbreitung des Beginenwesens aufnahm, resultierte aus der Erfahrung, daß sich Teile der Beginenbewegung entschlossen hinter radikale Vertreter der innerkirchlichen Armutsbewegung stellten und dieses Ideal kompromißlos auch gegen das Papsttum verteidigten, wie die Franziskaner-Spiritualen in Südfrankreich an der Wende vom 13. zum 14. Jahrhundert. Zudem erwiesen sich die sozial ungesicherten, der ärmeren Stadtbevölkerung entstammenden Beginen, die nicht in bestimmten Konventen fest ansässig lebten, als ein für ketzerische Lehren, wie z. B. der »freigeistigen Häresie«, sehr empfängliches soziales Element. Sie wurden daher durch die Inquisition ebenso verfolgt wie ihr männliches Pendant, die unter dem Einfluß der freigeistigen Häresie stehenden Begharden. Die Mehrzahl der Beginen schloß sich seelsorgerisch jedoch den ihren Vorstellungen von der armen, gereinigten Kirche scheinbar am nächsten stehenden Bettelorden der Franziskaner und Dominikaner an und führte ein Zusammenstöße mit der Kirche tunlichst vermeidendes religiöses Leben. Manche ursprünglichen Beginenkonvente scheinen sich auch voll in den Franziskanerorden inkorporiert zu haben und treten damit als Dritter Orden der Franziskaner (Terziarinnen) in Erscheinung. Die Terziarinnen waren religiöse Frauengemeinschaften, die in den Städten ohne Gelübde ein religiöses Leben führten, also jederzeit wieder aus dem Orden austreten konnten, und sich vor allem der Pflege kranker und alter Menschen widmeten. Sie sind Teil der zahlreichen religiös-genossenschaftlichen Vereinigungen, die breite Kreise der städtischen Bevölkerung und besonders Frauen im Spätmittelalter an die katholische Kirche banden. Das trifft z. B. auch für die in Deutschland verbreitete Kalandsbewegung aus Priestern und Laien zu.

* Ungeachtet der relativ starken Teilnahme von Frauen aus dem städtischen Milieu an den Ketzerbewegungen des Mittelalters blieb die große Zahl der Städterinnen und vor allem der verheirateten Frauen unter dem Einfluß der katholischen Kirche, ja, man gewinnt aufgrund der zahlreichen erhaltenen Frauentestamente geradezu den Eindruck, die Bindung der Städterinnen an diese In-

Steinmetzen mit einer Auftraggeberin, die ihrer Kleidung nach der städtischen Oberschicht angehört.
Miniatur aus dem französischen Roman vom Heiligen Gral, fol. 55 v., frühes 14. Jahrhundert. British Museum, London

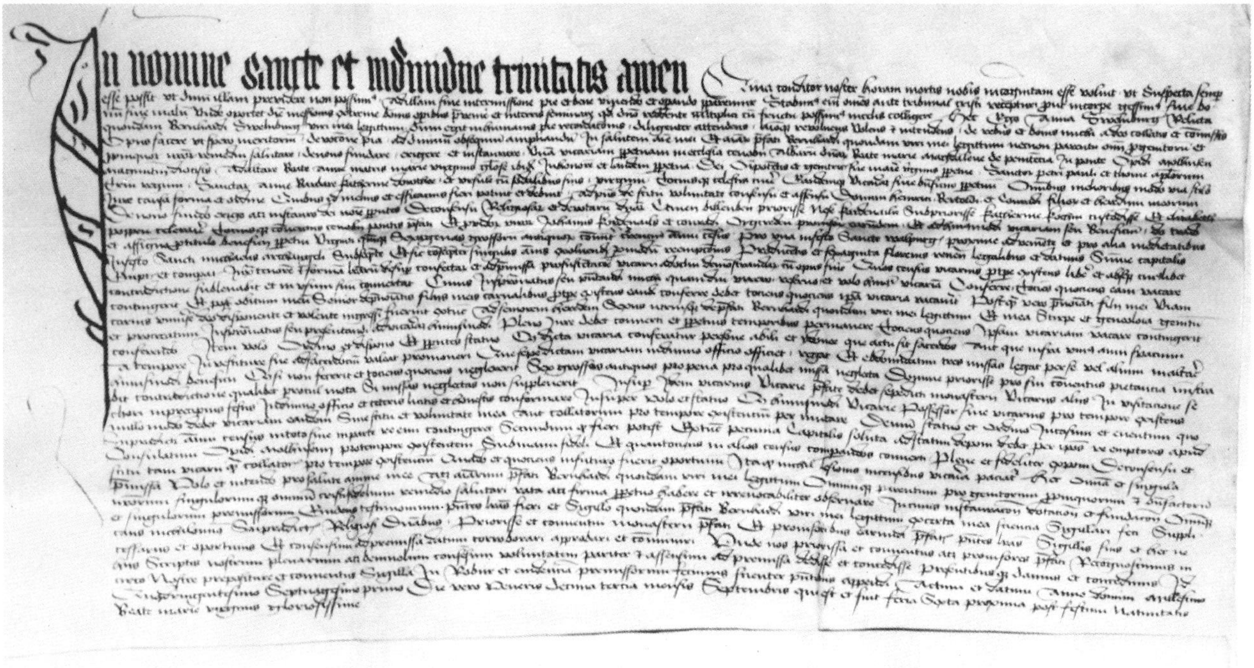

In nomine sancte et individue trinitatis amen

Mit Einwilligung ihrer Erben stiftet die Witwe Anna Swelenburg aus Mühlhausen einen Altar im Brückenkloster.

Urkunde Nr. 1114,
Stadt- und Kreisarchiv Mühlhausen/Thüringen

stitution war sehr beständig. Dabei spielte gewiß eine Rolle, daß die kirchliche Ehegerichtsbarkeit mitunter zugunsten der Frauen intervenierte, wenn die städtische Gerichtsbarkeit Unterstützung versagte. Wichtiger jedoch war, daß die positive Entwicklung der beruflichen und wirtschaftlichen Aktivität ihnen das notwendige Selbstbewußtsein gab, um die Grundaussage der zeitgenössischen katholischen Theologie über die Geschlechtervorherrschaft des Mannes leichter zu nehmen und die für sie formulierten, strengen religiösen Lebensregeln ihren sozialen Verhältnissen entsprechend anzupassen. Sowohl die Ehefrauen der Stadtbürger als auch die wirtschaftlich selbständigen Frauen waren zudem als Mitglieder von Gilden und Zünften daran interessiert, allen religiösen Verpflichtungen besonders genau und gewissenhaft nachzukommen, um damit ihr eigenes Sozialprestige und das der Familie zu stärken. Es finden sich in Testamenten von Frauen aus dem wohlhabenden Stadtbürgertum jetzt neben großzügigen Legaten für religiöse Gemeinschaften, Kirchen oder Priester auch Spenden zum Bau von Kirchen und Stiftungen für Altäre, Hospitäler, Seelsorge- oder Beginenhäuser. Zu dem gleichen Ziel und wohl auch aus einem verstärkten Bildungs- und Erlebnisbedürfnis unternehmen vermögende Städtebürgerinnen weite Pilgerreisen. Die bereits erwähnte Begine Margery Kempe begibt sich auf eine Pilgerreise, die sie weit in Europa herumführt. In Stralsund erwähnen mehrere Testamente aus der ersten Hälfte des 14. Jahrhunderts Pilgerreisen von Städterinnen. Als Ziel ist wiederholt die heilige Maria in Aachen angegeben. Auch von Görlitz brechen während des 14. Jahrhunderts zwei Frauen auf. Voneinander unabhängig pilgern sie nach Rom. Von der Görlitzer Kauffrau Agnes Fingerin wissen wir, daß sie ihre Pilgerreise bis nach Jerusalem ausdehnte. Das war keine Reise auf Schusters Rappen, sondern auf dem Landwege hoch zu Roß und teilweise in adligem Gefolge. Das große Ziel läßt die körperlichen Strapazen gering achten.

Wie Agnes Fingerin hatten im Spätmittelalter viele Städterinnen ein ihren Lebensansprüchen angepaßtes Verhältnis zur katholischen Religion. Kaum eine von den weltlich lebenden Stadtbürgerinnen dachte daran, mit Rücksicht auf den Sündenfall der Stammutter Eva an ihrer Kleidung zu sparen. Hochzeiten wurden mit großem Aufwand gefeiert, und Kindtaufen waren vor allem für die weibliche Verwandtschaft und Bekanntschaft ein Anlaß zu Festlichkeiten. Ratserlasse, die Hochzeits-, Kindtauf- und Kleiderordnungen zum Gegenstand hatten, wie auch zahlreiche moralisierende Schriften kämpften dagegen anscheinend mit geringem Erfolg an. Das religiöse Leben stellt im Spätmittelalter eine Synthese zwischen dieser, dem Alltag der Mehrheit des Stadtbürgertums angepaßten, oft recht oberflächlichen Religiosität und einer tiefen, in der Mystik und den Armutsbewegungen gipfelnden Frömmigkeit dar.

Die religiöse Wertvorstellung von den beiden Geschlechtern und damit die Abwertung der Frau bleibt dabei ungeachtet der Veränderung ihrer gesellschaftlichen Stellung im Alltagsleben der mittelalterlichen Stadt bis ins späte Mittelalter erhalten. Ja, man muß hinzufügen, am Vorabend der frühbürgerlichen Revolution spitzt die Lage sich 1484 weiter zu durch den Erlaß der päpstlichen Bulle »Summis desiderantes affectibus« und 1486 durch das Erscheinen des berüchtigten Kompendiums zur Anleitung von Inquisitionsverfahren gegen verdächtige Frauen, den »Hexenhammer«. Dieses Frauenbild wirkt in allen ideologierelevanten Lebensbereichen weiter, wenn es auch aus den Kreisen des Klerus selbst nicht ohne Widerspruch bleibt. [51]

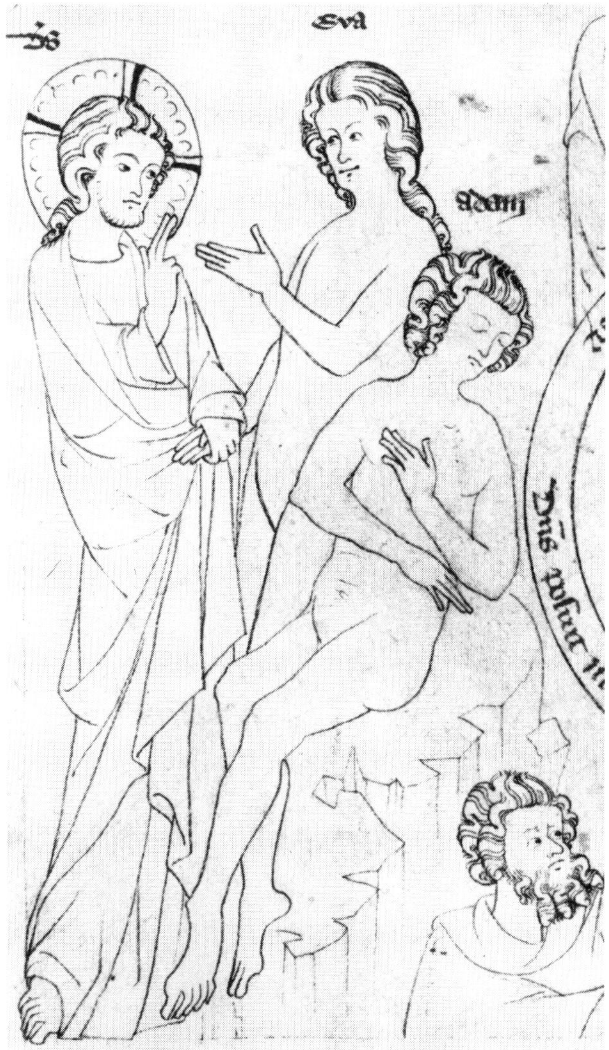

Erschaffung Evas aus Adams Rippe.
Bemerkenswert sind die jugendliche Erscheinung Gottes und die Auffassung der Eva als Adam ebenbürtiges und nicht hilfloses Weib.
Darstellung aus Biblia Pauperum, Codex Vindobonensis 1198, fol. 3 r., Ausschnitt. Österreichische Nationalbibliothek, Wien

Ausblick

Die mittelalterlichen Städte boten in ihrer Gesamtheit, wenn auch je nach Stadttyp mehr oder weniger ausgeprägt, infolge günstiger Bedingungen für die Entfaltung eines blühenden Wirtschaftslebens und den sozialen Aufstieg der Bürger auch für die Städterinnen eine Reihe positiver Veränderungen. Sie erlangten eine anerkannte Position im städtischen Wirtschaftsleben, eine begrenzte Geschäftsfähigkeit im juristischen Sinne [52] und die Möglichkeit zum selbständigen Erwerb des Bürgerrechts.

Einen großen Beitrag zum Erhalt der Familien leisteten vor allem die Frauen in den städtischen Unterschichten, wo sie durch ihre Arbeit die Existenz der Familienwerkstatt mittrugen oder auch außerhalb dieser Werkstatt berufstätig wurden, vorwiegend als Lohnarbeiterin und im Kleinhandel. In den großen Exportgewerbe- und Fernhandelszentren und in den mittleren Handelsstädten mit Exportgewerbe bildeten die Klein- und Detailhändlerinnen eine nicht wegzudenkende Stütze des Binnenmarktes. Wo sich das Verhältnis von Arbeits- und Arbeitskräfteangebot zuungunsten der Arbeitsuchenden gestaltete, mußten die Frauen der städtischen Unterschichten nicht selten auch schwere körperliche Arbeiten wie im Baugewerbe oder im Schmiedehandwerk ausführen. [53] Nicht wenige dieser Frauen halfen darüber hinaus die Existenz ihrer Familien durch Nebenverdienste zu sichern. Die Wehrlosesten verfielen der Prostitution. [54]

Frauen aus dem vermögenderen Stadtbürgertum fanden sich unter den Berufstätigen im Handel, im Wechselgeschäft, in städtischen Ämtern und im Handwerk. Ungeachtet zahlreicher weiterbestehender Zunftbeschränkungen konnten sie in den reinen Frauenzünften oder in gemischten Zünften des Textilgewerbes Meisterrecht erlangen. Andere Zweige des Handwerks wie z.B. die Ölschläger, Seiler, Pergamenter, Fleischer, Schuster oder Bäcker scheinen nur vereinzelt und regional begrenzt weibliche Meister zugelassen zu haben.

Bis zur zweiten Hälfte des 15. Jahrhunderts, teilweise noch bis zum Ende des 16. Jahrhunderts gab es vermutlich eine Reihe von günstigen Bedingungen für eine selbständige weibliche Berufsarbeit, von denen einige in der frühen Neuzeit wegfallen. Derartige Voraussetzungen bestanden vor allem:

in der räumlichen Nähe von Haushalt und Familienbetrieb [55];

in der Verfügbarkeit billiger Arbeitskräfte für den Haushalt aufgrund einer noch relativ bescheidenen Nachfrage von Arbeitskräften;

im Interesse der Stadträte, zahlreiche in die Stadt strömende mittellose Frauen durch eigene Arbeit zu versorgen, um das städtische Sozialwesen zu entlasten [56];

in der Möglichkeit, durch die Berufstätigkeit der Ehefrau den Mann für ein städtisches Amt besser verfügbar zu halten [57];

und nicht zuletzt im Entwicklungstrend zum Verlag in den führenden Exportgewerbestädten. (Die Verbindung von in der Hand des Ehemannes liegendem Handel und durch die Frau ausgeführter gewerblicher Tätigkeit wie im Kölner Seidamt [58] entsprach diesem Trend.)

Als feste Stütze der Familie erwiesen sich Städterinnen besonders in Notsituationen wie beim Tod des Ehemannes, in demographischen Krisen und innerstädtischen Auseinandersetzungen. Vielfältige weibliche Bemühungen galten aber auch im normalen städtischen Leben der Sicherung und Mehrung des Vermögens, dem sozialen Ansehen der Familie, der Erziehung der Kinder, der Versorgung und Anleitung der Knechte und Mägde, der Lehrlinge, Lehrmädchen, unverheirateten Gesellen und Handlungsdiener, soweit sie im Hause wohnten und zur Familie zählten. [59] Dazu befähigte diese Frauen eine nicht geringe Teilnahme an der Erwerbstätigkeit der männlichen Familienmitglieder und den alltäglichen Vorgängen in der Stadt. Auch der Zugang zu den Grundschulen war dem förderlich. Frauen der zahlenmäßig kleinen städtischen Oberschicht hatte sich darüber hinaus vor allem durch Privatlehrer eine gediegenere Bildung eröffnet. Ausgedehnte Geschäfts- und Pilgerreisen weiteten den Blick mancher Frau. Ihre Alltagskultur, Erfahrungen in medizinischen, diätetischen und kosmetischen Dingen, repräsentativer Lebensstil und Bildung empfahlen die Frauen der städtischen Oberschicht im Spätmittelalter den Höfen des Feudaladels als Hofdamen und gestatteten nach unserer heutigen Kenntnis einigen wenigen von ihnen sogar eine Meinungsäußerung in öffentlichen Angelegenheiten. Besondere Hervorhebung verdient Christine von Pisan, die ihre Stimme öffentlich zugunsten von politischen Reformen erhob, die dem französischen Königtum bei der Wiederherstellung des Friedens im Land helfen sollten. Frieden bedeutete für diese engagierte, mit dem Evangelium, den Werken antiker Schriftsteller und der Kirchenväter wohl vertrauten Zeitgenossin »der Inbegriff aller Tugend ... und das Ziel und die Summe aller unserer Bemühungen und Arbeiten«. Sie handelte in der Überzeugung, daß man »ohne Frieden nicht in der rechten Ordnung und sittlichen Kraft leben« kann. Überlegungen zur Herbeiführung des Friedens für das französische Königtum, zu möglichen Wegen dazu, fanden in verschiedenen ihrer Werke Eingang. Sie ließ es sich auch besonders angelegen sein, die Angehörigen ihres Geschlechts für ein Handeln in diesem Sinne zu beeinflussen wie in dem »Buch der drei Tugenden«. Nach vorübergehender Resignation bekannte sie sich 1429 in dem Werk »Le Ditié de Jehanne d'Arc« erneut zu ihrer kämpferischen, von Patriotismus, überzeugter Loyalität gegenüber dem französischen Königtum und Friedensliebe geprägten Lebenshaltung. Christine von Pisan war es auch, die als erste Frau im europäischen Mittelalter ihre schriftstellerische Tätigkeit nutzte, um gegen die Herabwürdigung ihres Geschlechts in der Literatur und in der Lehrtätigkeit der Magister anzukämpfen. [60]

Zieht man ein vorläufiges Fazit, so zeigen die skizzierten Beobachtungen das Leben der Städterinnen im Mittelalter nicht als eine Aneinanderreihung von erduldeten Erniedrigungen, sondern auch als aktives Eingehen auf historisch gebotene Chancen. [61]

Die Geschichte der Frau als eine nicht nur von einzelnen Historikern, sondern von der Geschichtswissenschaft akzeptierte Forschung ist eine junge Disziplin. Gegenwärtig sind es nur Konturen, die sich vom Leben der Frau in mittelalterlichen Städten abzeichnen. Noch läßt sich nichts Endgültiges über den Umfang der positiven Veränderungen und über den Anteil der Frauen aus verschiedenen sozialen Schichten daran aussagen. Umfang und Ziel der weiblichen Aktivitäten auf dem städtischen Rentenmarkt sowie deren Bedeutung im Rahmen der städtischen Wirtschafts- und Sozialstruktur sind nicht ausreichend geklärt. Das trifft auch für die Ursachen des allmählichen Verlusts der im Berufs- und Wirtschaftsleben erworbenen Stellung der Frauen seit der zweiten Hälfte des 15. Jahrhunderts, verstärkt im ausgehenden 16. Jahrhundert, zu. [62] Noch viele regionale Studien sind notwendig, viele Archive müssen systematisch und unter Erschließung neuer Methoden ausgewertet werden. Mit Gewißheit ist dabei eine noch größere zeitliche, räumliche und typologische Differenzierung der hier aufgezeigten Tendenzen zu erwarten. Andererseits wird auch der auf einer größeren Fülle regionalen Materials basierende historische Vergleich die gemeinsamen Trends in ihrem Bedingungsgefüge deutlicher hervortreten lassen. Dabei müssen die vorwärtstreibenden und die retardierenden geistigen Kräfte genauer bestimmt werden.

Auch Fragen wie die nach der realen Teilnahme von Kauffrauen am Leben der Handelsgilden [63] und nach der Wirkung der positiven Veränderungen zugunsten der Städterinnen auf die Frauen aus der ländlichen Umgebung tauchen auf. Die Bedeutung des Zutritts von weiblichen Personen aus der städtischen Oberschicht zum fürstlichen Hofstaat [64] im Zusammenhang mit der Bindung des tonangebenden Städtebürgertums an den Herrscher im Spätmittelalter ist zu klären. Ein bisher noch unbeachtetes Problem ist das Verhältnis der Städterinnen zu mittelalterlichen Friedensbewegungen [65]. Ebenso hat die Rolle der Jüdin in den europäischen Städten im Mittelalter [66] noch nicht die gebührende Beachtung gefunden.

Soll »der volle Anteil von Frauen an Form und Bewegung der Gesellschaft erkannt werden«, [67] so wird die Geschichte der mittelalterlichen Frau vor allem dadurch bereichert werden müssen, daß die gestellten Fragen in vielfältigen Zusammenhängen historischer Spezialdisziplinen Berücksichtigung und Ergänzung finden.

Anhang

Anmerkungen

[1] Die Gesetze der Langobarden, hrsg. von F. Beyerle, Weimar 1947, S. 389

[2] Alpert von Metz, De diversitate temporum (Monumenta Germaniae historica SS. IV), S. 719, übersetzt von K. Kroeschell, Deutsche Rechtsgeschichte, Bd. 1, Hamburg 1972, S. 121

[3] K. Kroeschell, Deutsche Rechtsgeschichte, Bd. 1, Hamburg 1972, S. 229

[4] Ebenda, S. 161

[5] E. Ennen, Frauen im Mittelalter, München 1984, S. 92 f.

[6] Chronik des Matthias von Neuenburg, übersetzt von G. Grandaur, Die Geschichtsschreiber der deutschen Vorzeit, 2. Gesamtausgabe, Bd. 84, Leipzig o. J., S. 10

[7] 82,2 Prozent der beteiligten Frauen treten selbständig, nicht im Rahmen einer Familiengesellschaft, auf. Vgl. G. Jehel, Le rôle des femmes et du milieu familial à Gênes dans les activités commerciales au cours de la première moitié du XIIIe siècle, in: Revue d'histoire économique et sociale 2/3, 1975, S. 193–215

[8] S. Rushtaweli, Der Recke im Tigerfell, Altgeorgisches Poem, deutsche Nachdichtung von H. Huppert, Berlin 1982, S. 203

[9] Urkunde 1148 des Stadt- und Kreisarchivs Mühlhausen/Thüringen

[10] Das Stadtbuch von Augsburg, hrsg. von C. Meyer, Augsburg 1872, S. 228 f.; Das alte Lübische Recht, hrsg. von J. F. Hach, Lübeck 1839, S. 291 f. übersetzt von P. Ketsch, Frauen im Mittelalter, Quellen und Materialien, Bd. 2, Düsseldorf 1984, S. 182 f.

[11] Zitiert nach E. Power, Medieval Women, Cambridge 1975, S. 61

[12] Zitiert nach E. Power, Medieval Women, Cambridge 1975, S. 62

[13] Zitiert nach E. Power, Medieval Women, Cambridge 1975, S. 64

[14] P. Ketsch, Frauen im Mittelalter, Quellen und Materialien, Bd. 1, Düsseldorf 1983, S. 204

[15] M. Wensky, Die Stellung der Frau in der stadtkölnischen Wirtschaft im Spätmittelalter, Köln, Wien 1980, S. 37 (= Quellen und Darstellungen zur Hansischen Geschichte, N. F. 26)

[16] Ebenda, S. 61

[17] Grut ist Porst, wilder Rosmarin, der bis zur Mitte des 15. Jahrhunderts zur Bierherstellung verwendet wurde. Der Begriff »Gruten« übertrug sich auf den Brauvorgang insgesamt (Gruthus = Brauhaus), Grimms Deutsches Wörterbuch 10, 2, 2, Leipzig 1922

[18] Quellen zur Geschichte des Kölner Handels und Verkehrs im Mittelalter, hrsg. von B. Kuske, Bd. 1, Bonn 1923, Nr. 652, S. 223 f. (= Publikationen der Gesellschaft für Rheinische Geschichtskunde, Bd. 33, 1), übersetzt von P. Ketsch, Frauen im Mittelalter, Quellen und Materialien, Bd. 1, Düsseldorf 1983, S. 161 f.

[19] Urkundenbuch der Stadt Heilbronn, bearb. von

M. von Rauch, 4 Bde., Stuttgart 1904 bis 1922, (= Württembergische Geschichtsquellen, Bd. 5, 15, 19, 20), Bd. 3, Nr. 2084 b, S. 162 f. übersetzt von P. Ketsch, Frauen im Mittelalter, Quellen und Materialien, Bd. 1, Düsseldorf 1983, S. 177 f.

[20] Eine instruktive Materialzusammenstellung bietet P. Ketsch, Frauen im Mittelalter, Quellen und Materialien, Bd. 1, Düsseldorf 1983, S. 25 ff.

[21] Zitiert nach E. Power, Medieval Women, Cambridge 1975, S. 68

[22] Gerhard von Cremona war einer der bedeutendsten Sprachgelehrten der Übersetzerschule von Toledo. Seine im 12. Jahrhundert entstandene Chirurgia ist die Übertragung des arabischen Werkes ABU'L QASIM HALAF IBN ABBAS ALZAHRAUI. Vollständige Faksimile-Ausgabe im Originalformat von Codex Series Nova 2641 der Österreichischen Nationalbibliothek, Graz 1979

[23] Zitiert nach E. Power, Medieval Women, Cambridge 1975, S. 108

[24] Die Chroniken der deutschen Städte vom 14. bis 16. Jahrhundert, hrsg. von der Historischen Kommission bei der Bayerischen Akademie der Wissenschaften; III: Die Chroniken der fränkischen Städte, Bd. 4, Leipzig 1862/74, S. 382 f., übersetzt von P. Ketsch, Frauen im Mittelalter, Quellen und Materialien, Bd. 2, Düsseldorf 1984, S. 263

[25] R. Alt, Bilderatlas zur Schul- und Erziehungsgeschichte, Bd. 1, Berlin 1960, S. 198 f.

[26] Übersetzt von P. Ketsch, Frauen im Mittelalter, Quellen und Materialien, Bd. 1, Düsseldorf 1983, Nr. 401, S. 256

[27] Zitiert nach G. Greer, Das unterdrückte Talent, Die Rolle der Frauen in der bildenden Kunst, Berlin, Frankfurt am Main, Wien 1979, S. 161

[28] Urkundenbuch der Stadt Straßburg, bearb. von A. Schulte und G. Wolfgram, Bd. 4.2, Straßburg 1888, S. 139

[29] M. Kleinbub, Das Recht der Übertragung und Verpfändung von Liegenschaften in der Reichsstadt Ulm bis 1548, Ulm 1961, S. 88, A 552 (= Forschungen zur Geschichte der Stadt Ulm, Bd. 3)

[30] Chroniken A. 1, No. 2, fol. 68 v°, 69, Stadt- und Kreisarchiv Mühlhausen/Thüringen

[31] Wanderbüchlein des Johannes Butzbach genannt Piemontanus, hrsg. von L. Hoffmann, Berlin o. J., S. 158 f.

[32] Das Mühlhäuser Reichsrechtsbuch, hrsg. von H. Mayer, Weimar 1934^2, S. 107

[33] Libri proscriptionum II, fol. 73, Ratsarchiv Görlitz

[34] Urkundenbuch der Stadt Freiberg in Sachsen, hrsg. von H. Ermisch, Bd. 3, Nr. 674, Leipzig 1891, S. 212 (= Codex diplomaticus Saxoniae Regiae 2, 14)

[35] F. N. Robinson, The Works of Geoffrey Chaucer, 2. E., London Oxford University, Deutsche Übersetzung: M. Lehnert, Geoffrey Chaucer, Der Dichter der Liebe, Berlin 1984, S. 74 (= Sitzungsberichte der Akademie der Wissenschaften der DDR, Gesellschaftswissenschaften 8 G), ferner G. Chaucer, Die Canterbury Tales, deutsche Übersetzung von A. Düring, München o. J., S. 429

[36] Alessandra Macinghi degli Strozzi, Lettere di una gentildonna fiorentina del sec. XV ai figliuoli esuli, pubblicate da c. Guasti, Firenze, Sansoni 1877; Deutsche Übersetzung: Macinghi degli Strozzi, Alessandra, Briefe, hrsg. und eingeleitet von A. Doren, Jena 1927 (Das Zeitalter der Renaissance 1, 10), Nr. 72, S. 313, Nr. 62, S. 268

[37] Wanderbüchlein des Johannes Butzbach genannt Piemontanus, hrsg. von L. Hoffmann, Berlin o. J., S. 9 ff.

[38] Zitiert nach James Bruce Ross, Das Bürgerkind in den italienischen Stadtkulturen zwischen dem vierzehnten und dem frühen sechzehnten Jahrhundert, in: Hört ihr die Kinder weinen? Eine psychogenetische Geschichte der Kindheit, hrsg. von L. de Mause, Frankfurt am Main 1979, S. 296

[39] Zitiert nach ebenda, S. 295

[40] Zitiert nach ebenda, S. 271

[41] Johannes Chrysostomos über die von der Frau ausgehenden Gefahren, in: P. Ketsch, Frauen im Mittelalter, Quellen und Materialien, Bd. 2, Düsseldorf 1984, S. 48

[42] E. Gössmann, Die streitbaren Schwestern, Was will die feministische Theologie, Freiburg im Breisgau 1981, S. 84

[43] Ebenda, S. 82

[44] Proverbia que dicuntur super natura feminarum, übersetzt und hrsg. von A. Tobler, in: Zeitschrift für romanische Philologie IX, 1885, S. 287 ff.

[45] Die im 13. Jahrhundert zahlreichen zur Versorgung von ehemaligen Prostituierten gegründeten Reuerinnen- und Magdalenenklöster hatten in dieser Funktion nur kurze Lebensdauer. Im späten Mittelalter wurden sie zur Zufluchtsstätte für die unverheirateten Töchter des Patriziats und des Adels.

[46] E. Power, Medieval Women, Cambridge 1975, S. 89

[47] Ein Vermögen in dieser Höhe versteuerten in Basel nur etwa 14 Prozent der Bevölkerung, vgl. V. Gerz von Büren, Geschichte des Clarissenklosters St. Clara in Kleinbasel 1266–1529, Basel 1969, S. 57

[48] Die Predigten des Franziskaners Berthold von Regensburg, übersetzt und vollständig hrsg. von F. Göbel, Regensburg 1929[5], S. 285–306

[49] Auszüge aus der größeren Chronik des Matthäus von Paris, übersetzt von H. Grandaur und W. Wattenbach (Geschichtsschreiber der deutschen Vorzeit 73), Leipzig 1896, S. 155

[50] Gutachten des Franziskaners Simon von Tournai über die Gefahren des Beginentums, 1273, in: H. Grundmann, Religiöse Bewegungen im Mittelalter. Untersuchungen über den geschichtlichen Zusammenhang zwischen Ketzerei, den Bettelorden und der religiösen Frauenbewegung im 12./13. Jahrhundert und über die Grundlagen der deutschen Mystik, Darmstadt 1970[3], S. 338, übersetzt von P. Ketsch, Frauen im Mittelalter, Quellen und Materialien, Bd. 2, Düsseldorf 1984, S. 349

[51] Für eine höhere Achtung der Frau traten z. B. Jean Gerson (1363–1429), Albrecht von Eyb (1420 bis 1475), der Verfasser der »Apellatio mulieris Bambergensium« von 1452, und Agrippa von Nettesheim (1486–1535) ein. Zur Rolle der drei letztgenannten s. H. D. Heimann, Über Alltag und Ansehen der Frau im späten Mittelalter – oder: vom Lob der Frau im Angesicht der Hexe, in: Frau im spätmittelalterlichen Alltag. Internationaler Kongress, Krems an der Donau 2. bis 5. Oktober 1984, Sitzungsberichte der Österreichischen Akademie der Wissenschaften, Philologisch-historische Klasse, Bd. 473, Wien 1986 (= Veröffentlichungen des Instituts für Mittelalterliche Realienkunde Österreichs, Nr. 9), S. 271 ff.

[52] G. Kocher verweist auf starke regionale Unterschiede in bezug auf die Stellung der mittelalterlichen Frau im Recht und auf Vorteile, die es der unverheirateten Frau einräumte. Vgl. Die Frau im spätmittelalterlichen Rechtsleben, in: Ebenda, S. 485 f.

[53] Auch in Toulouse bei der Errichtung des Kollegs von Périgord 1365–1371 stellten Frauen als Hilfsarbeiter fast die Hälfte der Bauhandwerker. Sie transportierten Steine und Ziegel, halfen Mauern einreißen und Gräben ausheben. Ihr Lohn lag dabei weit unter dem der Männer. Vgl. J. Verdon, La vie quotidienne de la femme en France au bas moyen âge, in: Ebenda, S. 365 f.

[54] In Dijon gerieten 50 Prozent dieser Frauen durch Gewalt (davon 27 Prozent als Opfer von Vergewaltigungen) und 25 Prozent durch ihre Familien gezwungen oder veranlaßt zu dieser Existenzweise. Nur 15 Prozent wählten sie mehr oder weniger freiwillig.
»La misère qu'elle fût directe (ouvrières) ou indirecte (difficultés de réinsertion après viol,

problèmes familiaux) constituait ainsi le principal facteur.« J. Verdon, La vie Quotidienne de la femme en France au bas moyen âge, in: Ebenda, S. 370

[55] Vgl. E. Ennen, Die Frau in der mittelalterlichen Stadt, in: Mensch und Umwelt im Mittelalter, hrsg. von B. Herrmann, Stuttgart 1986, S. 47

[56] Zu Umfang und Ursachen der Frauenmigration s. M. Mitterauer, Familie und Arbeitsorganisation in städtischen Gesellschaften des späten Mittelalters und der frühen Neuzeit, in: Haus und Familie in der spätmittelalterlichen Stadt, hrsg. von A. Haverkamp, Köln/Wien 1984 (=Städteforschung: Reihe A, Bd. 18), S. 18 f.

[57] M. Wensky führt an, daß von »fast 30 Prozent der zugelassenen Seidmacherinnen« Familienmitglieder im Rat saßen. Vgl. Die Frau in Handel und Gewerbe vom Mittelalter bis zur frühen Neuzeit, in: Die Frau in der deutschen Wirtschaft, hrsg. von H. Pohl, Stuttgart 1985 (=Zeitschrift für Unternehmensgeschichte, Bd. 35), S. 41

[58] E. Ennen, Die Frau in der mittelalterlichen Stadt, in: Mensch und Umwelt im Mittelalter, S. 45 f.

[59] Seit der zweiten Hälfte des 14. Jahrhunderts bildete sich in europäischen Städten, und in Deutschland intensiver an der Wende zum 15. Jahrhundert, eine Gesellenbewegung heraus. Spätestens seit diesem Zeitpunkt kann man die Familie nicht mehr als »Familie des ganzen Hauses« verstehen. Mit Knut Schulz muß man aufgrund der Forschungssituation jedoch die Einbeziehung der Gesellen in Haus und Familie des Meisters auch für das voraufgegangene Entwicklungsstadium als unbewiesen ansehen. Vgl.: Die Stellung der Gesellen in der spätmittelalterlichen Stadt, in: Haus und Familie in der spätmittelalterlichen Stadt, S. 315 f.

[60] The ›livre de la paix‹ of Christine de Pisan, hrsg. von Ch. C. Willard, 's-Gravenhage 1958, S. 117, 118; Christine de Pizan, Le Ditié de Jehanne d'Arc, ed. by A. F. Kennedy and K. Varty, Oxford 1978; dies. »Der Sendbrief vom Liebesgott«. Aus dem Mittelfranzösischen übersetzt, eingeleitet und kommentiert von Maria Stummer, Graz 1987 (= Schriftenreihe des Instituts für Geschichte der Universität Graz, Quellen, Bd. 1)

[61] H. Wunder, die sich in einer rezenten Untersuchung eingangs mit konzeptionellen Fragen beschäftigt und sich gegen eine Trennung der Frauengeschichte von Gesellschaftsgeschichte ausspricht, kritisiert an der hergebrachten Forschung auch, daß sie die Geschichte der Frauen »auf eine Geschichte ihrer Unterdrückung oder Emanzipation« verkürze. Vgl. Frauen in der Gesellschaft Mitteleuropas im späten Mittelalter und in der Frühen Neuzeit (15. bis 18. Jahrhundert), in: Hexen und Zauberer. Die große Verfolgung – ein europäisches Phänomen in der Steiermark, hrsg. von H. Valentinitsch, Graz/Wien 1987, S. 123

[62] Weiterführende Forschungsansätze bietet der erwähnte Aufsatz von H. Wunder, ebenda

[63] Die Möglichkeit der Mitgliedschaft von Frauen ist z. B. durch die Statuten der Handelsgilde von York (1430) oder die Stadtrechtsaufzeichnungen der Stadt Göttingen offengehalten. Vgl. C. Gross, The guild merchant. A contribution to British municipal history, Oxford 1890, Bd. 2, S. 57: Göttinger Statuten, Akten zur Geschichte der Verwaltung und des Gildewesens der Stadt Göttingen bis zum Ausgang des Mittelalters, bearb. von G. Frh. von d. Ropp, Hannover/Leipzig 1907 (= Quellen und Darstellungen zur Geschichte Niedersachsens, hrsg. vom Historischen Verein für Niedersachsen, Bd. XXV), Nr. 264, S. 444

[64] Vgl. H. Ebner, Die soziale Stellung der Frau im spätmittelalterlichen Österreich, in: Frau und spätmittelalterlicher Alltag, S. 536

[65] In diesem Zusammenhang ist auch an die Friedensvorstellungen der aus stadtbürgerlichen

Verhältnissen stammenden und im städtischen Milieu wirkenden Terziarierin Katharina von Siena (1347–1379) zu denken.

[66] Diese Fragestellung hat Eingang gefunden in rezente Darstellungen von E. Ennen und H. Ebner. Vgl. Ennen, Die Frau in der mittelalterlichen Stadt, S. 42 ff.; Ebner, Die soziale Stellung der Frau im spätmittelalterlichen Österreich, S. 529 ff.

[67] Diese berechtigte Aufgabenstellung formulierte W. Affeldt in seiner Einführung, Frühmittelalter und historische Frauenforschung, in: Interdisziplinäre Studien zur Geschichte der Frauen im Frühmittelalter, Methoden-Probleme-Ergebnisse, hrsg. von W. Affeldt/Annette Kuhn, Düsseldorf 1986 (= Frauen in der Geschichte; 7/Geschichtsdidaktik: Studien, Materialien, Bd. 39), S. 21

Quellenverzeichnis

(Unveröffentlichte Quellen)

Ratsarchiv Görlitz
Bereit von Jüterbog's Annalen der Stadt Görlitz (1418–1419)
Briefbücher (1487–1491)
Hans Brückners Krämerbuch
Magdeburger Schöppensprüche
Urkundenregesten des Ratsarchivs

Staatsarchiv Dresden
Chemnitz, Schöffenbuch
Lößnitz, Memorialbuch
Mittweida, Stadtbuch II

Stadtarchiv Erfurt
Liber causarum (1424–1435)
Stadtbuch (private Streitigkeiten) (1482–1492)

Stadtarchiv Leipzig
Ratsbuch (1466–1489)

Stadt- und Kreisarchiv Mühlhausen/Thüringen
Bruchbücher (1460–1500)
Chronicon Mühlhusinum
Copialbücher (1382–1391)
Gerichtsbücher (1431 f., 1437, 1447–1449)
Kämmereiregister (1418–1420)
Kataster (1400, 1414, 1470)
Notulbücher (1371 f., 1415 ff. – 1444)
Urfehdebücher (1441 ff. – 1470)
Urkunden

Stadtarchiv Stralsund
Bruchstücke des alten Kataster
Testamente (Regesten des Stadtarchivs Stralsund) (1416–1457)
Das zweitälteste Bürgerbuch (1349–1571)

Stadt- und Kreisarchiv Zwickau
Amtsbücher (1503 f., 1516–1521)
Konzeptbuch (1490 f., 1506)
Liber Proscriptionum de anno 1367 ad annum 1536
Quittungen und Briefe (1401–1490)
Stadtbuch I–III
Testamente (15. Jahrhundert)

(Gedruckte Quellen)

Die Acht-, Verbots- und Fehdebücher Nürnbergs von 1285–1400, bearb. von W. Schultheiß, Nürnberg 1959 (= Nürnberger Rechtsquellen 1–2)
Altdeutsches Decamerone, hrsg. von W. Spiewok, Berlin o. J.
Das älteste Berliner Bürgerbuch 1453–1700, hrsg. von P. Gebhardt, Berlin 1927
Das älteste Bürgerbuch der Stadt Soest 1302–1449, hrsg. von H. Rothert, Münster 1958 (= Veröffentlichungen der Historischen Kommission für Westfalen XXVII)
Die ältesten Osnabrückischen Gildeurkunden (bis 1500), hrsg. von F. Philippi, Osnabrück 1890
Das älteste Stralsunder Bürgerbuch (1319–1348), bearb. von R. Ebeling, Stettin 1926 (= Veröffentlichungen der Historischen Kommission für Pommern)
Das älteste Wismarsche Stadtbuch, hrsg. von F. Techen, Wismar 1912
Amtsbuch der Reichsstadt Nordhausen 1312–1345, Liber privilegiorum et album civium, hrsg. von W. Müller, Nordhausen 1956
Etienne Boileau, Le livre des métiers. Les métiers et corporations de la ville de Paris, hrsg. von R. Lespinasse, F. Bonnardot, Paris 1877
A. von Brandt, Regesten Lübecker Bürgertestamente, Lübeck 1973 (= Veröffentlichungen zur Geschichte der Hansestadt Lübeck, Bd. 24)
Die Chronik des Matthias von Neuenburg, übersetzt von G. Grandaur, Leipzig o. J. (Die Geschichtsschreiber der deutschen Vorzeit, 2. GA, Bd. 84)

Die Chroniken der deutschen Städte vom 14. bis 16. Jahrhundert, Leipzig 1862–1931
Codex diplomaticus Lusatiae superioris II–VI, Görlitz 1896–1931
Colmarer Stadtrechte, bearb. von P. W. Finsterwalder, Heidelberg 1938 (= Oberrheinische Stadtrechte III, 3)
Die Denkwürdigkeiten der Helene Kottanerin (1439 bis 1446), hrsg. von K. Mollay, Wien 1972 (= Wiener Neudrucke, Neuausgaben und Erstdrucke deutscher literarischer Texte, Bd. 2)
B. Diestelkamp, Quellensammlung zur Frühgeschichte der deutschen Stadt (bis 1250), in: Elenchus fontium hist. urb. quem edendum curaverunt C. van de Kieft et J. E. Niermeyer, Leiden 1967
Frauenarbeit im Mittelalter, Quellen und Materialien, zusammengestellt und eingeleitet von P. Ketsch, in: Frauen im Mittelalter, hrsg. von A. Kuhn, Bd. 1, Düsseldorf 1983
Frauenbild und Frauenrechte in Kirche und Gesellschaft, Quellen und Materialien, zusammengestellt und eingeleitet von P. Ketsch, in: Frauen im Mittelalter, hrsg. von A. Kuhn, Bd. 2, Düsseldorf 1984
Göttinger Statuten, Akten zur Geschichte der Verwaltung und des Gildewesens der Stadt Göttingen bis zum Ausgang des Mittelalters, bearb. von G. Frh. v. d. Ropp, Hannover, Leipzig 1907 (= Quellen und Darstellungen zur Geschichte Niedersachsens, hrsg. vom Historischen Verein für Niedersachsen, Bd. XXV)
Hamburgische Burspraken 1346–1594 mit Nachträgen bis 1699, bearb. von J. Bolland, T. 1–2, Hamburg 1960 (= Veröffentlichungen aus den Staatsarchiven der Freien und Hansestadt Hamburg, Bd. VI)
Hamburgische Chroniken in niedersächsischer Sprache, hrsg. von J. M. Lappenberg, Hamburg 1861 (Neudruck Niederwalluf 1971)
Handel und Verkehr über die Bündner Pässe im Mittelalter zwischen Deutschland, der Schweiz und Oberitalien, bearb. von W. Schnyder, Bd. 1, Zürich 1973
F. Keutgen, Urkunden zur städtischen Verfassungsgeschichte, Berlin 1899
Das Konstanzer Leinengewerbe (T. 2, Quellen), bearb. von F. Wielandt, Konstanz 1953 (= Konstanzer Stadtrechtsquellen III)
Die Leibdingbücher der Freien Reichsstadt Augsburg 1330–1500, hrsg. von A. Haemmerle, München 1958
Le livre de Bourgeoisie de la ville de Strasbourg, hrsg. von C. Wittmer und G. C. Meyer, Strasbourg, Zürich 1948
Le Menagier de Paris, hrsg. von J. Pichon, Bd. 1, Paris 1846
Das Mühlhäuser Reichsrechtsbuch, hrsg. von H. Mayer, Weimar 1934
Das Neue Testament, bearb. nach der Übersetzung Martin Luthers, Revidierter Text 1975, Evangelische Haupt-Bibelgesellschaft zu Berlin und Altenburg, o. J.
Nuovi Documenti del Commercio Veneto dei sec. XI–XIII, hrsg. von A. Lombardo und R. Morazzo della Rocca, Venedig 1953 (= Monumenti storici N. s., vol. VII)
Die Nürnberger Bürgerbücher. Die Pergamentenen Neubürgerlisten 1302–1448, hrsg. vom Stadtarchiv Nürnberg, Nürnberg 1974 (= Quellen zur Geschichte und Kultur der Stadt Nürnberg, Bd. 9)
Nürnberger Polizeiordnungen aus dem 13. bis 15. Jahrhundert, hrsg. von K. Bader, Stuttgart 1861 (= Bibliothek des Literarischen Vereins Stuttgart, Bd. 62)
Nürnberger Totengeläutbücher I, St. Sebald 1439 bis 1517, bearb. von H. Bürger, Neustadt 1961
Das Ofener Stadtrecht. Eine deutschsprachige Rechtssammlung des 15. Jahrhunderts, hrsg. von K. Mollay, Weimar 1959
O. Pickl, Das älteste Geschäftsbuch Österreichs. Die Gewölberegister der Wiener Neustädter Firma

Alexius Funck (1516–1538) und verwandtes Material zur Geschichte des steirischen Handels im 15./16. Jahrhundert, Graz 1966 (= Forschungen zur geschichtlichen Landeskunde der Steiermark, Bd. 23)

O. Pickl, Innerösterreichische Handelsbeziehungen zu Süddeutschland und Venedig im Spiegel von Behaim-Handelsbriefen der Jahre 1418 bis 1457, in: Festschrift für F. Hausmann, hrsg. von H. Ebner, Graz 1977, S. 379–408

Christine de Pisan, Le chemin de long estude, hrsg. von R. Püschel, Berlin, Paris 1881

Christine de Pisan, Les épistres sur le roman de la rose, hrsg. von F. Beck, Neuberg 1888

Christine de Pisan, Le livre de la paix, hrsg. von Ch. C. Willard, s'Gravenhage 1958

Proverbia que dicuntur super natura feminarum, hrsg. von A. Tobler, in: Zeitschrift für romanische Philologie IX, 1885, S. 287–331

S. Rushtaweli, Der Recke im Tigerfell, Altgeorgisches Poem, deutsche Nachdichtung von H. Huppert, Berlin 1982

Sanct-Ulrichs-Bruderschaft Augsburg: Mitglieds-Verzeichnis 1466–1521, hrsg. von A. Haemmerle, München 1949

D. Schilling, Spiezer Bilder-Chronik 1485, Bern 1939

Schlettstadter Stadtrechte, Bd. 1, bearb. von J. Gény, Heidelberg 1902 (Oberrheinische Stadtrechte III, 1)

Schriftdenkmäler des steirischen Gewerbes, bearb. von F. Popelka, Graz 1950

Les statuts municipaux de Marseille, hrsg. von R. Pernoud, Monaco, Paris 1949

O. Staudinger, Löbauer Urkunden-Regesten, in: Löbauer Heimatblätter, Jhrg. 1933–1935, Nr. 113–148

Die Steuerbücher von Stadt und Landschaft Zürich des XIV. und XV. Jahrhunderts, bearb. von H. Nabholz und F. Hegi, Zürich 1918

Alessandra Macinghi degli Strozzi, Briefe, hrsg. von A. Doren, Jena 1927 (= Das Zeitalter der Renaissance. Ausgewählte Quellen zur Geschichte der italienischen Kultur, 1, 10)

Überlinger Einwohnerbuch 1444–1800, hrsg. von F. Harzendorf, Überlingen 1968

Ulmisches Urkundenbuch, Bd. 1, hrsg. von F. Pressel, Stuttgart 1873

Urkundenbuch der ehemals freien Reichsstadt Mühlhausen in Thüringen, bearb. von K. Herquet, Halle 1874

Urkundenbuch der Stadt Bielefeld und des Stifts Bielefeld, hrsg. von B. Vollmer, Bielefeld, Leipzig 1937

Urkundenbuch der Stadt Erfurt, Bd. 1, bearb. von C. Beyer, Halle 1889 (= Geschichtsquellen der Provinz Sachsen und angrenzender Gebiete, Bd. 23)

Urkundenbuch der Stadt Esslingen, bearb. von A. Diehl, Bd. 1, Stuttgart 1899 (= Württembergische Geschichtsquellen, Bd. 4)

Urkundenbuch der Stadt Freiberg in Sachsen, hrsg. von H. Ermisch, Bd. 3, Leipzig 1891 (= Codex diplomaticus Saxoniae Regiae 2,14)

Urkundenbuch der Stadt Freiburg im Breisgau, bearb. von F. Hefele, Freiburg im Breisgau 1940

Urkundenbuch der Stadt Friedberg, Bd. 1 (1216–1410), bearb. von M. Foltz, Marburg 1904 (= Veröffentlichungen der Historischen Kommission für Hessen und Waldeck)

Urkundenbuch der Stadt Goslar, Bd. 5, bearb. von G. Bode, Halle 1922

Urkundenbuch der Stadt Grimma und des Klosters Nimbschen, bearb. von L. Schmidt, Leipzig 1895 (= Codex Dipl. Sax. Reg. II, Bd. 15)

Urkundenbuch der Stadt Halberstadt, Bd. 1, bearb. von G. Schmidt, Halle 1878 (= Geschichtsquellen der Provinz Sachsen, Bd. 7)

Urkundenbuch der Stadt Jena und ihrer geistlichen Anstalten, Bd. 1, 1182–1405, hrsg. von J. E. A. Martin, Jena 1888 (= Thüringische Geschichtsquellen, N.F. 3)

Urkundenbuch der Stadt Magdeburg, bearb. von G. Hertel, 3 Bde., Halle 1892–1896 (= Geschichtsquellen der Provinz Sachsen und angrenzender Gebiete, Bd. 26–28)

Urkundenbuch der Stadt Regensburg, Bd. 2 (1351 bis 1378), bearb. von F. Bastian und J. Widmann, München 1956 (= Monumenta Boica N. F., Bd. 8)

Urkundenbuch der Stadt Straßburg, Bd. 1, bearb. von W. Wiegand, Straßburg 1879

Urkundenbuch der Stadt Stuttgart, hrsg. von A. Rapp, Stuttgart 1892 (= Württembergische Geschichtsquellen, Bd. 13)

Urkunden und Briefe des Stadtarchivs Mellingen bis zum Jahre 1550, bearb. von H. Rohr, Aarau 1960 (= Quellen zur Aargauischen Geschichte, 1)

Das Verfestungsbuch der Stadt Stralsund, hrsg. von O. Francke, Halle 1875 (= Hansische Geschichtsquellen, Bd. 1)

Wanderbüchlein des Johannes Butzbach genannt Piemontanus, hrsg. von L. Hoffmann, Berlin o. J.

A. Wendgraf, Aus den Denkwürdigkeiten der Helene Kottanerin 1439–1440, in: Ungarische Rundschau für historische und soziale Wissenschaften 3/1914

Wie ein Mann ein fromm Weib soll machen. Mittelalterliche Lehren über Ehe und Haushalt, hrsg. von M. Dellapiazza, Frankfurt am Main 1984 (= Insel Taschenbuch 745)

Das Wiener Neustädter Stadtrecht, hrsg. von G. Winkler, Wien 1880

Zwickauer Rechtsbuch, hrsg. unter Mitarbeit von H. Planitz, bearb. von G. Ulbrich, Weimar 1941

Literaturverzeichnis

Bei der angegebenen Literatur handelt es sich um eine Auswahl. Von themenbezogenen Sammelbänden sind nur die Werktitel, nicht die einzelnen Beiträge aufgenommen.

Adenauer, G.: Das Ehe- und Familienrecht im Mühlhäuser Reichsrechtsbuch, Bonn 1963 (Jur. Diss.)

Albistur, M., und *D. Armogathe:* Histoire du féminisme français du Moyen Age à nos jours, Paris 1977

Alltag im Spätmittelalter, hrsg. von H. Kühnel unter Mitarbeit von H. Hundsbichler, Graz, Wien 1984

Arnold, K.: Kind und Gesellschaft in Mittelalter und Renaissance, Beiträge und Texte zur Geschichte der Kindheit, Paderborn 1980

Bardèche, M.: Histoire des femmes, Bd. 1, Paris 1968

Bastian, F.: Das Manual des Regensburger Kaufhauses Runtinger und die mittelalterliche Frauenfrage, in: Jahrbuch für Nationalökonomie und Statistik, 115/1920, S. 385–442

Beard, H. R.: Woman as force in history. A study in traditions and relations. New York 1962 (chapter 13: An Illustrated Bibliography), S. 341–369

Bec, C.: Les marchands écrivains à Florence 1375–1434, Paris 1967

Behagel, W.: Gewerbliche Stellung der Frau im mittelalterlichen Köln, Berlin 1910

Bernards, M.: Speculum Virginum – Geistigkeit und Seelenleben der Frau im Hochmittelalter, Köln, Graz 1955

Blockmans-Delva, A.: Het vlaamse 15de Eeuwse liber trotula, een praktijkboek van en voor vroedvrouwen, in: Farmaceutisch tijdschrift voor Belgie, Jhrg. 58, Nr. 5/6, 1981

Blöcker, M.: Die Geschichte der Frauen: erlebt, erlitten, vergessen? in: Frau – Realität und Utopie, hrsg. von C. Köppel und R. Sommerauer, Zürich 1984, S. 123–146

Boesch, H.: Kinderleben in der deutschen Vergangenheit, Leipzig 1900 (= Monographien zur deutschen Kulturgeschichte, Bd. 5)

Bogucka, M.: Das alte Danzig, Alltagsleben vom 15. bis 17. Jahrhundert, Leipzig 1980

Brodmeier, B.: Die Frau im Handwerk in historischer und moderner Sicht, Münster 1963 (= Forschungsberichte aus dem Handwerk, Bd. 9)

De Bruin, C. C., E. Persons und *A. G. Weiler:* Geert Grote en de moderne devotie, Deventer, Zutphen 1985²

Bücher, K.: Die Berufe der Stadt Frankfurt am Main im Mittelalter, Leipzig 1914 (= Abhandlungen der Philologisch-historischen Klasse der Königlich-Sächsischen Gesellschaft der Wissenschaften, Bd. 30, 3)

Bücher, K.: Die Frauenfrage im Mittelalter, Tübingen 1910

Burckhard, G.: Die deutschen Hebammenordnungen von ihren ersten Anfängen bis auf die Neuzeit, Leipzig 1912 (= Studien zur Geschichte des Hebammenwesens I, 1)

Delva, A.: Vrouwengeneeskunde in Vlandern tijdens de late middeleuwen met mitgave van het Brugse Liber Trotula, in: Vlaamse Historische Studies 2, Brügge 1983

Demelius, H.: Eheliches Güterrecht im spätmittelalterlichen Wien, Wien 1970 (= Österreichische Akademie der Wissenschaften, Philologisch-historische Klasse, Sitzungsberichte 265, Abh. 4)

Dienst, H.: Männerarbeit – Frauenarbeit im Mittelalter, in: Beiträge zur historischen Sozialkunde 3, 1981, S. 88–90

Dienst, H.: Rollenaspekte von Männern und Frauen im Mittelalter in zeitgenössischer Theorie und Praxis, in: Weiblichkeit oder Feminismus? Beiträge zur interdisziplinären Frauentagung Konstanz 1983, hrsg. von C. Opitz, Weingarten 1984, S. 137–158

Diepgen, P.: Frau und Frauenheilkunde in der Kultur des Mittelalters, Stuttgart 1963

Doren, A.: Die Florentiner Wolltuchindustrie vom 14. bis zum 16. Jahrhundert, Stuttgart 1901

Doren, A.: Das Florentiner Zunftwesen vom 14. bis zum 16. Jahrhundert, Stuttgart 1908

Duby, G.: Le chevalier, la femme et le prêtre. Le mariage dans la France féodale, Paris 1981

Dübeck, I.: Købekoner og konkurrence: studier over myndighets-og erhvervsrettens udvikling med stadigt henblik på kvinders historiske retstilling, Kopenhagen 1978 (= Skrifter fra det retsvidenskabelige Institut ved Kobenhavns Universitet, 29)

Ellermeyer, J.: Stade 1300–1399, Liegenschaften und Renten in Stadt und Land. Untersuchungen zur Wirtschafts- und Sozialstruktur einer Hansischen Landstadt im Spätmittelalter, Stade 1975

Enders, L., und *F. Beck:* Zur Geschichte des Nonnenklosters in Prenzlau und seiner Überlieferung, in: Jahrbuch für Geschichte des Feudalismus, Bd. 8, 1984, S. 158–190

Ennen, E.: Die Frau in der Landwirtschaft vom Mittelalter bis zur frühen Neuzeit, in: Die Frau in der deutschen Wirtschaft, Stuttgart 1985 (Zeitschrift für Unternehmensgeschichte, Beiheft 35)

Ennen, E.: Die Frau in der mittelalterlichen Stadtgesellschaft Mitteleuropas, in: Hansische Geschichtsblätter, Bd. 100, 1980

Ennen, E.: Die Frau im Mittelalter. Eine Forschungsaufgabe unserer Tage, in: Kurtriersches Jahrbuch, Jhrg. 21/1981

Ennen, E.: Frauen im Mittelalter, München 1984

Erbstößer, M., und *E. Werner:* Ideologische Probleme des mittelalterlichen Plebejertums. Die freigeistige Häresie und ihre Wurzeln, Berlin 1960

Erbstößer, M.: Ketzer im Mittelalter, Leipzig 1984

Erikson, C., und *K. Casey:* Women in the Middle Ages, A Working Bibliography, in: Medieval Studies, Bd. XXXVIII, 1976

Fabian, E.: Die Zwickauer Schulbrüderschaft (Fraternitas Scholarium), in: Mitteilungen des Altertumsvereins für Zwickau und Umgebung, H. 3, 1891

Familie und Gesellschaftsstruktur. Materialien zu den sozio-ökonomischen Bedingungen von Familienformen, hrsg. und eingeleitet von H. Rosenbaum, Frankfurt am Main 1974

Felser, R.: Herkunft und soziale Schichtung der Bürgerschaft obersteirischer Städte und Märkte unter besonderer Berücksichtigung der Bürger der Stadt Judenburg, Wien 1977 (Diss. der Universität Graz 38)

La femme, Bd. 3, Brüssel 1962 (= Recueils de la société Jean Bodin 12)

La femme dans les civilisations des Xe–XIIIe siècles. Actes du Colloque tenu à Poitiers les 23–25e Septembre 1976, in: Cahiers de Civilisations Médiévale, Bd. 20, 1977

Frank, K. S.: Das Klarissenkloster Söflingen. Ein Beitrag zur franziskanischen Ordensgeschichte Süddeutschlands und zur Ulmer Kirchengeschichte, Ulm 1980 (= Forschungen zur Geschichte der Stadt Ulm, Bd. 20)

Frau und spätmittelalterlicher Alltag (= Veröffentlichungen des Instituts für Mittelalterliche Realienkunde Österreichs, Österr. Akademie der Wissenschaften, Philosophisch-historische Klasse, Sitzungsberichte 473. Bd., Wien 1986)

Fritz, W. D.: Die Neuverleihung des Colmarer Stadtrechts an Kaysersberg, Münster und Türkheim im Jahre 1354, in: Stadt- und Städtebürgertum in der deutschen Geschichte des 13. Jahrhunderts, hrsg. von B. Töpfer, Berlin 1976, S. 372–388 (= Forschungen zur mittelalterlichen Geschichte, Bd. 24)

Gerz von Büren, V.: Geschichte des Clarissenklosters St. Clara in Kleinbasel 1266–1529, Basel 1969

Gloger, B., und *W. Zöllner:* Teufelsglauben und Hexenwahn, Leipzig 1983

Gössmann, E.: Die streitbaren Schwestern. Was will die

feministische Theologie? Freiburg 1981 (= Herderbücherei 879)
Greer, G.: Das unterdrückte Talent. Die Rolle der Frauen in der bildenden Kunst, Berlin, Wien 1979
Grimm, P.: Zwei bemerkenswerte Gebäude in der Pfalz Tilleda. Eine zweite Tuchmacherei, in: Prähistorische Zeitschrift 41/1963
Gross, C.: The guild merchant. A contribution to British municipal history, vol. 1, 2, Oxford 1964 (Reprint der 1. Auflage, Oxford 1890)
Grundmann, H.: Religiöse Bewegungen im Mittelalter, Hildesheim 1961

Händler-Lachmann, B.: Die Berufstätigkeit der Frau in den deutschen Städten des Spätmittelalters und der beginnenden Neuzeit, in: Hessisches Jahrbuch für Landesgeschichte 30, 1980
Hagemann, H. R.: Basler Stadtrecht im Spätmittelalter, in: Zeitschrift der Savigny-Stiftung für Rechtsgeschichte, Germanistische Abteilung 78, 1961
Harksen, S.: Die Frau im Mittelalter, Leipzig 1974
Hartwig, J.: Die Frauenfrage im mittelalterlichen Lübeck, in: Hansische Geschichtsblätter 14, 1908
Haus und Familie in der spätmittelalterlichen Stadt, hrsg. von A. Haverkamp, Köln, Wien 1984 (Städteforschung A/18)
Herlihy, D.: Land, family and women in Continental Europe 700–1200, in: Traditio 18, 1962, S. 89–120
Herlihy, D.: Woman in Medieval Society, Houston 1971 (The Smith History Lecture 14)
Herlihy, D.: The medieval marriage market, in: Medieval and Renaissance Studies VI, 1976, S. 3–27
Herlihy, D., und *C. Klapisch-Zuber:* Les Toscans et leurs familles. Une étude du Catasto florentin de 1427, Paris 1978
Heß, L.: Die deutschen Frauenberufe des Mittelalters, München 1940
Histoire mondiale de la femme, hrsg. von P. Grimal, Bd. 2, Paris 1966
Höher, F.: Hexe, Maria und Hausmutter. Zur Geschichte der Weiblichkeit im Spätmittelalter, in: Frauen in der Geschichte, Bd. 3, hrsg. von A. Kuhn und J. Rüsen, Düsseldorf 1983
Hurd-Mead, K. C.: A history of women in medicine, Haddam/Conn. 1938

Jaritz, G.: Österreichische Bürgertestamente als Quelle zur Erforschung städtischer Lebensformen des Spätmittelalters, in: Jahrbuch für Geschichte des Feudalismus, Bd. 8, 1984, S. 249–264
Jastrebickaja, A. L.: Die Familie als soziale Gruppe der mittelalterlichen Gesellschaft, in: Jahrbuch für Geschichte des Feudalismus, Bd. 6, 1982, S. 185–193
Jastrebickaja, A. L.: Über einige Gesichtspunkte der Familienstruktur und der Verwandtschaftsbeziehungen in der mittelalterlichen Stadt, in: Jahrbuch für Geschichte des Feudalismus, Bd. 8, Berlin 1984, S. 191–204
Jehel, G.: Le rôle des femmes et du milieu familial à Gênes dans les activités commerciales au cours de la première moitié du XIIIe siècle, in: Revue d'histoire économique et sociale 53/1975, S. 193 ff.

Kaminsky, H. H.: Die Frau in Recht und Gesellschaft des Mittelalters, in: Frauen in der Geschichte, Bd. 1, hrsg. von A. Kuhn und G. Schneider, Düsseldorf 1979, S. 295–313
Ketsch, P.: Aspekte der rechtlichen und politisch-gesellschaftlichen Situation von Frauen im frühen Mittelalter (500–1150), in: Frauen in der Geschichte, Bd. 2, hrsg. von A. Kuhn und J. Rüsen, Düsseldorf 1982, S. 11–72
Kleinbub, M.: Das Recht der Übertragung und Verpfändung von Liegenschaften in der Reichsstadt Ulm 1548, Ulm 1961, (= Forschungen zur Geschichte der Stadt Ulm, Bd. 3)
Koch, G.: Frauenfrage und Ketzertum im Mittelalter, Die Frauenbewegungen im Rahmen des Katharismus und des Waldensertums und ihre sozialen Wurzeln (12.–14. Jahrhundert), Berlin 1962 (= Forschungen zur mittelalterlichen Geschichte, Bd. 9)

Kongreß »Frau und spätmittelalterlicher Alltag«. Zusammenfassung, in: Medium Aevum Quotidianum, Newsletter 4, Krems 1984
Kotel'nikova, L. A.: Selskoe chozjajstvo na zemljach Strozzi – krupnoj popolanskoj semi Toskany XV v. (Po materialam Gosudarstvennogo archiva Florencii), in: Srednie Veka 47, Moskva 1984
Kroemer, B.: Von Kauffrauen, Beamtinnen, Ärztinnen. Erwerbstätige Frauen in deutschen mittelalterlichen Städten, in: Frauen in der Geschichte, Bd. 2, Düsseldorf 1982
Kroeschell, K.: Deutsche Rechtsgeschichte, 2 Bde., Hamburg 1972–1983 (= rororo studium 8–9)
Kuehn, T.: Women, marriage and »patria potestas« in late medieval Florence, in: Revue d'histoire du droit 49, 1981, S. 127–147
Küttler, W.: Stadt und Bürgertum im Feudalismus. Zu theoretischen Problemen der Stadtgeschichtsforschung in der DDR, in: Jahrbuch für Geschichte des Feudalismus, Bd. 4, Berlin 1980

Lambert, E.: Die Rathsgesetzgebung der freien Reichsstadt Mühlhausen in Thüringen im 14. Jahrhundert, Halle 1870
Lambert, M. D.: Ketzerei im Mittelalter. Häresien von Bogumil bis Hus, München 1981
Lauterer-Pirner, H.: Vom ›Frauenspiegel‹ zu Luthers Schrift ›Vom ehelichen Leben‹. Das Bild der Ehefrau im Spiegel einiger Zeugnisse des 15. und 16. Jahrhunderts, in: Frauen in der Geschichte, Bd. 3, Düsseldorf 1983, S. 63–85
Le Goff, J.: Petits enfants dans la littérature des XIIe–XIIIe siècles, in: Annales de Démographie Historique 1973, S. 129–132
Lehmann, A.: Le rôle de la femme dans l'histoire de France au Moyen Age, Paris 1952
Lehnert, M.: Geoffrey Chaucer – Der Dichter der Liebe, in: Realismus und literarische Kommunikation. Dem Wirken Rita Schobers gewidmet (= Sitzungsberichte der Akademie der Wissenschaften der DDR/Gesellschaftswissenschaften 8/G, Berlin 1984, S. 61–77)
Leipoldt, J.: Die Frau in der antiken Welt und im Urchristentum, Leipzig 1954
Lendorff, G.: Kleine Geschichte der Baslerin, Basel, Stuttgart 1966
Lévy, J. P.: L'officialité de Paris et les questions familiales à la fin du XIVe siècle, in: Études d'histoire du droit canonique dédiées à Gabriel Le Bras, Paris 1965, Bd. 2, S. 1265–1294
Loose, H. C.: Erwerbstätigkeit der Frau im Spiegel Lübecker und Hamburger Testamente, in: Zeitschrift des Vereins für Lübeckische Geschichts- und Altertumskunde 60, 1980, S. 9–20
Lorenzen-Schmidt, K. J.: Zur Stellung der Frauen in der frühneuzeitlichen Städtegesellschaft Schleswigs und Holsteins, in: Archiv für Kulturgeschichte 61, 1979, S. 317–339
Lüers, G.: Die Sprache der deutschen Mystik des Mittelalters im Werke der Mechthild von Magdeburg, Darmstadt 1966

Maertens, R.: Wertorientierungen und wirtschaftliches Erfolgsstreben mittelalterlicher Großkaufleute. Das Beispiel Gent im 13. Jahrhundert, Köln, Wien 1976 (= Kollektive Einstellungen und sozialer Wandel im Mittelalter, hrsg. von R. Sprandel, Bd. 5)
Maschke, E.: Die Familie in der deutschen Stadt des späten Mittelalters, in: Sitzungsberichte der Heidelberger Akademie der Wissenschaften, Philosophisch-historische Klasse, Jhrg. 1980
Mölk, U.: Die literarische Entdeckung der Stadt im französischen Mittelalter, in: Über Bürger, Stadt und städtische Literatur im Spätmittelalter, Bericht über Kolloquien der Kommission zur Erforschung der Kultur des Spätmittelalters 1975–1977, hrsg. von J. Fleckenstein und K. Stackmann, Göttingen 1980
Mutschlechner, G.: Frauen als Bergbauunternehmer im ehemaligen Berggericht Sterzing, in: Schlern, Zeitschrift für Heimat- und Volkskunde, Jhrg. 37, Bozen 1963

Nicholas, D.: The Domestic Life of a Medieval City-Woman, Children and the Family in Fourteenth-Century Ghent, Lincoln, London 1985

Nübel, O.: Mittelalterliche Beginen- und Sozialsiedlungen in den Niederlanden, Tübingen 1970

Opitz, C.: Frauenalltag im Mittelalter, Biographien des 13. und 14. Jahrhunderts (Ergebnisse der Frauenforschung, Bd. 5), Weinheim, Basel 1985

Osterloh, J.: Die Rechtsstellung der Handelsfrau, Diss., Eutin 1919

Quast, J.: Vrouwenarbeid omstreeks 1500 in enkele Nederlandse steden, in: Jaarboek voor vrouwengeschiedenis 1980, S. 50–60

Riemer, E. S.: Women in the Medieval City. Sources and uses of wealth by Sienese women in the thirteenth Century, Diss., New York 1975

Rüdiger, B.: Zur Reflexion der Frauenfrage in der deutschen Frauenmystik des 13./14. Jahrhunderts, in: Untersuchungen zur gesellschaftlichen Stellung der Frau im Feudalismus, Magdeburg 1981 (Magdeburger Beiträge zur Stadtgeschichte, H. 3)

Schildhauer, J.: Zur Lebensweise und Kultur der hansestädtischen Bevölkerung – auf der Grundlage der Stralsunder Bürgertestamente (Anfang 14. bis Ende 16. Jahrhundert), in: Wissenschaftliche Zeitschrift der Ernst-Moritz-Arndt-Universität Greifswald 1/2, 1981

Schmidt, G.: Die berufstätige Frau in der Reichsstadt Nürnberg bis zum Ende des 16. Jahrhunderts, Erlangen 1950

Schmoller, G.: Die Straßburger Tucher- und Weberzunft. Urkunden und Darstellung, nebst Regesten und Glossar. Ein Beitrag zur Geschichte der deutschen Weberei und des deutschen Gewerberechts vom 13.–17. Jahrhundert, Straßburg 1879

Schneider, A.: Frauen in den Flugschriften der frühen Reformationsbewegung, in: Jahrbuch für Geschichte des Feudalismus, Bd. 6, 1982

Schraut, E., und *C. Opitz:* Frauen und Kunst im Mittelalter, Braunschweig 1983 (Katalog zur Ausstellung »Frauen und Kunst im Mittelalter«)

Schubart-Fikentscher, G.: Das Brünner Schöffenbuch. Beiträge zur spätmittelalterlichen Rechts- und Kulturgeschichte, in: Deutsches Archiv für Geschichte des Mittelalters 1, 1937, S. 457–498

Schuchhardt, W.: Weibliche Handwerkskunst im deutschen Mittelalter, Berlin 1941

Schuler, T.: Familien im Mittelalter, in: Die Familie in der Geschichte, hrsg. von H. Reif, Göttingen 1982 (Kleine Vandenhoeck-Reihe, 1474)

Schuller, H.: Dos-Praebenda-Peculium, in: Festschrift für F. Hausmann, hrsg. von H. Ebner, Graz 1977, S. 453–487

Schultheiß, W.: Die Münchner Gewerbeverfassung im Mittelalter, München 1936

Schuster, D.: Die Stellung der Frau in der Zunftverfassung, Berlin 1927

Shahar, S.: Die Frau im Mittelalter. Übersetzt von R. Achlama. Königstein/Taunus 1981

Stam, S. M.: Die ökonomischen Grundlagen der Herausbildung und Entwicklung der mittelalterlichen Stadt in West- und Mitteleuropa, in: Jahrbuch für Geschichte des Feudalismus, Bd. 2, Berlin 1978

Stenton, M. D.: The English woman in history, New York 1977

Trexler, R. D.: La prostitution florentine au XVe siècle, in: Annales. Economies, Sociétés, Civilisations, Nr. 6, 1981 (Besprechung)

Uitz, E.: Die Frau im Berufsleben der spätmittelalterlichen Stadt, untersucht am Beispiel von Städten auf dem Gebiet der Deutschen Demokratischen Republik, in: Frau und spätmittelalterlicher Alltag (= Veröffentlichungen des Instituts für Mittelalterliche Realienkunde Österreichs), Österreichische Akademie der Wissenschaften, Philosophisch-historische Klasse, Sitzungsberichte, 473. Band, Wien 1986, S. 439–473

Uitz, E.: Frau und gesellschaftlicher Fortschritt in der mittelalterlichen Stadt, in: Zeitschrift für Geschichtswissenschaft 12, 1984

Uitz, E.: Zu einigen Aspekten der gesellschaftlichen Stellung der Frau in der mittelalterlichen Stadt, in: Jahrbuch für Geschichte des Feudalismus, Bd. 5, 1981, S. 57–88

Uitz, E.: Zur Darstellung der Stadtbürgerin, ihrer Rolle in Ehe, Familie und Öffentlichkeit in der Chronistik und in den Rechtsquellen der spätmittelalterlichen deutschen Stadt, in: Jahrbuch für Geschichte des Feudalismus, Bd. 7, 1983, S. 130–156

Uitz, E.: Zur gesellschaftlichen Stellung der Frau in der mittelalterlichen Stadt (Die Situation im Erzbistum Magdeburg), in: Magdeburger Beiträge zur Stadtgeschichte, H. 1, Magdeburg 1977, S. 20–42

Untersuchungen zur gesellschaftlichen Stellung der Frau im Feudalismus, hrsg. von der Historikergesellschaft der Deutschen Demokratischen Republik, in: Magdeburger Beiträge zur Stadtgeschichte, H. 3, Magdeburg 1981

Vetter, A.: Bevölkerungselemente der ehemals Freien Reichsstadt Mühlhausen in Thüringen im XV. und XVI. Jahrhundert, Leipzig 1910 (= Leipziger Historische Abhandlungen, H. XVII)

Wachendorf, H.: Die wirtschaftliche Stellung der Frau in den deutschen Städten des späten Mittelalters, Hamburg 1934

Weber-Kellermann, I.: Die deutsche Familie. Versuch einer Sozialgeschichte, Frankfurt 1974

Weber, M.: Ehefrau und Mutter in der Rechtsentwicklung. Eine Einführung, Tübingen 1907

Wensky, M.: Die Frau im Handel und Gewerbe vom Mittelalter bis zur frühen Neuzeit, in: Die Frau in der deutschen Wirtschaft, Stuttgart 1985, S. 30–44 (Zeitschrift für Unternehmensgeschichte, Beiheft 35)

Wensky, M.: Die Stellung der Frau in der stadtkölnischen Wirtschaft im Spätmittelalter, Köln, Wien 1980 (= Quellen und Darstellungen zur Hansischen Geschichte, Neue Folge-Bd. XXVI)

Werner, E.: Pauperes Christi, Leipzig 1956

Werner, E.: Vita religiosa als vita humana einer außergewöhnlichen Frau – Heloise mit und ohne Abaelard, in: Realismus und literarische Kommunikation. Dem Wirken Rita Schobers gewidmet (= Sitzungsberichte der Akademie der Wissenschaften der DDR, Gesellschaftswissenschaften 8/G, Berlin 1984, S. 53–60)

Werner, E.: Stadt und Geistesleben im Hochmittelalter. 11. bis 13. Jahrhundert, Weimar 1980 (= Forschungen zur mittelalterlichen Geschichte, Bd. 30)

Wesoly, K.: Der weibliche Bevölkerungsanteil in spätmittelalterlichen und frühneuzeitlichen Städten und die Betätigung von Frauen im zünftigen Handwerk (insbesondere am Mittel- und Oberrhein), in: Zeitschrift für die Geschichte des Oberrheins 128, 1980, S. 69–117

Winter, A.: Studien zur sozialen Situation der Frauen in der Stadt Trier nach der Steuerliste von 1364. Die Unterschicht, in: Kurtriersches Jahrbuch 15, 1975, S. 20–45

Winter, G.: Das eheliche Güterrecht im älteren hamburgischen Recht. Dargestellt an Stadtbucheintragungen aus dem 13./14. Jahrhundert, Hamburg 1958

Wolf-Graaf, A.: Die verborgene Geschichte der Frauenarbeit. Eine Bildchronik, Weinheim, Basel 1983

Wulff, A.: Die frauenfeindlichen Dichtungen in der romanischen Literatur des Mittelalters bis zum Ende des 13. Jahrhunderts, Halle 1914 (Romanische Arbeiten 4)

Aus der Zeit der Verzweiflung. Zur Genese und Aktualität des Hexenbildes, hrsg. unter Redaktion von G. Busch, Frankfurt am Main 1978[2] (= edition suhrkamp 840)

Bildnachweis

Die Abbildungen im Textteil sind mit Seitenangaben genannt.

Klaus G. Beyer, Weimar 1, 26, 46, 47, 48, 62, 66, 68
Bibliothèque de l'Arsenal, Paris 20, 21
Bibliothèque Historique de la ville de Paris Nachsatz
Bibliothèque Municipale, Orleans S. 108
Bibliothèque Nationale, Paris 16, 19, 28, 29, 31, 32, 33, 34, 44, 51
British Museum, London 63, 64, S. 110, S. 179
Forschungsbibliothek Gotha 39
Herzog Anton Ulrich-Museum, Braunschweig S. 102
Institut für Denkmalspflege der DDR, Berlin 41
Institut für mittelalterliche Realienkunde Österreichs, Krems 4, 12, 22, 23, 24, 43, 49, 50, 53, 54, 55, 61, 65, 70, 71
Rainer Kitte, Görlitz 69
Bertram Kober, Leipzig Vorsatz, S. 4, S. 7, S. 45, S. 63, S. 67, S. 104, S. 107, S. 109, S. 147, S. 153, S. 154, S. 162, S. 178
Württembergische Landesbibliothek, Stuttgart 58
Marienkirche Parchim 56
Museum der Stadt Gotha 42
Museum der bildenden Künste, Leipzig 18
Museum für bildende Künste, Budapest 45, 67
Österreichische Nationalbibliothek, Wien 6, 17, 52, 57, 59, S. 68, S. 69, S. 70, S. 71, S. 159, S. 161, S. 181
Joachim Petri, Mölkau S. 155, S. 156
Janusz Podlecki, Kraków 5, 14
Rosgartenmuseum, Konstanz 8, 9
Schweizerisches Landesmuseum, Zürich 10
Staatliche Museen zu Berlin, Gemäldegalerie 7
Stadtarchiv Rostock 30
Stadtarchiv Stralsund 35, S. 119
Stadt- und Kreisarchiv Mühlhausen/Thüringen S. 115, S. 116, S. 180
Stadt- und Kreisarchiv Zwickau 36, 37
Stadtbibliothek Brügge S. 70
Stadt- und Hochschulbibliothek Bern 2, 3, 25, 27, 40
Städtische Museen, Freiburg im Breisgau 60
Stadtmuseum Graz 38
Verlagsarchiv 11, 13, 15, Schutzumschlag

Personen- und Ortsregister

Die kursiven Ziffern
verweisen auf Abbildungen.

Residenz der französischen Könige, Universitätsmetropole Westeuropas im späten Mittelalter und Fernhandelsknotenpunkt, verbanden Paris auch enge Beziehungen zum näheren Land. Die Stadt bot vielen Frauen Arbeit.
Georg Braun, Plan der Stadt Paris mit drei Personen, aus Civitates orbis terrarum, Köln 1576.
Bibliothèque Historique de la Ville de Paris